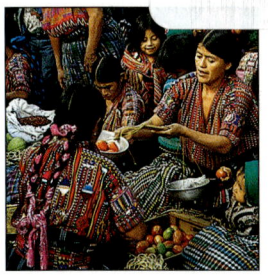

GUATEMALA

REISE-
TASCHENBUCH

Vordere Umschlagklappe: Übersichtskarte Guatemala

Hintere Umschlagklappe: Stadtplan La Antigua

Gesine Froese

GUATEMALA

DuMont

Titelbild: Märkte sind in Guatemala Handelsplätze und Treffpunkte der indígenas
Umschlaginnenklappe vorne: Am Atitlán-See
Umschlaginnenklappe hinten: Prozession in Nahualá
Umschlagrückseite: Brunnen und Kirche von San Andrés Xecul (oben); Verkaufsstand in Tikal(Mitte); Chichicastenango (unten)
Vignette S. 1: Marktszene
Abbildung S. 2/3: Blick über den Atitlán-See

Über die Autorin: Gesine Froese, geb. 1947, ehemalige Reiseredakteurin bei ›Die Zeit‹ und ›Stern‹, bereist seit 1989 Lateinamerika mit z. T. mehrjährigen Aufenthalten in Kolumbien.

© DuMont Buchverlag, Köln
3., aktualisierte Auflage 2001
Alle Rechte vorbehalten
Umschlaggestaltung: Groschwitz, Hamburg
Satz: DuMont Buchverlag, Köln
Druck: Rasch, Bramsche
Buchbinderische Verarbeitung: Bramsche Buchbinder Betriebe

Printed in Germany   ISBN 3-7701-3735-3

INHALT

LAND & LEUTE

Geographie und Geschichte

Wirtschaft, Politik, Gesellschaft und Kultur

UNTERWEGS
IN GUATEMALA

Die Region der Hauptstädte

Zentrales und nordwestliches Hochland

Die Pazifikküste

Verapaz

LAND & LEUTE

»Ja, ich will mit dem Licht beginnen ... Dort, wo in der Landschaft die blauen Farbtöne überwiegen, enthüllt sich uns eine Vielfalt verschiedener Szenen; in der Ferne steigen aus dem Dunkelgrün die blauen Wellen einer Bergkette gegen den Himmel. ... Hier werden Metaphern wertlos, denn die Wirklichkeit sticht sie aus ... «

Miguel Angel Asturias

Geographie und Geschichte

Kirche San Francisco, La Antigua

Geographie

Herzstück des Landes ist die **Sierra Madre,** die Teil des gigantischen Gebirgszuges ist, der von den Rocky Mountains im Norden bis hinunter zu den Anden im Süden des amerikanischen Doppelkontinents reicht. Sie durchzieht Guatemala von Nordwesten nach Südosten, wobei sich die **Sierra de los Cuchumatanes** als zweiter großer Höhenzug von ihr abspaltet. Die durchschnittliche Höhe der Gipfel liegt in beiden Sierras zwischen 2500 bis 3000 m im Nordwesten und etwa 1500 m im Südosten. Die gewaltigen von Flußtälern zerfurchten Gebirgszüge wechseln dabei mit weitflächigen Hochplateaus ab, das unwegige Innere bedecken Mischwälder. Im westlichen Hochland drängen sich die 33 **Vulkane** Guatemalas, darunter der mit 4220 m höchste Vulkan Zentralamerikas und höchste Berg des Landes, der erloschene Tajamulco.

Entlang der **Pazifikküste** fallen die Hänge der Sierra Madre so gleichmäßig wie steil zu einer fruchtbaren, von Viehweiden und Plantagen überzogenen Senke ab. Hier breiten sich pulverfeine schwarze, vulkanische Strände aus, die zu beiden Seiten in eine von Mangrovendickicht gesäumte Lagunenlandschaft mit vorgelagerten Sandstrandzungen übergehen.

Die Sierra Madre schwingt gen Osten mit verschiedenen Gebirgszügen zur Karibikküste hin aus. An die Sierra de los Cuchumatanes schließt sich im Osten das **Gebirge von Verapaz** an. Abgesehen von den zahlreichen Kaffeeplantagen, die die sonnigen Hänge bedecken, überwiegt hier, vor allem in den bis zu 1800 m hohen Regionen von Alta Verapaz, dichter Nadelwald, ein Bild herber Wildnis, die ein wenig an kanadische Weiten erinnert. Weiter östlich wandelt sich diese Landschaft in eine Karstlandschaft mit unzähligen Kegeln, deren geologischer Untergrund ein Kalkschild bildet, das, ursprünglich Meeresgrund, bei der Auffaltung der zentralamerikanischen Kordillere an die Erdoberfläche gehoben wurde und sich über die ganze Yukatan-Halbinsel erstreckt. Unterirdisch wusch das versickernde Regenwasser die weichen Kalksteinschichten so stark aus, daß sich hier zahlreiche Höhlen bildeten, oder das Wasser sammelt sich auf härterem Untergrund und tritt irgendwo ins Freie – wie der Río Lanquín bei Lanquín.

Im Nordosten flacht die Karstlandschaft zum durchschnittlich rund 500 m über dem Meeresspiegel gelegenen Tiefland des **Petén** ab. Zahlreiche Flüsse, die von der Sierra Madre Mexikos herkommen, durchziehen als breite Bänder diese urwüchsige Urwaldlandschaft. Hier breitet sich mit dem Maya-Biosphären-Reservat auch das größte zusammenhängede Regenwaldgebiet Zentralamerikas aus. Viele Seen wie die Laguna Pe-

›Steckbrief‹ Guatemala

Anrainer	Belize, Mexiko, Honduras, El Salvador
Fläche	108 889 km^2 (ca. ein Drittel der Fläche der BRD)
Ausdehnung	Nord-Süd 470 km, West-Ost 400 km
Höchster Berg	Vulkan Tajamulco 4220 m
Längster Fluß	Río Motagua 400 km
Größter See	Lago de Izabal 590 km^2
Küstenlänge	Pazifik- und Karibikküste insgesamt 330 km
Einwohner	11,56 Millionen
Einwohner/km^2	106
Bevölkerung	ca. 45% *indígenas*, 45% *ladinos*, 5% Weiße, 5% Schwarze und Mulatten
Sprachen	Spanisch (Amtssprache); insgesamt 23 Maya-Sprachen, die wichtigsten sind Cakchiquel und Quiché; die Garifuna von Lívingston an der Karibikküste sprechen noch eine afro-karibische Sprache.
Religion	75% Katholiken, 25% Protestanten
Städte	Guatemala-Stadt (Hauptstadt, 1,2 Mio. Ew.), Quetzaltenango (110 000 Ew.), Escuintla (90 000 Ew.), Puerto Barrios (42 000 Ew.), Antigua (35 000 Ew.)
Staatsform	Präsidiale Republik seit 1986; Parlament (Congreso Nacional) mit 80, alle 4 Jahre gewählten Mitgliedern (seit Verfassungsänderung 1994); Direktwahl des Präsidenten ebenfalls alle 4 Jahre
Verwaltung	22 Departamentos
Währung	1 Quetzal (100 Centavos)
BSP/Pro Kopf	1580 US-$
BIP/Anteil	Land- und Forstwirtschaft 26%, industrielle Produktion 18%, Dienstleistungen 56%
Auslandsverschuldung	ca. 24% des BSP
Inflation	7,5%
Handelspartner	USA, El Salvador, Mexico, Honduras, Deutschland, Costa Rica, Japan, Nicaragua
Internet	congreso.gob.gt

texbatún bei Ceibal und der Lago Petén Itzá haben sich im weichen Kalkstein des Petén gebildet. An anderer Stelle wurden die unterirdischen Gesteinsschichten von Grundwasserströmen so stark ausgehöhlt, daß die Kalksteindecke einstürzte. Es entstanden die sogenannten *cenotes* (vom Maya-Wort *tzónot* für Brunnen), eine typische Erscheinung der tropischen Karstlandschaft, wie man sie z. B. bei Bethel an der Petén-Grenze zu Mexiko findet.

Das riesige Becken des Lago Izabal hat sich in die niedrigen Höhenzüge des Südostens hineingefressen und geht zusammen mit dem gewaltigen Flußtal des Río Motagua, dem Hauptanbaugebiet Guatemalas für Bananen, in die **Karibiksenke** über, zu der auch das kleine strandarme Stück Karibikküste gehört.

Klima

Guatemala liegt im Bereich der **Tropen,** zu deren Charakteristika es gehört, daß die Sonne während der Mittagsstunden im Zenit steht und ganzjährig nahezu um die gleiche Zeit auf- (in Guatemala morgens gegen 6 Uhr) und untergeht (in Guatemala gegen 18 Uhr). Das Klima wird jedoch nicht nur durch den Sonnenstand, sondern auch vom Oberflächenrelief des Landes (thermische Höhenstufen) und von den Regen- und Trockenzeiten (hygrische Jahreszeiten) bestimmt.

Guatemala weist durch seine ausgeprägte Oberflächenstruktur mit Niederungen um den Meeresspiegel bis zu 4000er-Gipfeln alle bekannten **thermischen Höhenstufen** auf, bis auf die Zone des ewigen Eises. Seit der spanischen Kolonialzeit hat sich der Begriff *tierra caliente* (heißes Land) für die Höhenstufe des feuchtheißen Flachlands eingebürgert. Zu dieser Einstufung gehören die Pazifik- und Karibikküste sowie das 500 m über dem Meeresspiegel gelegene Tiefland des Petén. In Meeresnähe wie an der Karibik- oder der Pazifikküste herrscht naturgemäß eine besonders hohe Luftfeuchtigkeit, die über 90% erreicht. Im Regenwaldgebiet des Petén wirkt das in sich stets feuchte Ökosystem ›Regenwald‹ gleichzeitig feuchtigkeitsabsondernd wie feuchtigkeitsanziehend, was auch in der Trockenzeit zu Wolkenbildung und Niederschlagstätigkeit führt und die Luftfeuchtigkeit auf fast 100% steigert.

Der Großteil des Landes allerdings liegt im Bereich der von 1000 bis 2000 m Höhe reichenden *tierra templada* (gemäßigtes Land). Es ist die angenehme, europäisch anmutende Klimazone des ›ewigen Frühlings‹ mit Temperaturen, die innerhalb von 24 Stunden zwischen durchschnittlich 8 und 30 °C schwanken.

Nur wenige Teile Guatemalas liegen im Bereich der *tierra fria*

Unruhige Erde: Beben und Vulkane

Vor rund 20 Jahren, genau am 4. Februar 1976, wurde Guatemala von seinem letzten schweren Erdbeben heimgesucht. 4 Erdstöße ließen ungezählte Gebäude in Sekundenbruchteilen wie Kartenhäuser einstürzen. Schreckensbilanz: 20 000 Tote und rund 1 Million Obdachlose.

Das Erdbeben von 1976 war das 105te stärkere Erdbeben seit Beginn der Zählung im Jahre 1526. Nicht mitgerechnet werden die vielen kleinen, meist harmlos verlaufenden Erdstöße, die nur für ein paar Sekunden den Boden unter den Füßen und die Häuser schwanken lassen. Einheimische laufen auch bei solchen kleinen Beben sicherheitshalber so schnell wie möglich ins Freie, denn man kann ja nie wissen... Erdbewegungen vorherzusagen, ist bis jetzt noch nicht möglich. ›Stärkere‹ Erdbeben beginnen bei Stärke 6 der Richter-Skala. Alle 4 Beben im Februar 1976 besaßen eine Stärke von 7,5.

Etwa 90% aller Erdbeben rühren von unterirdischen Spannungen und Bewegungen der Erdkruste her. Daneben gibt es Ausbruchs- und vulkanische Beben, die etwa 7% der tektonischen Tätigkeit ausmachen. Guatemala gefährden sowohl gigantische Erdkrustenbewegungen durch das Driften der amerikanischen Kontinentalplatte nach Westen, als auch ganz generell die Vulkanaktivität im eigenen Land. Die Vulkanaktivität im einzelnen ist jedoch nicht so besorgniserregend wie der Europäer meinen möchte. So gehen die Bewohner von Guatemala-Stadt gerade dann ruhig zu Bett, wenn sie den Pacaya am Abend in ruhigen Atemstößen Feuer und Rauchwolken speien sehen. »Solange er tätig ist, droht keine Gefahr«, sagen sie. Vielmehr birgt ein plötzlich erloschener, sonst aktiver Vulkan Gefahr. Dann nämlich reagiert er wie ein verstopfter Hochdruckkessel, und die unterirdischen Spannungen können sich in Beben entladen.

(kaltes Land, ab 2000 m) mit Tagestemperaturen von durchschnittlich nur 16 °C bei gleichzeitiger nicht zu unterschätzender intensiver, direkter Sonneneinstrahlung. Dazu gehören das zentrale und nordwestliche Hochland in der Sierra Madre und natürlich die Gipfelzonen der Vulkane.

Zu den thermischen Höhenstufen gesellen sich die **hygrischen Jahreszeiten:** Regen- und Trockenzeit. Die Regenzeit dauert etwa von Mai/Juni bis Oktober/ November. Hauptregenbringer ist der von der Karibik her in dieser Zeit mit Feuchtigkeit aufgeladene Nordostpassat. In den ersten Monaten blüht die von der Trockenzeit ausgedörrte Erde auf, und Guatemalas Landschaften und Gärten verwandeln sich in grüne Augenweiden. Gegen Ende August, vor allem in den Monaten September und Oktober jedoch können die wolkenbruchartigen Regenfälle Flüsse in reißende Ströme verwandeln und so manche unasphaltierte Straße unpassierbar machen.

Luftströmungen, die sich ab August bis etwa Mitte November über dem karibischen Meer entwickeln und von Osten her nach Guatemala eindringen, bringen in das Wettergefüge des Landes zusätzlich Bewegung. Wenn sich in diesen Herbstmonaten tagelang der Himmel mit Wolken verfinstert und die Regenfälle ungewöhnlich lange anhalten, dann handelt es sich meist um die Ausläufer eines tropischen **Wirbelsturms,** der, nach

dem indianischen Gott *Hurakán* (Herz des Himmels) benannt, heute als Hurrikan bekannt ist.

Flora und Fauna

Das tropische Klima Guatemalas sowie die thermischen Höhenstufen und hygrischen Jahreszeiten prägen seine Vegetation. So bringt der Nordostpassat in der Regenzeit der Tiefebene des Petén die notwendigen Niederschlagsmengen für den tropischen **Regenwald,** ein Begriff, der erstmals 1898 vom deutschen Botaniker A. F. W. Schimper für einen »immergrünen Waldtyp voller Gewächse« verwendet wurde. Heute unterscheiden die Wissenschaftler 40 verschiedene Regenwaldtypen, darunter den Tiefland-Regenwald, wie er den Petén Guatemalas bedeckt. Obwohl das Gebiet zur Zeit der alten Maya stark besiedelt war, kann der mittlerweile nachgewachsene Regenwald wieder als primär bezeichnet werden. Er braucht ungefähr 25 Jahre, um sich zu regenerieren.

Der tropische Regenwald ist ein von der Qualität des Bodens unabhängiger Selbsternährer, da er von einer Vielzahl verschiedener Pflanzen- und Tierarten belebt ist, die eine weitgehend in sich geschlossene Nahrungskette bilden. Die Vegetation, die vom Licht abhängt, drängt sich in den oberen Etagen

In der Orchideenzucht Vivero Verapaz
in Cobán (*Monja Blanca*)

rauscherzeugenden Substanzen als
heilig galten.

Wegen der raschen Verwer-
tungskette ist der Urwaldboden
nicht von einer humusbildenden
Laubschicht bedeckt, sondern ein
karger fester Boden, auf dem Ur-
wald-Baumriesen oft breit ausge-
fächerte Brettwurzeln entwickeln,
um Halt zu finden. Die gesamte
Nahrungskette ist unvorstellbar
kompliziert verästelt, d. h. die einzelnen Arten sind in ihrer Nah-
rungsaufnahme derart hochspezia-
lisiert, daß schon das Aussterben
einer Art das einer anderen nach
sich ziehen kann. Nirgendwo sonst
ist deshalb der Kreislauf des Lebens, das Vergehen und Werden,
so unmittelbar nachvollziehbar
wie im tropischen Regenwald.

Seine Artenvielfalt erstreckt sich
auch auf ungezählte farbenprächtige Tropenblumen, allen voran
die Orchideen. Die schönste ist
schneeweiß, heißt *Monja blanca*
(Weiße Nonne) und ist zugleich die
Nationalblume Guatemalas. Daneben sind die Passionsblume, weiß
oder lila blühende Seerosen, fragile
Liliengewächse oder die Blüten
von Ziersträuchern zu nennen, deren Blüten bei religiösen Zeremonien verwendet werden. Schließlich gedeiht in diesen Breiten, vor
allem im Regenwald, eine Vielzahl
an Kräutern, die die verschiedensten medizinischen Wirkungen
besitzen.

Ab 800 m Höhe beginnt die
gemäßigte Zone mit dem **immergrünen Trockenwald.** Einige seiner

als dichtes Netz von Kronen mächtiger, meterhoher, oft blühender
Urwaldbäume (s. S. 207). Herab-
fallende Pflanzenteile werden vom
Regenwasser in die tieferen Etagen
des Regenwalds transportiert. Das
warme ›Treibhausklima‹ erleichtert
es dabei dem Regenwasser schon
bei der kleinsten Berührung mit fal-
lenden Pflanzenteilen, deren Nährstoffe zu lösen und in sich aufzunehmen. So angereichert fließt es
zu den anderen Pflanzen der unte-
ren Etagen, den Lianen, Epiphyten
(z. B. Orchideen) oder Farnen, die
wiederum die Nährstoffe über ihre
Blattporen oder Luftwurzeln auf-
ziehen. Was bis hinunter auf den
Boden fällt, zersetzen Kleinlebe-
wesen wie die Blattschneideramei-
sen oder Termiten, den Rest besor-
gen Pilze, darunter auch solche,
die bei den Maya wegen ihrer

Bäume wie Akazien, Myrtaceen, Mimosen, der häufige *hormigo* mit seinem dichten, lorbeerblattähnlichen Laub oder die bis zu 25 m hohe Spanische Zeder werfen in der Trockenzeit ihre Blätter ab, wirken aber dennoch ›belaubt‹, weil sich auf ihren Ästen oft Becherbromeliaceen oder das faserige lange, graue Spanische Moos, das wie Greisenhaar von den Bäumen hängt, eingenistet haben. Die Sträucher bleiben allerdings immer grün. Besonders gut gedeiht in dieser Zone der Kaffeestrauch. Auch eingeführte Zierblumen wie Rosen und Nelken entwickeln sich in der *tierra templada* so prächtig, daß sie hier in größerem Stil angebaut werden.

Je höher man kommt, um so stärker mischen sich Kiefern, Fichten oder Pinien in den Baumbestand, sofern er nicht völlig zugunsten von Viehweiden und Ackerland gerodet wurde. Vulkanischen Ursprungs, ist die Erde auch hier sehr fruchtbar und gibt hervorragende Böden für den Anbau von Mais, Sisal, Kartoffeln und verschiedene Gemüsesorten.

Die **Tierwelt** Guatemalas ist besonders artenreich in der Zone der Regenwälder des Petén. In der Mythologie der alten Maya finden sich viele der Tiere wieder, die bis heute in den Petén-Wäldern leben,

Nur noch selten in freier Wildbahn zu sehen: der Jaguar

z. B. der hellrote Ara, der als Symbol der aufgehenden Sonne galt, oder der Spinnenaffe, der in der Schöpfungsgeschichte des Popul Vuh (s. S. 28 f.) eine tragende Rolle spielt.

Tapir und Jaguar sind dagegen selten geworden. Der Tapir wurde schon von den alten Maya und bis in die jüngste Vergangenheit wegen seines Fleisches so stark bejagt, ebenso der Jaguar wegen seines Fells, daß beide Tiere heute auf der Artenschutzliste stehen. Das gilt auch für den Wappenvogel Guatemalas, den Quetzal, dessen lange Schwanzfedern den alten Maya-Fürsten als Schmuck dienten. Die heutige guatemaltekische Währung ist nach ihm benannt. In Verapaz wurde ein eigenes Schutzgebiet für ihn eingerichtet (s. S. 158).

Nach wie vor werden als Fleischspender Rehwild, Leguane und der kleine Urwaldnager Agouti gejagt. Als einheimische **Haustiere** findet man schon auf Darstellungen der alten Maya Truthühner, Kaninchen und Hunde, dazu kommen die von den Spaniern eingeführten Schweine, Rinder und Pferde. Nichtstechende Waldbienen versorgen mit Wachs und Honig.

Die Beobachtung von größeren Tieren in ihrem natürlichen Lebensraum ist heute nahezu unmöglich geworden, da diese sich in die für Menschen kaum erreichbaren Tiefen des Regenwalds zurückgezogen haben. Zu den Ausnahmen gehören die Brüllaffen, die mitunter mit ihren heiseren Brüllrufen in

Tukan

den Baumwipfeln des Naturschutzparks Tikal auf sich aufmerksam machen. Wer bis in das Maya-Biosphären-Reservat vordringt, beispielsweise um in einem Drei-Tage-Marsch die Ruinenstadt El Mirador zu erreichen, wird jedoch schon einmal die Spur eines Jaguars sehen, hier und da von Papageienschwärmen begleitet werden und möglicherweise auch eine Riesenschlange zu Gesicht bekommen.

Am einfachsten lassen sich die vielen **Vögel** Guatemalas studieren, und sei es nur aus der Ferne an ihrem Ruf, zumal es im Handel Kassetten mit Erläuterungen zur jeweiligen Art gibt. Besonders viele verschiedene Vogelarten, z. B. Eisvögel, Kraniche oder Kolibris, sind gut während der Bootsfahrten rund um die Laguna Petexbatún (s. S. 209) zu sehen. Bei gutem Wetter umgaukeln die Boote hier auch farbenprächtige tropische Schmetterlinge.

Daten zur Geschichte

Die Maya

um 2600 v. Chr	Einwanderung der Proto-Maya, wie die Vorfahren der Maya-Völker genannt werden, von Norden. Siedlungsraum ist das Hochland von Guatemala.
2500–2000 v. Chr.	Archaikum – seßhafte Familienverbände betreiben Ackerbau; Töpferei
1500 v. Chr. –300	Präklassik – Besiedlung des Petén; es entstehen nach und nach die ersten großen Städte Uaxactún, El Mirador und schließlich Tikal, die zwischen 900 und 300 v. Chr. weite Teile des Petén kontrollieren. Im Hochland entwickelt sich Kaminaljuyú zwischen 400 v. Chr. und 100 n. Chr. zu einem blühenden Zentrum. Um 100 n. Chr. wird aus noch unerforschten Gründen El Mirador aufgegeben, Uaxactún und Tikal erleben dafür ihre größte Blütezeit.
300–900	Klassik – Die Einführung des Kalenders mit langer Zählung (s. S. 36), die Entwicklung der Schrift und der Beginn der Geschichtsschreibung auf Stelen gehören zu den wichtigsten kulturellen Neuerungen dieser Epoche. In Kunst und Architektur wird ein hohes Maß an Vollendung und Ausdruckskraft erreicht, die Zeremonialkultur wird verfeinert. Die Stadtstaaten werden von Dynastien beherrscht, die zahlreiche Kriege gegeneinander führen. Zwischen 400 und 500 Gründung von Copán und Piedras Negras. In der Späten Klassik (600–790) ist die Bevölkerungsdichte bis auf 150 Einwohner pro km^2 angestiegen. Im Laufe des 9. Jh. Zusammenbruch des Königtums im Maya-Tiefland vermutlich durch mehrere machtschwächende Faktoren wie der verschwenderische Lebensstil und die interne Uneinigkeit der Herrscher-Dynastien sowie die selbstzerstörerische Kriegsführung bei gleichzeitiger Hungersnot im Volk. Aguateca und Dos Pilas werden durch Kriege zerstört, Tikal wird verlassen.
910–1517	Postklassik – Im Hochland entstehen die Hauptstädte Zaculeu und Tsikinahay. Etwa um 1230 wird Mixco Viejo gegründet. Im Laufe des 15. Jh. verdrängen die Quiché die Cakchiquel nach Süden und errichten um das heutige Santa Cruz del Quiché ein Reich mit der Hauptstadt K'umarcaaj (spanisch: Utatlán). Die Cakchiquel gründen darauf-

Tikal,
Tempel I

hin Iximché. Um 1200 Gründung der Stadt Tayasal durch die von Yukatan eingewanderten Itzá am Lago Petén-Itzá. Dieses Reich wurde als letztes Maya-Reich erst 1697 von den Spanier erobert.

Die spanische Eroberung

1502   Kolumbus begegnet einem Handelskanu der Maya.
1503   Spanien führt in den Kolonien (zu dieser Zeit Kuba und Haiti) das *encomienda*-System (s. S. 39) ein.
1523/24 Hernán Cortés, der Eroberer Mexikos, beauftragt seinen Gefolgsmann Pedro de Alvarado mit der Eroberung des heutigen Guatemalas. 1524 bricht Alvarado mit 300 Soldaten und 100 mexikanischen Tlaxcalteken gen Süden auf, wo er im Hochland von Guatemala auf den organisierten Widerstand der Quiché unter ihrem Fürst Tecún Umán trifft. Tecún Umán fällt im Kampf gegen Pedro de Alvarado, der nach gewonnener Schlacht K'umarcaaj (Utatlán), die Hauptstadt des Quiché-Reichs, schleifen läßt. In Iximché, der Hauptstadt der mit den Quiché verfeindeten Cakchiquel, wird Alvarado als Held empfangen. Von hier bricht

Kolonial-
kirche
in Zunil

er zur Belagerung der Hauptstadt der Tzutuhil Tsikinahay am Atitlán-See auf. Pedro de Alvarado gelingt es in kürzester Zeit die großen Maya-Stämme Guatemalas zu unterwerfen.

Juli 1524 Bei Iximché wird die erste Hauptstadt des spanischen Vizekönigreichs Guatemala – Santiago de Guatemala – gegründet. Die Cakchiquel rebellieren zunehmend gegen die spanische Herrschaft.

1527 Wegen der unruhigen Verhältnisse weicht die spanische Kolonistengemeinde ins Almolonga-Tal am Fuß des Vulkans Agua aus und gründet dort das zweite Santiago de Guatemala (bei Ciudad Vieja).

1537 Die Dominikaner unter Bartolomé de Las Casas gründen im heutigen Verapaz ein Missionsreservat. Die Situation der Maya, die auf den Fincas der *encomenderos* (s. S. 39) Fronarbeit leisten müssen, verbessert sich dadurch kaum.

Die Kolonialzeit

1541 Im Juni stirbt Pedro de Alvarado an einer Verletzung, die er sich im Kampf gegen aufständische Indianer in Mexiko zugezogen hat. Ein Erdbeben und eine Schlamm- und Flutwelle zerstören im September das zweite Santiago de Guatemala.

16. 3. 1543	Im Panchoy-Tal wird das dritte Santiago de Guatemala (heute: La Antigua Guatemala) gegründet.
1759–1788	Strukturreformen in der Kolonialverwaltung haben das Ziel, die Einnahmen der Kolonien besser zu kontrollieren und andererseits die Macht der Vizekönige und Statthalter zu vermindern. Im Rahmen von Kulturreformen wird die Universitätserziehung erneuert. Karl III. vertreibt die Jesuiten, die bisher die Universitätserziehung innehatten, aus allen spanischen Kolonien.
1717/51/73	3 schwere Erdbeben zerstören das heutige La Antigua, das daraufhin aufgegeben wird.
10. 1. 1776	Gründung der Hauptstadt Nueva Guatemala de la Asunción (Guatemala-Stadt) im Ermita-Tal.

Die Zentralamerikanische Konföderation

1811	Nach der Besetzung Spaniens durch die Truppen Napoleons breitet sich in den spanischen Kolonien der Wunsch nach Unabhängigkeit aus.
1820/21	Als sich Mexiko unter Agustín de Iturbide von Spanien ablöst, erklärt sich auch Guatemala unabhängig und schließt sich dem neuen Kaiserreich Mexiko an.
1823	Nach dem Sturz Iturbides trennen sich die guatemaltekischen Provinzen (außer Chiapas) erneut von Mexiko und

Wappen der Zentralamerikanischen Konföderation, Palacio Nacional, Guatemala-Stadt

23

gründen zusammen mit El Salvador, Honduras, Nicaragua und Costa Rica eine Konföderation, die sich Vereinigte Provinzen von Zentralamerika nennt. Bald erhebt sich jedoch in der jungen konföderalen Republik unter dem konservativen, guatemaltekischen General Rafael Carrera eine Opposition gegen den regierenden, liberalen, honduranischen General Francisco Morazán. Es kommt zum Bürgerkrieg.

1839–41 Die Konföderation zerfällt in die Staaten Guatemala, El Salvador, Honduras, Nicaragua und Costa Rica.

Die Zeit der inneren Machtkämpfe

1851–1865 General Rafael Carrera errichtet eine konservativ-klerikale Diktatur. Er überläßt Belize den Engländern; als Gegenleistung sollen die Briten eine Straße von Guatemala-Stadt nach Belize bauen, ein Versprechen, das bis heute nicht eingelöst wurde.

30. Juni 1871 Eine kleine Truppe Liberaler, die in Mexiko im Exil lebte, besetzt Guatemala. Damit etabliert sich der Liberalismus in der politischen Macht.

1873–1885 Präsidentschaft des Liberalen Justo Rufino Barrios; er kurbelt den Kaffee- und Bananenexport an und löst dadurch einen wirtschaftlichen Aufschwung aus. Das Straßen- und Eisenbahnnetz wird in Hinblick auf die Bedürfnisse der Exportwirtschaft gezielt ausgebaut.

1898–1921 Unter dem diktatorisch regierenden Präsidenten General Estreda Cabrera gerät das Land immer stärker unter den Einfluß der nordamerikanischen United Fruit Company. Innerhalb weniger Jahre bringt die United Fruit Company alle Eisenbahnlinien, Hafenanlagen, Schiffslinien, Elektrizitätsgesellschaften und die nationale Post Guatemalas unter ihre Kontrolle.

1931–1944 Die Weltwirtschaftskrise löst in Guatemala soziale Unruhen aus, in deren Verlauf der grausame Diktator Jorge Ubico Castañeda an die Macht gelangt. Ubico versucht die Wirtschaftskrise im eigenen Land durch vermehrten Export von Bananen, Indigo und anderen Agrarprodukten zu überwinden. Eine Industrialisierung des Landes wird verhindert, da dies die Interessen des Auslandskapitals, z. B. der United Fruit Company, zu verletzen scheint.

1944/45	Militärs, Arbeiter und Studenten stürzen das Regime Ubico. Nach kurzer Revolutionsjunta wird eine verfassungsgebende Versammlung einberufen, die eine bürgerlich-liberale Verfassung ausarbeitet. Zum Präsidenten wird Juan José Arévalo von der Frente Popular Libertador (FPL) gewählt. Seine Reformbemühungen beschneiden die Interessen der United Fruit Company, wodurch sich die Beziehungen zu den USA verschlechtern.
1950–1954	Sein Nachfolger Jacobo Arbenz Guzmán versucht die sozialen Reformen drastisch durchzusetzen und die industrielle Entwicklung Guatemalas zu beschleunigen.
1954–1957	Die Angst der USA vor der Ausbreitung des Kommunismus paart sich mit handfesten Wirtschaftsinteressen: Im Juni 1954 unterstützt der CIA einen Rechtsputsch durch den Exilpolitiker Oberst Carlos Castillo Armas. Unter seiner Diktatur wird die Agrarreform wieder rückgängig gemacht sowie die Verfassung von 1944 außer Kraft gesetzt. 1957 wird Castillo Armas ermordet.

Eskalation der politischen Gewalt

1958	Der Konservative Miguel Ydígoras Fuentes wird Präsident. Ein Putschversuch ›linksgerichteter‹ Offiziere führt zur Säuberung der Armee. Marco Antonio Yon Sosa, einer der Führer des Putsches, gründet die Guerillagruppe MR 13. Es entstehen weitere Guerillagruppen.
1963	Ydígoras wird von Offizieren aus dem eigenen Lager gestürzt.
1965	Unter der Militärregierung von Enrique Peralta Azurdia wird eine neue Verfassung verabschiedet. Bei den Wahlen sind jetzt nur noch ›gemäßigte‹ und Rechts-Parteien zugelassen. Überraschend gewinnt der reformerisch orientierte Julio César Méndez Montenegro vom Partido Revolucionario (PR). Er kann die Guerillabewegung jedoch nicht stoppen; es bilden sich rechtsgerichtete Terrortrupps. Das Militär führt einen blutigen Feldzug gegen die Guerilleros und ›verdächtige‹ Personen aus der Landbevölkerung.
1970	Nach Verhandlungsversuchen mit der unnachgiebigen Regierung erschießen Guerilleros mehrere Diplomaten, unter ihnen auch den Botschafter der Bundesrepublik Deutschland Graf Karl von Spreti.

1970–1974   Unter dem rechtsgerichteten Präsident Carlos Arana Oso-
rio erlebt Guatemala einen Höhepunkt des politischen Terrors. Nachfolger wird nach massiver Wahlfälschung General Kiell Eugenio Laugerud García.

1976   Ein Erdbeben fordert 20 000 Tote und macht rund 1 Million Menschen obdachlos.

1982/83   General Ríos Montt wird nach einem Putsch Chef einer
Militärjunta. Ihn putscht wiederum General Mejía Vícto-
res, der die Rückkehr zur Demokratie und freie Wahlen
verspricht. Zuvor erzwingen die Militärs jedoch die Zusi-
cherung, daß ihre Verbrechen nicht verfolgt werden.

Wahlkampf
1995: Auf
dem Plakat
der Stiftung
Rigoberta
Menchú wird
die indiani-
sche Bevölke-
rung aufge-
fordert, an
den Wahlen
teilzunehmen

Aufbruch in die Demokratie

1985–1989	Ende der Militärregierungen – Verabschiedung einer demokratischen Verfassung, Wahl des Christdemokraten Vinicio Cerezo Arévalo zum Präsidenten. Bemühungen um einen Friedensplan für Mittelamerika werden mit den Nachbarländern in die Wege geleitet. Nachdem die guatemaltekische Regierung mit der Guerillagruppe National-Revolutionäre Einheit (URNG) Verhandlungen aufnimmt und einen Waffenstillstand vereinbart, scheitern 2 Putschversuche.
1991	Der erste protestantische Präsident Jorge Serrano Elías tritt sein Amt an.
1992	Die Quiché-Indianerin und Widerstandskämpferin Rigoberta Menchú erhält den Friedensnobelpreis.
1993–1994	Nach einem Selbstputsch wird Serrano vom Militär zum Rücktritt gezwungen. Nachfolger wird der parteilose Menschenrechtsbeauftragte Ramiro de Léon Carpio. Beginn der Wiedereingliederung der Bürgerkriegs-Flüchtlinge.
1995	Vor den Neuwahlen verüben Militärs ein Massaker an Heimkehrern. Nach zwei Wahlgängen wird Alvaro Arzú von der konservativen Fortschrittspartei (PAN) Präsident.
1996	Am 29.12.1996 Unterzeichnung des Friedensvertrags zwischen der URNG-Widerstandsbewegung und der Regierung unter Mithilfe der Vereinten Nationen. Ende des Bürgerkriegs zwischen Armee und Guerilla, in dem 140 000 Menschen starben.
1998	Bischof Juan Gerardi Conedera veröffentlicht eine Dokumentation über 476 von Armee und Polizei verübte Massaker und wird wenig später von Unbekannten erschlagen. Hurrikan ›Mitch‹ verwüstet Teile des Landes. Wachsende soziale Spannungen durch stark gestiegene Arbeitslosigkeit.
1999	Im Bericht der Nationalen Wahrheitskommission werden Militärs und Paramilitärs zu 93 % für Bürgerkriegs-Massaker verantwortlich gemacht. Ultrarechte Kreise formieren sich gegen die Gleichstellung der Maya-Bevölkerung. Die Wahlen gewinnt Alfonso Portillo von der rechtsgerichteten Republikanischen Front (FRG).
2000	Richter Guillermo Ruiz Polanco vom Nationalen Gerichtshof in Madrid akzeptiert die 1998 von Rigoberta Menchu eingereichte Klage gegen drei ehemalige Staatschefs Guatemalas und fünf Armeemitglieder wegen Völkermord, Folter und Freiheitsberaubung.

Die Welt
der alten Maya

»Wie ein Nebel der Nacht erschienen die Maya auf dieser Welt vor mehr als 3000 Jahren. Sie schufen eine blühende Kultur, die sechsmal länger bestand als das Römische Weltreich, lebten nach einem Kalender, der unserem glich. Sie erfanden das mathematische Konzept der Null, verstanden es, die Sonnen- und die Mondfinsternisse vorauszusagen, und konnten die Bahn der Venus mit einem Fehleranteil von nur 14 Sekunden im Jahr berechnen.«

Bewunderung für die Kultur der Maya spricht aus diesen Zeilen des ›National Geographic Magazine‹-Journalisten, eine Bewunderung, die heute viele Menschen auf der ganzen Welt mit ihm teilen. Das war nicht immer so. Erst im 19. Jh. begannen Wissenschaftler, allen voran der berühmte Forscher J. L. Stephens, sich wieder für die lange Zeit vergessene Kultur der Maya zu interessieren.

Wer waren sie, die alten Maya, die um 2000 v. Chr. allmählich seßhaft wurden und anfingen Felder zu bestellen, um 1000 v. Chr. die ersten Tempel bauten, um das Jahr Null die Halbinsel Yukatan, den Petén und das guatemaltekische Hochland bereits mit blühenden Stadtstaaten übersät hatten und zwischen 600 und 800 n. Chr. kulturell ihren glanzvollen Höhepunkt erreichten?

Ihre monumentale Architektur und Kunst zeugen noch immer von ihrer hochstehenden Kultur, aber auch Steininschriften und einige gerettete Texte, die Maya entwickelten in der klassischen Periode eine Schrift, gewähren uns heute Einblick in ihre geistige Vorstellungswelt.

Das Weltbild

Neben den Chilám-Balám-Büchern, die schon sehr stark vom Christentum durchsetzt sind, und den 4 Codices (s. S. 34), die in erster Linie Weissagungen und rituelle Anleitungen enthalten, gibt uns heute besonders das Popul Vuh, das man als Bibel der Maya bezeichnen kann, Aufschluß über das Weltbid der alten Maya. Das Popul Vuh liegt uns als Kopie und als spanische Übersetzung vor, die ein Priester namens Francisco Ximénez Anfang des 18. Jh. in Chichicastenango auf Bitten einer altadligen Quiché-Familie von einem Originaltext anfertigte, der in Quiché aber schon in lateinischer Schrift verfaßt worden war. Ximénez tat dies eigenmächtig und mit aufgeschlossenem Sinn, in einer kulturellen Umgebung, in der bereits viele heilige Maya-Schriften verbrannt und auf unzähligen alten Maya-Tempeln christliche Kirchen errichtet worden waren.

Das Popul Vuh enthält den Schöpfungs- und Abstammungsmythos und in epischer Form die

Die Odyssee des Popul Vuh

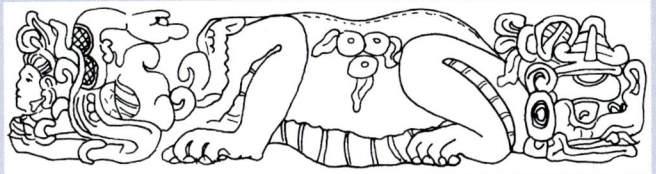

Darstellung des Kampfs zwischen Trockenheit und Regen,
Copán, Altar 41, Tempel 11

Dem glücklichen Umstand, daß eine alte Fürstenfamilie der Indianergemeinde Chichicastenangos dem Pater Francisco Ximénez ein Manuskript des Popul Vuh zum Kopieren und Übersetzen vorlegte, haben wir die heutige Kenntnis dieses Textes zu verdanken. Das Vertrauen, das der Pater bei den Indianern genoß, aber auch den großen Respekt, mit dem dieser den Indianern begegnete, lassen sich daran ablesen. Bis die weitblickende Tat des Pater Ximénez von der Nachwelt honoriert wurde, vergingen jedoch Jahrhunderte. Denn allzulange blieb der indianische Nachlaß in der spanischsprachigen Welt Amerikas ähnlich wie der ›Kurzgefaßte Bericht über die Verwüstung der westindischen Länder‹ von Bartolomé de Las Casas (s. S. 160) ein heikles Politikum. Schließlich enthielt das Manuskript von Ximénez neben der Schöpfungsgeschichte doch auch die Beschreibung des Untergangs einer alten Kultur, die letzten 100 Jahre des Quiché-Reichs.

Das Manuskript verschwand vorerst in Klosterbibliotheken. Erst nach der Unabhängigkeit, als Guatemala sich um eine eigene Identität bemühte und man aus diesem Anlaß die Bestände in den Bibliotheken sichtete, wurde das Ximénez-Manuskript in der Universitätsbibliothek von Guatemala-Stadt wiederentdeckt. 1857 wurde es in Wien und wenig später in Paris für eine zunehmend an der Maya-Kultur interessierte Fachwelt veröffentlicht. Als der Besitzer des Manuskripts starb, suchte man es jedoch vergeblich in seinem Nachlaß. Wo war es geblieben? Das Rätsel konnte erst 1941 gelöst werden, als der damalige Botschafter Guatemalas durch Zufall in der Newberry Library von Chicago auf das Manuskript stieß. Es war – unbeachtet von der Öffentlichkeit – zwischenzeitlich von einem amerikanischen Historiker erworben und der Bibliothek vermacht worden.

Stammesgeschichte der Quiché-Maya. Der **Schöpfungsmythos** berichtet, daß die Welt einfach durch das Wort entstand, das die beiden Götter, *Tepeu,* der Sieger, und *K'ucumatz,* die Grünfederschlange, aussprachen. So heißt es im Popul Vuh: » ›Erde‹, sagten sie, und im Augenblick war die Erde geschaffen.« Nun konnte der Maisgott den Himmel aus dem Urmeer heben und auf einen Baum stützen, der mit seinen Wurzeln auf der Erde verankert war, die sich aus der Mitte des Urmeers erhob. Auf dem Baum ließ sich der heilige Vogel *Vuqub Caqix* nieder, und alle Dinge und Lebewesen wurden dadurch beseelt.

In der Vorstellung der alten Maya verband der **Weltenbaum** *Wakah Chan* die Ebenen des Himmels, der Erde und der Unterwelt, so daß seine Wurzeln dem Menschen bei seiner Geburt den Weg zur Tagwelt wiesen; an seinen Ästen stieg er nach seinem Tod zum Himmel empor. An jeder ›Ecke der Welt‹ in jeweils jeder Himmelsrichtung stand ein solcher heiliger Baum. Der hoch aufragende Ceiba-Baum wurde von den Maya als heilig verehrt, repräsentierte er doch den *Wakah Chan* in dieser Welt.

Über die **Schöpfung des Menschen** erzählt das Popul Vuh, daß 3 Anläufe dafür notwendig waren. Zuerst schufen die Götter einen Menschen aus Lehm, der war aber zu weich und zudem konnte das Regenwasser ihn auflösen. Beim zweiten Versuch verwendeten sie Holz, aber dieser Mensch hatte weder Herz noch Verstand. Die Götter ließen ihn durch eine Sintflut von der Erdoberfläche tilgen. Nur wenige Holzmenschen blieben verschont, sie sind die Ahnen der heutigen Affen. Erst als die Götter den Menschen aus Maismehlbrei herstellten, gefiel ihnen ihr Werk.

Nichts war in der Welt der alten Maya ohne göttliche Bedeutung. So wurden den 4 **Himmelsrichtungen** bestimmte Planeten, Götter, Pflanzen, Tiere und Farben zugeordnet. Dem Osten als Ort des Sonnenaufgangs und des Tagesanbruchs entsprach die Farbe Rot. Den Westen verbanden die alten Maya mit Dunkelheit und Nacht und ordneten ihm die Farbe Schwarz zu. Zum Süden gehörten der Venus-Stern und die Farbe Gelb, zum Norden schließlich der Mond und die Farbe Weiß.

Das Leben der Menschen gestaltete sich fortan im aufgewölbten Weltenraum und unter dem Einfluß der ihn bewohnenden **göttlichen Kräfte.** Die Sterne und Planeten bewohnten z.B. die beiden Kräfte *Itz,* das Wort bedeutet auch Nektar, Samen, Milch oder Harz, und *Ch'ulel,* eine Energie, die allen Lebewesen und Gegenständen innewohnt, und außerdem die verstorbenen **Ahnen.** Spiegel symbolisierten diese Mächte.

Nach der Vorstellung der alten Maya besaß jeder Mensch 2 Seelen: eine unzerstörbare und eine, die er mit einem Tier, seinem Schutzgeist, dem **nagual,** teilte. Das Schicksal, das dem *nagual* widerfuhr, traf auch den Menschen. Noch heute sind viele Maya-Nachkommen dieser Glaubensvorstellung verhaftet und geben deshalb den Namen ihres Schutztieres nicht preis. Schamanen oder Zauberer konnten sich nach den Vorstellungen der alten Maya sogar in dieses zweite Ich verwandeln und in Gestalt ihres *naguals* weiterleben. Bei rituellen **Trance-Tänzen** zur Beschwörung der Götter wurde das symbolisch mit Hilfe von Masken ausgedrückt. Den Trancezustand förderten die Musik, vor allem das Trommeln, aber auch die Einnahme halluzinogener Drogen aus einem Sekret einer Kröte und aus Pilzen oder das Einatmen starken Tabakrauchs.

Architektur und Hofstaat

Alle alten Maya-Städte besitzen ein **Zeremonialzentrum,** dessen architektonische Einheiten das Maya-Universum repräsentierten: So hieß der große Platz zwischen den Tempeln bei den Maya *nab,* was übersetzt Ozean bedeutet. An diesem *nab* stehen Stelen, die den Wald symbolisieren und die mit ihren eingemeißelten Texten der Geschichtsschreibung dienten. Dahinter erheben sich die *witzob,* die »Berge«, wie die Tempel hießen, mit dem Ballspielplatz, dem »Tor zum Jenseits«.

Platz, Stele, Altar, Hochtempel und Ballspielplatz sind der immer wiederkehrende architektonische Fünfklang dieser zeremonialen Kultstätten. Bei religiösen Zeremonien wurde die göttliche Energie an diesen Orten aktiviert. Zwischen der Ebene der Menschen und der Ebene der Götter schwingen sich die großen Freitreppen der Tempel empor.

Die Paläste mit den Wohnräumen des Hofes und der Priesterschaft lagen an den Plätzen zwischen den Tempeln, die normale Bevölkerung lebte in Siedlungen mit kleinen Hütten aus vergänglichem Material um die Stadtzentren verstreut. Nur zu bestimmten Ereignissen und Zeremonien begab sie sich in die Tempelbezirke.

Dem feiner untergliederten Aufbau dieser Stadtzentren in der Klassik mit bis zu 6 Gebäuden auf einer Plattform ging, wie die Beispiele Uaxactún oder El Mirador zeigen, die monumentale Akropolis-Architektur der Späten Präklassik mit ihren ursprünglich 3 Gebäuden auf einer Plattform voraus.

Das prunkvolle **Ambiente** der Klassik, in dem sich die Elite, Höflinge, Diener, Sklaven, Unterhaltungskünstler und Musiker bewegten, läßt sich aus den Augenzeugenberichten der frühen Kolonialzeit erahnen: »Wir dürfen nicht die Gärten mit Blumen und süß duftenden Bäumen vergessen und die vielen Arten, die es von ihnen gab, und ihre Anordnung und die Spazierwege und die Quellen und

Becken mit frischem Wasser, in denen das Wasser an einem Ende hineinfloß und am anderen heraus, und die Bäder und die Vielzahl der kleinen Vögel, die in den Zweigen nisteten, und die medizinischen und nützlichen Kräuter, die in den Gärten wuchsen. Es war wie ein Wunder anzusehen, und es gab viele Gärtner, die sich darum kümmerten. Alles war aus Mauerwerk gemacht und gut verputzt, Bäder und Promenaden und kleine Kabinette und Wohnungen gleich Sommerhäusern, wo sie tanzten und sangen.«

Als die Spanier in den letzten Jahren des 17. Jh. am Ufer des Lago Petén Itzá auf eine kleine Schar Maya trafen, erlebten sie den Pomp, den ein König umgab: »König Can Eks Kopf war sehr schön geschmückt, mit einer großen Krone aus purem Gold auf einer Haube aus Gold, und er trug die Ohren bedeckt mit Goldscheiben. Und die Scheiben hatten herabbaumelnde Anhänger, die sich bewegten und über die Schultern fielen wie Fetzen. Und desgleichen trug er an seinen Armen Ringe aus purem Gold. Und an den Fingern seiner Hände trug er ebenfalls Ringe aus reinem Gold. Und er war bekleidet mit einer Tunika von makellos weißer Farbe, die vollständig mit blauen Stickereien verziert war ... Als Can Ek am Ufer des Sees anlegte, legten sie eine lange Matte nieder, damit er darauf gehen konnte. Und so kam er über die Matte geschritten und blieb am Ende stehen. Und all die Maya-Soldaten, die aus den Kanus gestiegen waren, kamen und stellten sich entlang ihres Randes auf. Und alle zeigten große Ehrfurcht ... «

Ballspiel und rituelle Blut- und Menschenopfer

Wenig verwunderlich, daß die Menschen beim Anblick eines Königs große Ehrfurcht zeigten, denn als politischer Führer war er auch gleichzeitig religiöses Oberhaupt, und in seiner Hand lag es, den Fortgang des Lebens durch **Blut- und Menschenopfer** zu sichern, denn nach der Vorstellung der alten Maya mußten die Götter mit Blut – besonders mit Menschenblut – ernährt werden.

Während der Nacht verschwand der Sonnengott, die wichtigste Gottheit, in die Unterwelt. Dort verwandelte er sich in den furchterregenden Jaguargott und konnte erst am nächsten Morgen wieder seine Helligkeit und Wärme abgeben. Um die ›Wiederauferstehung‹ des Sonnengottes zu gewährleisten, mußte eine bestimmte Opfermenge Blut dargebracht werden. Beim Blutopfer, einer Art Aderlaß, galt das Blut des Königs als höchstes Opfer. Beim Menschenopfer schnitt der Priesterfürst dem Geopferten, meist Kriegsgefangenen, bei lebendigem Leib das Herz aus der Brust. Zahlreiche Darstellungen in der Kunst illustrieren diesen grausamen Ritus, der jedoch bei den

Maya nicht so stark verbreitet war wie bei den Azteken (Mexiko).

Eine andere Art der Menschenopfer an die Götter war die Enthauptung von **Ballspiel**-Verlierern, zumindest von den unterlegenen Spielführern. Ein Relief am Ballspielplatz von Chichén Itzá (Yukatan) zeigt die Spielführer beider Parteien. Der eine hält den Kopf des anderen in der Hand. Aus dem Rumpf ohne Haupt rekeln sich Schlangen, die mittlere trägt an ihrem Kopfende Früchte und Blüten, eine Anspielung an den Zusammenhang zwischen Werden und Vergehen. Auf verschiedenen Darstellungen wird der Ball schon während des Spiels als rollender Kopf gezeigt. Die Symbolik des Ballspiels ist jedoch noch nicht gänzlich erforscht. Vermutlich bezog sie sich auf den Kampf zwischen Tag und Nacht, Sonne und Mond, Licht und Finsternis, Vernichten und Wiederauferstehen. So sahen die Maya wohl im Flug des Kautschukballs den Lauf der Himmelskörper, die Tag für Tag von einem Ende des Himmelsgewölbes zum anderen schwebten. Eine Mittellinie, die den Ballspielplatz teilte, stellte die Grenze zwischen Tag und Nacht dar. Die beiden gegeneinander antretenden Mannschaften trugen Lendenschurze jeweils in Rot, der Farbe des Ostens – des Sonnenaufgangs – und in Schwarz, der Farbe des Westens – der Nacht. Mit der darauffolgenden Enthauptung muß das Ballspiel ein bedeutendes kultisches Ereignis gewesen sein.

Man nimmt an, daß es Ziel jeder Mannschaft war, im Verlauf des Spiels den Ball durch einen steinernen Ring in 3 m Höhe, der jeweils an den Mauern der beiden Längsseiten des Ballspielplatzes angebracht war, hindurchzuschießen. Nur Ellbogen, Hüften und die Knie durften dabei den Ball berühren. Sobald einer Partei dies gelang, war das Spiel entschieden.

Die Schrift

Die Schrift der Maya gehört zu den wenigen großen Schriftsystemen, deren Entschlüsselung erst in den letzten Jahren und auch nur zum Teil gelang. Immer noch sind

Opfergefäß mit der Darstellung eines Priesters (?), Frühklassik, Museo Nacional de Arqueología, Guatemala-Stadt

30–50% der Glyphen unentziffert. Neben den in Stein gemeißelten und auf Holz und Keramik gemalten Inschriften blieben der Nachwelt insgesamt nur 4 Manuskripte in der Form auseinanderklappbarer **Faltbücher** aus Rindenbast erhalten. Diese wurden von Privatleuten geborgen, dann weiterverkauft oder verschenkt und lagen zuletzt jahrhundertelang von der Öffentlichkeit vergessen in Archiven.

Ein solches Buch erwarb im Jahr 1739 der Hofbibliothekar der Königlich Sächsischen Bibliothek in Dresden (deshalb Dresdner Codex). Als das Interesse an der versunkenen Kultur der Maya durch die Reisebeschreibungen des ersten Maya-Forschers John Lloyd Stephens Mitte des 19. Jh. plötzlich zunahm, tauchte ein zweites in Madrid auf (Madrider Codex) und wenig später das dritte in der Pariser Nationalbibliothek. Das vierte wurde dagegen erst 1971 in einem amerikanischen Privathaushalt entdeckt. Es befindet sich heute in

Doppelseite aus dem Madrider Codex

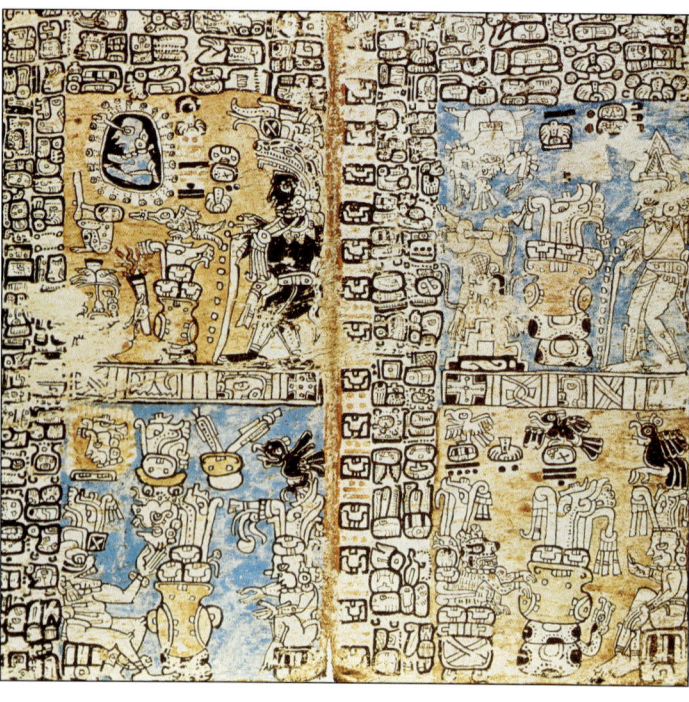

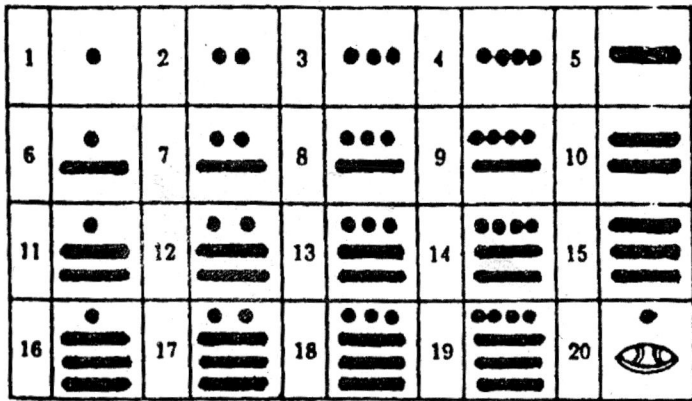

Zahlen von 1–20

Mexiko-Stadt. Merkmal der **Maya-Schrift,** die sich in der klassischen Periode (300–900 n. Chr.) entwickelte, ist das Nebeneinander von abstrakten Zeichen und Bildsymbolen. Von den rund 800 Zeichen sind etwa die Hälfte sogenannte Logogramme, daneben gab es Piktogramme, die durch ihre Bildhaftigkeit auch vom schriftunkundigen Volk verstanden werden konnten.

Das Zahlensystem

Die alten Maya benutzten ein **Zwanzigersystem** mit Einbezug der Null. Man nimmt an, daß diese Einheit vom Zählen der Finger und Zehen herrührte. Die Null wurde durch ein eigenes Zeichen, die

restlichen gemeinen Zahlen (bis 19) durch Kombinationen aus Punkten und Strichen dargestellt. Alle höheren Zahlen setzten sich nach einem **Stellenwertsystem** aus diesen gemeinen Zahlen zusammen. Die einzelnen Stellen der Ziffern las man dabei nicht von links nach rechts wie im arabischen Zahlensystem, sondern von unten nach oben. Zuunterst stand der Einer. Angewandt wurde das Zahlensystem im Handelswesen und insbesondere bei den komplizierten kalendarischen und astronomischen Berechnungen.

Der Maya-Kalender

Verschiedene Zeitzyklen, die jeweils ihre besondere Bedeutung hatten und parallel zueinander abliefen, bestimmten die Zeitrechnung der alten Maya. Der eine war der **Tzolkin-Kalender,** ein 260tägiger Wahrsage-Kalender mit 13 Monaten. Jedem Tag war darin ein eigener Name mit einem eigenen Schriftzeichen und ein Schutzgeist (*nagual*, s. S. 31) zugeordnet, der das Leben des Menschen ab dem Tag seiner Geburt bestimmte. Der Tzolkin-Kalender stellt den kleinsten Zeitzyklus dar, der neben dem nächst größeren Zeitzyklus, dem Haab-Kalender, ablief.

Der **Haab-Kalender,** ein Landwirtschaftskalender, bestand aus 18 Monaten mit je 20 Tagen, plus 5 Tage, die *uayab* oder *uayeb* hießen und als unheilbringend galten. Es ergab sich daraus ein Jahr mit 365 Tagen, also ein Sonnenjahr. Auch in diesem Kalendersystem erhielt jeder Tag einen bestimmten Namen und Symbole zugeordnet, so daß jeder Tag nunmehr 2 Namen und mehrere Symbole, nämlich jeweils die aus dem Tzolkin- und dem Haab-Kalender, trug. Nach Ablauf von 52 Jahren begann ein neuer Kalenderzyklus, d. h. es begann erneut eine ›Runde‹ mit den gleichen Namens- und Symbolkombinationen aus beiden Kalendersystemen.

In der Klassik entwickelten die Maya-Astronomen eine weitere Zeitmessung, die sogenannte **Lange Zählung.** Sie fügte den beiden schon bestehenden einen noch größeren Zeitzyklus hinzu. Eine ›Runde‹ mit den gleichen Namens- und Symbolkombinationen aus allen 3 Kalendersystemen wiederholte sich nur alle 5125 Jahre. Den Beginn dieses großen Zyklus legten

die Maya auf den 13. 8. 3114 v. Chr. fest. Im Jahr 2022 wird er also erst zu Ende gehen ...

In der Vorstellung der Maya war auch dieser große Zeitzyklus in einen noch größeren eingebettet usw. Außerdem glaubten sie, daß sich die historischen Ereignisse innerhalb dieser Zyklen wiederholten, so versuchten sie die Zukunft mit Hilfe der Vergangenheit vorauszusagen. Noch heute spielt der Tzolkin-Kalender in der bei den *indígenas* sehr verbreiteten Wahrsagerei eine große Rolle.

Zusammenbruch der Maya-Kultur

Anders als Iximché, die Hauptstadt der Cakchiquel, die den Spaniern nach der Eroberung gleich als erster Verwaltungssitz in Guatemala diente, waren so mächtige Metropolen wie Tikal im Petén zum Zeitpunkt der Ankunft der Spanier bereits verlassen. Ihrer Blütezeit, die zwischen 600 und 800 n. Chr. lag, folgte ein rascher Verfall, und der Regenwald, der zuvor für Maisfelder und Städte hatte weichen müssen, ergriff von dem kultivierten und bebauten Land wieder Besitz.

Die Wissenschaftler sprechen von einem Kollaps der Maya-Hochkultur, doch was genau geschah, liegt bis heute im Bereich der Spekulation. Die Theorie der einen geht davon aus, daß die Bevölkerung sich so stark vermehrte, daß **Hungersnöte und Epidemien** sie hinwegraffte, wodurch die Macht der Könige wie der Elite derart geschwächt wurde, daß sie ihre Paläste aufgaben und an andere Orte weiterwanderten. Andere glauben, es könnte etwas ähnliches geschehen sein wie nach der Blüte des Feudalismus in Europa: ein Aufbegehren der unterdrückten Massen, etwa eine **Revolution** oder mehrere. Und schließlich gibt es die Theorie der **Naturkatastrophe,** die für ein Land wie Guatemala ja nicht so weit hergeholt ist. Schließlich zwangen hier auch mehrere Erdbeben die Spanier dazu, immer wieder neu mit dem Bau ihrer Metropole zu beginnen. Vermutlich liegt die Wahrheit in der Mitte, und es wirkten verschiedene Faktoren zusammen.

Die Konquista

Die Spanier kamen in die Neue Welt in einer Zeit, als ihr eigenes Land gerade durch die Heirat von Isabella von Kastilien mit Ferdinand von Aragón zu seiner nationalen Einheit gefunden hatte. So gestärkt gelang es den Katholischen Königen Fernando und Isabella die letzten Mauren aus Spanien zu vertreiben. Das Aufatmen nach der langen muslimischen Fremdherrschaft schlug sich dabei in einer übersteigerten neuen religiösen und nationalen Identität nieder. Sie äußerte sich in der Vertreibung der Juden aus Spanien und in der Erneuerung der Inquisition und führte Spanien schließlich auf den Weg, sich zur Festung des unbeirrten Katholizismus im bald von Glaubenskriegen zerrütteten Europa zu entwickeln. Das Bewußtsein der Spanier, den wahren Glauben gegen die Muslime wie auch die ketzerisch sich abspaltenden Protestanten zu verteidigen, durchdrang in dieser Zeit die gesamte spanische Kultur. Die Entdeckung der Neuen Welt diente Spanien nun zum Ausbau seiner territorialen und geistigen Vormachtstellung wie zum Auffüllen der nach dem Maurenkrieg leeren Staatskassen.

Es war eine Eroberung im königlichen Auftrag: Die Konquistadoren hatten das Territorium der Neuen Welt, das Spanien durch die päpstliche Bulle von 1493 und den Staatsvertrag von Tordesillas (1494) zur Heidenmission zugeteilt worden war, so schnell wie möglich vor dem Zugriff anderer zu sichern. In der Praxis war diese Gebietssicherung und Heidenmission jedoch von Goldgier gesteuert. So drangen die Konquistadoren, die zunächst in die Neue Welt – auf die Inseln Haiti und Kuba – gekommen waren, um hier als Großgrundbesitzer zu residieren, weiter in den amerikanischen Kontinent vor, stets auf der Suche nach ›El Dorado‹, dem vermeintlichen Goldland. 1521 wurde Mexiko (Cortés), 1524 das Gebiet des heutigen Guatemala bis Panama (Alva-

rado) erobert. 1533 folgte Peru (Pizarro), 1541 Chile (Valdivia) und das Amazonasgebiet (Orellana).

Bei der Begegnung mit der Urbevölkerung Mittelamerikas, den Maya und Azteken, trafen dabei 2 gleichermaßen kriegerische und patriarchalisch organisierte Kulturen aufeinander, die beide auch die Sklaverei kannten. Gewalt als machterhaltendes Mittel wandten beide Kulturen an, die indianischen Fürsten im scheinbaren Dienst an den Naturgöttern und die Spanier im scheinbaren Dienst ihrer christlichen Mission. Menschenleben galt beiden Kulturen damals wenig. Die Ethik der Indianer wie der Spanier erlaubte Menschenopfer, beiden bei (Glaubens-)Feinden, was bei den Spaniern durch die Inquisition rechtlich abgesichert war. Den Indianern indes wurde ihr grausamer Menschenopferkult zum Verhängnis. Den spanischen Eroberern diente er nämlich als Legitimation für ihr barbarisches Vorgehen gegen die Indianer und deren Kultur.

Der Kulturkonflikt wurde institutionalisiert, als Spanien sich das Recht des Siegers nahm und seine eroberten Ländereien verwaltungstechnisch ans Mutterland anglie-

Nachdem die weißen Europäer die indianische Kultur zerstört hatten, entdeckten sie sie Mitte des 19. Jh. mit Erstaunen wieder; deutscher Kolonist zu Besuch an der Ausgrabungsstätte in Quiriguá

derte. Die Krone verpflichtete die unterworfenen Indianer zur Arbeit und ›vertraute‹ den Kolonisten (*encomenderos*) je nach sozialem Stand eine Anzahl indianischer Arbeitskräfte (*encomendados*) an. Das durch die Versklavung der Indianer freiwerdende Ackerland wurde an die spanischen Kolonisten verteilt.

Die Idee war, daß die *encomenderos* den ihnen zugeteilten Indianern als Gegenleistung für ihre Arbeit auf den Fincas eine christliche Erziehung, Unterkunft und Verpflegung geben sollten. In Wirklichkeit waren sie aber einer gnadenlosen Ausbeutung ausgesetzt. Dieses System der *encomienda* begründete ein Herren-Sklaven-Verhältnis zwischen den Europäern und den Ureinwohnern, das auch in Guatemala bis in die heutige Zeit hineinwirkt.

Verschiedene Versuche der spanischen Krone, die sich im ständigen Zwiespalt zwischen eigenen Machtinteressen und der Einhaltung ihres christlichen Missionsauftrags befand, die brutale Ausbeutung der zugewiesenen indianischen Arbeitskräfte, wie sie der Dominikanerpater Bartolomé de Las Casas in seinem ›Kurzgefaßten Bericht‹ anprangerte (s. auch S. 160), zu unterbinden, scheiterten am Widerstand einer erstarkenden Kolonistenlobby. Nach der Unabhängigkeit, die Guatemala 1821 erreichte, wurde der alte Missionsauftrag durch massive kapitalistische Interessen ersetzt.

Wirtschaft, Politik, Gesellschaft und Kultur

**Hauptexportprodukte –
Kaffee und Bananen**

**Erst seit kurzem – Auf dem
Weg in die Demokratie**

**Geteiltes Volk – Armut und
ethnische Abgrenzung**

**Indianische Trachten und
koloniale Architektur**

Markt in Chichicastenango

Wirtschaft

Der Status quo der Wirtschaft Guatemalas ist das Ergebnis einer Reihe von Entwicklungen, die zunächst auf die Konquista zurückgehen. Damals entstand durch die schon erwähnte Vergabe von Land an die Kolonisten (s. S. 39) ein **Agrarsektor,** der bis heute durch Großgrundbesitz (*Latifundien*), der sich auf wenige Familien der Eliteschicht konzentriert, gekennzeichnet ist. Den Indianern blieb damals ein Teil des Landes als Gemeindebesitz.

Auch die Unabhängigkeit Guatemalas (1821) brachte keine Veränderung der Besitzverhältnisse, da die Unabhängigkeitsbewegung nicht wirklich sozial motiviert war, sondern nur auf eine Ablösung vom steuerneinfordernden und politisch kontrollierenden Mutterland Spanien abzielte. Ganz im Gegenteil, nach der Unabhängigkeit konzentrierte sich die guatemaltekische Wirtschaft zunehmend auf die starke europäische und später nordamerikanische Nachfrage nach Produkten wie Kaffee, Zucker oder Bananen. Um brachliegenden Boden für den Anbau dieser Produkte nutzen zu können, wurden europäische Einwanderer ins Land geholt, und das alte Recht der Indianer auf Gemeindeland mit Hinweis auf die gesamtwirtschaftlichen Interessen erstmals unter dem liberalen Präsidenten Justo Rufino Barrios (1873–85) abgeschafft. Die Häufung von Landbesitz in den Händen einer kleinen Oberschicht setzte sich somit weiter fort. Es entstanden die bis heute an den Küsten und im mittleren Hochland vorherrschenden, landschaftszerstörenden, exportorientierten **Monokulturen.** Die Hauptausfuhrprodukte sind noch heute der Reihe nach: Kaffee, Zucker, Bananen, gefolgt von Kardamom, Fleisch und Baumwolle.

Nach wie vor arbeitet über die Hälfte der Bevölkerung Guatemalas in der Landwirtschaft. Der Staat bezieht jedoch auf Grund der niedrigen Löhne für Plantagenarbeiter, aber auch wegen der gesunkenen Preise für die klassischen Agrarexportprodukte auf dem Weltmarkt nur etwa ein Drittel seiner Einnahmen aus diesem Sektor. Etwa die Hälfte des Steueraufkommens entfällt auf **Dienstleistungen,** und der Rest kommt über eine junge rohstoffverarbeitende **Industrie** (Zement, Papier, Textilien, Chemikalien, Autoreifen und Möbel) in die Staatskasse. **Bodenschätze** spielen eine untergeordnete Rolle. In geringem Umfang werden Blei, Zink, Eisen, Kupfer, Steinkohle und Silber abgebaut und Erdöl gefördert (seit 1976).

Mit seinem Bruttosozialprodukt von zuletzt 1350 US-$ pro Einwohner fällt Guatemala der Einteilung der Weltbank zufolge in die Kategorie **Entwicklungsland.** Ausschlaggebend für diese Einstufung sind darüber hinaus die enormen Einkommensunterschiede in der

Bevölkerung, die auf die extrem niedrigen Löhne der Arbeitnehmer zurückgehen. Diese Niedriglöhne sind eine typische Erscheinung in Entwicklungsländern mit kolonialer Vergangenheit und spiegeln in gewisser Weise die historisch verwurzelte Herren-Sklaven-Mentalität der Arbeitgeber wider.

Der Staat setzt ein **Mindestgehalt** von heute umgerechnet etwas über 100 € fest, das den ungelernten Arbeitnehmern monatlich zu zahlendes ist. Trotz jährlicher Anhebungen kann es jedoch die durch die Inflation gestiegenen Lebenshaltungskosten nicht auffangen. Nach Berechnungen des Instituto de Investigaciones Económicas y Sociales (Institut für Wirtschafts- und Sozialforschung) in Guatemala-Stadt müßte es umgerechnet mindestens das vierfache betragen, um die Kosten der allernötigsten Bedürfnisse (Ernährung, medizinische Versorgung und Wohnung, Schulgeld, Kleidung und Transport) zu decken.

In **größter Armut** leben die bislang wirtschaftlich fast völlig ausgegliederten *indígenas,* knapp die Hälfte der Bevölkerung Guatemalas. Und hier trifft es besonders die *campesinos,* die in ländlichen Regionen leben, fern ab der touristischen Routen. Allein im Departamento Sacatequepaz beispielsweise wurde erhoben, daß 85% der Menschen in extremer Armut leben.

Die meisten *campesinos* arbeiten saisonweise gegen niedrigsten

Ixil-Indianerin beim Holzhacken

Ortstermin: Hilfe zur Selbsthilfe

Ortstermin Guatemala-Stadt, Büro der GTZ, der Deutschen Gesellschaft für Technische Zusammenarbeit. Der Leiter erklärt das Konzept: »Unser Ziel ist die Armutsbekämpfung. Dazu stehen wir in engem Kontakt mit Mitgliedern der Ministerien und erarbeiten in Teamarbeit Projekte, die der Verbesserung der Verdienstchancen, der Gesundheitsvorsorge wie dem Abbau sozialer Schranken dienen.«

Sein Mitarbeiterstab rekrutiert sich aus Experten der verschiedensten Berufszweige, von Sozialpädagogen bis hin zu Fleischermeistern mit einer besonderen Spezialisierung auf die Effektivitätssteigerung in Betrieben. Die meisten bringen zusätzlich zu ihrem Fachgebiet Erfahrungen im Umgang mit einer anderen Kultur mit.

Mitarbeiter Norbert Dehmer leitet ein Schlachthof-Projekt in Guatemala-Stadt. Als uns der Wächter das hohe Gittertor aufschließt, springt uns ein junger Rottweiler entgegen. Es ist Sonntag und nur die Wächter arbeiten. Doch Dehmer kann uns so in Ruhe die Anlage erklären. Der Schlachthof ist mit deutschen Entwicklungshilfegeldern nach hygienischen Gesichtspunkten erbaut, wie sie für Guatemala bisher noch einzigartig sind. Großschlachtereien gibt es nicht einmal in Guatemala-Stadt, geschweige denn auf dem Land. Das Fleisch, das in

Lohn als Kaffeepflücker oder Zuckerrohrschneider für die Plantagenbesitzer. Einen Versuch, ihre Lebensbedingungen zu verbessern, stellt die Herstellung von traditionellem Kunsthandwerk dar. Um den Verkauf dieser Produkte möglichst lukrativ zu gestalten, haben sich viele Hersteller inzwischen zu Kooperativen zusammengeschlossen, die von Entwicklungshilfegremien wie der gepa beim weltweiten Vertrieb ihrer Waren unterstützt werden.

Die Nahrungsmittel für den täglichen Eigenbedarf bauen die *indígenas* auf Kleinstgrundstücken (*Minifundien*) selbst an, wie sie zahlreich in der für Plantagen ungeeigneten Hochlandregion zu finden sind. Dort, wo Plantagen das Land nahezu lückenlos überziehen wie an der Pazifik- oder Karibikküste geraten die *campesinos* häufig in eine doppelte Abhängigkeit von den *patrones* (Großgrundbesitzer): Einerseits bleibt ihnen dort zum Überleben nur die schlecht bezahlte Saisonarbeit auf den Plantagen, den Fincas, und andererseits für den Anbau der eigenen Lebensmittel nur das von den *patrones* zur Pacht angebotene Land. Häufig können sie die Pacht nur mit ihrer den Supermärkten der eleganten Zona 10 verkauft wird, ist Importware, und was in den *municipales,* den Markthöfen, angeboten wird, kommt von Kleinbauern, die unter abenteuerlichen hygienischen Bedingungen schlachten. »Meistens haben sie kein fließend Wasser zur Verfügung oder nur verschmutztes. Damit ist die Gefahr einer gesundheitsgefährdenden Keimverseuchung besonders groß«, sagt Dehmer. »Die Guatemalteken wissen das und braten Fleisch deshalb immer extrem stark durch.«

Die Anlage, die zugleich als Schulungszentrum genutzt wird, wirkt nicht besonders luxuriös oder klinisch, aber überall sind Wasserhähne, Spritzschläuche und Gummikleidung zu sehen. »Hier lernen die Schlachter in erster Linie, was für die Hygiene wichtig ist. Mit diesem Wissen können sie auch bei der noch weitverbreiteten häuslichen Schlachtung bessere Ware anbieten.« Zum umfassenden Projekt gehört auch das Angebot günstiger Kredite, die die Kleinschlachter in die Lage versetzen sollen, hygienische Verkaufsstände einzurichten. Daß das Angebot bereits angenommen wurde, erleben wir auf dem Markt. Neben Holzbuden mit von Fliegen umschwirrten, offen daliegenden Fleischstücken sehen wir schon vereinzelt weißgefliste und verglaste Verkaufsnischen mit Fließend-Wasser-Waschbecken. »Die Kreditnehmer sind zufrieden«, erzählt Dehmer, »denn die Kunden honorieren ihre Anstrengungen und kaufen immer mehr bei ihnen.«

Plantagenarbeit bezahlen und befinden sich so wieder in der kolonialen Fronsituation. Welche Not sie plagt, kann man an der alten Straße von Escuintla nach Puerto San José sehen, wo sie sogar auf den schmalen Streifen zwischen der Fahrbahn und den nur wenige Meter dahinter beginnenden Plantagenzäunen Maisbeete angelegt haben.

Der Preisverfall bei den traditionellen Exportprodukten der Entwicklungsländer durch die zunehmende Konkurrenz auf dem Weltmarkt hat indes die wirtschaftliche Situation für die *patrones* wie für die Plantagenarbeiter verschärft. Auch in den anderen Erwerbszweigen sieht es nicht rosig aus. Selbstsüchtiges Profitdenken verhinderte in der Vergangenheit den systematischen Ausbau und die Modernisierung der meisten Industriebetriebe. Die guatemaltekische Industriekammer stellte fest, daß Investitionen in Millionenhöhe dringend notwendig wären, um den jährlich über 40 000 neu ins Berufsleben strebenden Jugendlichen genügend Arbeitsplätze zu verschaffen.

Trotz der Anstrengungen verschiedener Entwicklungshilfeorganisationen, Guatemala mit importiertem Know-how und Geldspritzen unter die Arme zu greifen, sind die Fabriken veraltet, das Kommunikationswesen sowie die Stromversorgung und das Straßennetz ungenügend. Ob der geringen Produktivität der Wirtschaft und der niedrigen Steuersätze sind die Staatskassen chronisch leer, es mangelt an Geld für die Finanzierung sozialpolitischer Programme, die mit einer Verbesserung der Infrastruktur und des Bildungsniveaus der Bevölkerung die Wirtschaft durchaus stabiler gestalten könnten.

Die Analphabetenquote liegt bei 44 %. Die Arbeitslosigkeit stieg in den letzten Jahren auf 49 %. Der erhoffte Aufschwung der Wirtschaft in der Arzú-Ära hat sich nicht eingestellt. Ausländische Investoren schätzen die politische Lage immer noch als zu instabil ein. Ein Rückschlag waren auch die schweren Verwüstungen des Hurrikans ›Mitch‹ im Herbst 1998. Schließlich drückt eine enorme Auslandsverschuldung auf den Staatssäckel.

Das düstere wirtschaftliche Panorama erhellen zur Zeit allein die neuen Handelsverträge mit den Nachbarn, mit denen das Land auf die weltweiten Blockbildungen und die Globalisierung reagierte. Guatemalas Handel mit Partnern des Zentralamerikanischen Markts (CACM) beträgt heute schon 32 % – nur 2 % weniger als der mit den USA.

Politik

Nahezu kampflos erreichen 1821 die mittelamerikanischen Kolonien ihre **Unabhängigkeit** von Spanien. Der Wunsch der guatemaltekischen Elite, sich an Mexiko anzuschließen, zerschlägt sich aber, als dort der selbsternannte Diktator Iturbide 1823 gestürzt und die Republik eingeführt wird. El Salvador, Honduras, Nicaragua, Costa Rica und Guatemala schließen sich daraufhin zu einer Zentralamerikanischen Konföderation zusammen.

Als eigenständiger, souveräner Staat existiert Guatemala erst seit 1839, als die Zentralamerikanische Konföderation zerbricht. Anlaß für den Bruch waren damals die konservative Haltung der guatemaltekischen Führungsschicht und ihr Herrschaftsanspruch gegenüber den anderen Mitgliedern der Konföderation, die allesamt eine liberal fortschrittlich Ideologie vertraten.

In diesem Kampf für oder gegen Liberalität spielte in Lateinamerika erstmals das **Militär** eine große Rolle. Es wahrte in jedem Fall die Interessen der weißen Oberschicht, indem z. B. Indianeraufstände niederschlug.

In Guatemala blieb nach der Auflösung der Zentralamerikanischen Konföderation vorerst alles beim alten. Der konservative, kirchentreue General Rafael Carrera hatte die Macht ergriffen. Erst als durch die Entwicklung der chemischen Industrie und die Entdeckung synthetischer Farbstoffe in Europa und den USA der Absatzmarkt für Naturfarbstoffe, besonders Indigo, zusammenbrach, geriet das autoritäre Regime Carreras ins Wanken. Nach einem Staatsstreich übernahm die Liberale Partei unter Justo Rufino Barrios die Macht. Mit liberalen Reformen und der systematischen Förderung des Kaffee- und Bananenexports versuchte Barrios der Wirtschaftskrise im Land Herr zu werden. Damit verbunden, ließ er neue Straßen, Eisenbahnstrecken und Häfen bauen. Seine Einwanderungspolitik, drängte die *indígenas* jedoch noch mehr als zuvor ins gesellschaftliche Abseits: Es wurden in erster Linie europäische Einwanderer, darunter auch viele Deutsche, angeworben, denen man teilweise sogar enteignetes Gemeindeland der Indianer gab.

Gleich nach Barrios geriet Guatemala in das Interessenfeld der **United Fruit Company,** dem mittlerweile größten Arbeitgeber des Landes, und damit in einen Sog von Korruption und Willkür. Er lähmte das Land in seiner Entwicklung bis über das Ende des Zweiten Weltkriegs hinaus. Der **Einfluß der USA** auf Guatemala ging in dieser Zeit so weit, daß sie eine Vertreibung aller eingewanderten Deutschen erwirken konnten, zumal sie mit Deutschland im Krieg lagen.

Mit Berufung auf das Schreckensbild des vordrängenden Kommunismus unterstützten die USA 1954 in Guatemala die gewaltsame Absetzung des reformerischen Präsidenten und Castro-Freunds Arbenz, der die Vormachtstellung der United Fruit Company beschnitten hatte. Erst als sich der Kampf der Guerilleros mit den darauffolgenden Militärregierungen zu einem offenen blutigen Bürgerkrieg entsetzlichen Ausmaßes entwickelte, in dem *campesinos* regelrecht gejagt wurden und auch amerikanische Staatsbürger im Dickicht des Terrors verschwanden, geriet die US-Regierung unter Druck. Schließlich endete die lange Zeit der Militärregierungen, und für Guatemala begann die Zeit der Selbstfindung.

Seit 1985 besitzt Guatemala eine **moderne demokratische Verfassung.** Acht Jahre später setzte sie Präsident Jorge Serrano außer Kraft und stürzte über den massiven Protest in der Weltöffentlichkeit. Mit der Ernennung des parteilosen Menschenrechtsbeauftragten León Carpio als seinen Nachfolger dokumentierte der Kongreß seinen Wunsch nach stabilen demokratischen Verhältnissen. In Carpios Regierungszeit genossen internationale Gremien wie die Vereinten Nationen ein beachtliches Mitspracherecht. Unter seiner Regierungszeit wurden erste **Acuerdos de Paz** mit der Guerilla zur Befriedung des Landes geschlossen. Der vorherigen üblichen Straflosigkeit bei Verbrechen des Militärs versuchte er mit spektakulären Verhaftungen von hohen Offizieren entgegenzuwirken. Die Gerichtsmedizinische

Es war einmal eine Bananenrepublik

Die United Fruit Company in Guatemala

Historiker werfen der United Fruit Company vor, die politische und wirtschaftliche Entwicklung Guatemalas bis in die 1950er Jahre entscheidend behindert zu haben. Gustavo Beyhaut, der Verfasser eines Grundlagenwerks über die Geschichte Lateinamerikas, bezeichnet sie als typisches Beispiel für eine ausländische Handelsgesellschaft, »die sich der übelsten Methoden wirtschaftlicher Ausbeutung bediente und unverhüllt in die Innenpolitik der kleinen lateinamerikanischen Staaten im karibischen Raum eingriff.«

Das Unternehmen wurde 1899 gegründet, in einer Zeit, als der nordamerikanische Wirtschaftsliberalismus in den USA in brutalen Kapitalismus ausartete. Es ging aus der Fusion der Boston Fruit Company, die überwiegend auf Jamaica, Kuba und in der Dominikanischen Republik arbeitete, mit den Bananengesellschaften der Gebrüder Keith in Kolumbien und Costa Rica hervor. Bald schluckte die United Fruit Company fast alle der damals noch rund 20 verschiedenen, z. T. selbständigen Bananenpflanzer zwischen Guatemala und Ecuador. Den Kampf gegen die Monopolstellung der United Fruit aufzunehmen, war praktisch aussichtslos, hatte sie doch auch die gesamte Infrastruktur in den einzelnen Ländern unter ihre Kontrolle gebracht. »Das Vorgehen der United gegenüber den Staatsmännern dieser kleinen Republiken ist bereits klassisch geworden: sie bediente sich der Bestechung und, wenn man Widerstand leistete, zettelte sie eine Re-

Noch heute sind Bananen ...

volution an«, äußert sich Gustavo Beyhaut. In Guatemala überließ der Diktator Estreda Cabrera der United Fruit Company das Schienennetz und die Anlagen, die zuvor Justo Rufino Barrios für den Kaffee-Export hatte bauen lassen. Unter Jorge Ubico Castañeda (1931–44), der den USA als Vertrauensmann galt, war der Konzern mit seinen weiten Ländereien und dem den Deutschen entrissenen Strommonopol bald der eigentliche Herr im Land und führte seine Plantagen unter abenteuerlich willkürlichen Bedingungen, wie sie in den Vereinigten Staaten niemals möglich gewesen wären.

Als 1944/45 die Militärs, Arbeiter und Studenten die »Diktatur der 14 Jahre« gewaltsam beendeten und nach kurzer Revolutionsjunta Juan José Arévalo von der Frente Popular Libertador (FPL) an die Macht kam, ging es der United Fruit erstmals an den Kragen. Arévalos Reformpaket, unter anderem wollte er die *indígenas* alphabetisieren, stieß jedoch auf den Widerstand der Oberschicht im eigenen Land. Als sein Nachfolger und früherer Kriegsminister Jacobo Arbenz Guzmán (1951–1954), ein Freund Fidel Castros, die wirtschaftliche Entwicklung Guatemalas beschleunigen und das Bananenreich an der guatemaltekischen Karibikküste mitsamt dem Hafen Puerto Barrios endlich durch eine Straße mit der Hauptstadt verbinden wollte, erließen die USA einen Baugeräteboykott. Arbenz ließ weiterbauen und verstaatlichte die Plantagen der United Fruit Company. Damit war sein Schicksal besiegelt: 1954 marschierte Oberst Castillo Armas, der daraufhin Präsident Guatemalas wurde, von Honduras aus in Guatemala ein, ausgerüstet mit Waffen und Flugzeugen, die von den USA zur Verfügung gestellt worden waren. Unter Oberst Carlos Castillo Armas wurde die Arbenz-Agrarreform wieder rückgängig gemacht.

... ein Hauptexportprodukt Guatemalas.

Anthropologische Gesellschaft von Guatemala hob Massengräber aus der Zeit des Bürgerkriegs aus. Die Ständige Kommission für Flüchtlinge (Comisión Permanente para Refugiados) überwachte die Heimkehr der *indígenas* aus dem mexikanischen Exil in eigens für sie gebaute Dörfer. Und gegen **Korruption** und Staatsgelder-Veruntreuung wurde eine Prüfungskommission eingesetzt.

Die Säuberungswelle und die Ahndung von politischen Verbrechen, jede Schuldzuweisung liberaler und demokratischer Kräfte an die Ultrarechten heizten indes bisher das unverändert schwelende Konfliktpotential im Land an und wiederbelebten Haß und Angst auf beiden Seiten. Das verdeutlichten sowohl 1998 die Ermordung von Juan Gerardi Conedera, des Leiters des Büros für Menschenrechte, nachdem er die von Armee und Polizei verübten Massaker veröffentlicht hatte, als auch Ende 1999 die Flucht des Staatsanwalts Celvin Galindo nach Deutschland, der Indizien für eine Beteiligung des Militärs in dem Mordfall gefunden hatte. Da die Regierung Guatemalas nach wie vor vom Wohlwollen des Militärs abhängt, wird Präsident Portillo nicht nur in diesem Fall sein Versprechen nach »schonungsloser« Aufklärung schwerlich wahr machen.

Die kurze Zeit mit demokratischer Verfassung brachte zu den alten auch neue **Parteien** auf den Plan, doch konnten sich bisher nur wenige profilieren. Zu den älteren gehört die Democracia Cristiana (DC), die Christdemokratische Partei. Sie stützt sich auf die seit den 60er Jahren in Guatemala sozial orientierte katholische Kirche und ist in der politischen Mitte anzusiedeln.

Als Außenseiter konnte sich der Protestant Jorge Serrano Elías von der Movimiento de Acción Solidaria (MAS, Bewegung des Gemeinsamen Handelns) mit Reformwilligkeit profilieren. Da seine Partei allerdings nur 18 von 116 Sitzen im Kongreß gewann, koalierte er mit der CD und der 1983 vom Verleger der Zeitung ›El Gráfico‹ gegründeten Partei der Mitte, der Unión del Centro Nacional (UCN). Dem guatemaltekischen Unternehmerverband nahe steht die alte antikommunistische Partei Movimiento de Liberación Nacional (MLN). Sie ist ebenso wie die Frente Republicano Guatemalteco (FRG) des ehemaligen Diktators Ríos Montt für ihre guten Kontakte zum Militär bekannt.

Die einzige linke Partei von Bedeutung in Guatemala ist die Partido Socialista Democrático (PSD) aus dem Jahr 1978. Ihr Gründer wurde 1 Jahr später erschossen. Viele Wähler fand 1995/96 die junge konservative Partei Partido de Avance Nacional (PAN, Nationale Fortschrittspartei) mit dem ehemaligen Bürgermeister von Guatemala-Stadt, Alvaro Arzú, an der Spitze. Zur Wahl aufgestellt hatte sich auch die indianische Frente Democrático Nuevo Guatemala (FDNG).

Da früher diverse Wahlen durch Stimmzettelkauf und Bestechung gewonnen wurden und der Glaube der Bevölkerung an eine Mitbestimmung über das Wahlrecht verschwindend gering ist, war auch die Wahl 1995/96 durch die **geringe Wahlbeteiligung** nur das Votum einer kleinen Schicht von Guatemalteken. Daran änderte auch der mehrfach täglich über den Äther gesendete Aufruf zur Wahlbeteiligung nichts, der von der Rigoberta Menchú-Stiftung initiiert und finanziert wurde (s. auch Abb. S. 26). Der schließlich gewählte Präsident Alvaro Arzú trat sein Amt mit der Absicht an, das Land endgültig zu befrieden. Am 29. Dezember 1996 konnte er mit Hilfe der Vereinten Nationen den langersehnten Friedensvertrag mit der URNG-Widerstandsbewegung schließen, außerdem reduzierte er den Einfluß des Militärs in nationalen Angelegenheiten.

Die Wahlen im Winter 1999 brachten eine Rückkehr nach Rechts. Im zweiten Wahlgang gewann mit 68 % aller Stimmen die Partei von Ex-Diktator Ríos Montt (FRG) mit Alfonso Portillo an der Spitze. Alvaro Arzús Partei unterlag mit 32 %. Während des Wahlkampfs hatte der neue Präsident Portillo u. a. versprochen, den Friedensprozeß fortzusetzen und sich für die Menschenrechte einzusetzen. Die eindeutigen Mehrheitsverhältnisse ermöglichten es indes

General Ríos Montt, sich zum Präsident des Kongresses ernennen zu lassen.

Das geteilte Volk

Guatemalas Bevölkerung ist keine homogene Gesellschaft, vielmehr spiegelt sie strukturell noch heute die vor 500 Jahren vollzogene Teilung in ›Sieger‹ und ›Besiegte‹ mit jeweils äußerst gegensätzlichen kulturellen Hintergründen wider. Der Part der ehemals ›Besiegten‹ fällt der einheimischen Urbevölkerung zu, den *indígenas.* Obwohl sie etwa die Hälfte aller Guatemalteken ausmachen, bilden sie neben der kleinen Anzahl von Mulatten (Mischlinge zwischen Europäern und Afrikanern) und Zambos (Mischlinge zwischen Indianern und Afrikanern) das Schlußlicht in der sozialen Hierarchie Guatemalas.

Während des Befriedungs- und Demokratisierungsprozesses in den 1990er Jahren wurden enorme Anstrengungen unternommen, um die alten diskriminierenden Abgrenzungs- und Entrechtungsmechanismen abzubauen und um ein neues, alle Schichten umfassendes nationales Gemeinschaftsgefühl zu schaffen. Förderlich für einen solchen Wandel in der Haltung der weißen Führungsschicht sind zweifellos die wirtschaftlichen Zwänge, denen Guatemala zunehmend

Mann und Frau sind nicht gleich

Der Gedanke, alle Menschen hätten gleiche Rechte, ist eine Erfindung der westlichen Demokratien, in Lateinamerika und ganz besonders in Guatemala hat man mit dieser Philosophie noch seine Probleme. Zunächst gibt es da den tiefverwurzelten Glauben an eine gegensätzliche wie sich gegenseitig ergänzende soziale und biologische Unterschiedlichkeit von Mann und Frau. Die Folge ist eine Art übersteigertes männliches Selbstbewußtsein, das oft mit ausgeprägtem und schnell verletztem Stolz gepaart auftritt.

Im Verhältnis zwischen den Geschlechtern wird der Macho durch sein ebenfalls extrem weiblichkeitsbewußtes Gegenüber gewissermaßen entkräftet. Man kann durchaus auch von einem Weiblichkeitswahn sprechen, der sich in Guatemala wie in anderen lateinamerikanischen Ländern unter anderem im Rummel um die alljährliche Wahl der Schönheitskönigin ausdrückt.

Zur extrem ausgeprägten Polarisierung der Geschlechterrollen gehört, daß das Revier des Mannes ›draußen‹ ist und er dort ständig um den Respekt der anderen Männer kämpfen muß, während sich der Wirkungskreis der Frau traditionell auf das Haus beschränkt. An der männlichen Dominanz im öffentlichen Leben ändern auch die durch-

durch die Globalisierung unterliegt. Verlangen sie doch geradezu nach der Integration der *indígenas* in die Volkswirtschaft Guatemalas. Auch auf der Seite der so lange Entrechteten gab es eine hoffnungsvolle Veränderung, stärkte sie doch das Selbstbewußtsein der jahrhundertelang gedemütigten *indígenas*.

Das ständige Aufflackern der Konflikte zeigt jedoch: Guatemala steht noch ein langer Weg bei der Überwindung der Kluft in seinem Volk bevor. Zu lange schon leben die *indígenas* im eigenen Land wie auf einer Insel in der Welt ihrer

Vorfahren. Zu verhärtet sind die Fronten nach der jahrhundertelangen Unterdrückung, Ausbeutung, gesellschaftlichen Isolierung und den Grausamkeiten an den *indígenas* im Bürgerkrieg. Zu besorgt ist die Oberschicht um ihre veralteten Privilegien, als daß sie diese zahlenmäßig so mächtige Volksgruppe bedenkenlos fördern würde. Und der modernen Welt zu entfremdet sind die *indígenas* durch ihr unfreiwilliges Analphabetentum, als daß sie die Mitsprachemöglichkeiten erkennen und nutzen würden, die ihnen ihr Wahlrecht einräumt. Eine

aus vorhandenen beruflich erfolgreichen Frauen nichts. Deren Erfolg beruht meist nicht auf der bewußten Ablehnung ihrer traditionellen Rolle, sondern auf beruflicher Leistung, die sie mit ungebrochenem Respekt vor dem Mann erbringen.

Den Besuchern aus der westlichen Welt mit ihrer Tendenz zur Gleichschaltung der Geschlechter stellt diese andere Kultur mitunter vor gewisse Probleme. Berufstätige Frauen ohne Kinder werden leicht als Neutren angesehen, verweisen sie als ›Ersatz‹ auf ihren beruflichen Erfolg, ernten sie heimliches Kopfschütteln, denn Arbeit und Leistung gelten in den seltensten Fällen weder für den Mann noch für die Frau als Lebensinhalt, Kinder dagegen wohl.

Generell wird der Begriff *machismo* oder Macho in Guatemala wie in ganz Lateinamerika aber kaum im Zusammenhang mit den Geschlechterrollen gebraucht, sondern bezeichnet ganz allgemein das Recht des Stärkeren in der Gesellschaft. So ist ein Macho, der immer noch bewundert wird, jemand, der sich ohne Rücksicht auf andere erfolgreich durchsetzt. Recht und Gesetz sowie das Leben der anderen gelten dabei oft recht wenig. Ihren Ausdruck findet diese Haltung in der Brutalität des Militärs wie in der unversöhnlichen Konfrontation politischer Gegner, die meist von Emotionen wie Rache oder Haß getragen werden und nach dem Stier- oder Hahnenkampf-Prinzip (›Einer muß sterben!‹) nicht selten in tödlichen Katastrophen enden.

Entwicklung ihrer Lebensweise im Sinne einer allmählichen Modernisierung war, jeglicher ökonomischer Ressourcen beraubt, weder möglich noch erwünscht. Ihre versuchte Eingliederung in die Gesellschaft krankt nach wie vor am unterschiedlichen Entwicklungsstand beider Bevölkerungsgruppen und den daraus resultierenden unterschiedlichen Weltanschauungen. Niemals zuvor war die Kluft zwischen den *indígenas* und den ›angepaßten‹ Bevölkerungsgruppen größer als heute im Computer-Zeitalter.

Um in der sich entwickelnden Demokratie wirklich mitbestimmen zu können, werden sich die *indígenas* an die westliche Kultur anpassen müssen. Z. Zt. genießen sie ihr neues Selbstvertrauen, beschwören ihre alten Götter und sprechen von sich als »Volk im Volk«.

Als anpassungsfähig an die dominante europäische Kultur erwiesen sich die illegalen Mischlingskinder, die heute als **ladinos** schon 45% der Bevölkerung ausmachen und damit neben den *indígenas* die zweitgrößte ethnische Gruppe im

Land sind. In der Vergangenheit waren es die illegalen Kinder der Elite. Ihre ›Blutsunreinheit‹ empfanden sie häufig als Makel – vor allem das indigene Erbe. Viele machten sich lieber den Standesdünkel der weißen Väter zu eigen, als sich zum schwächsten Glied der Gesellschaft, der indianischen Mutterkultur, zugehörig zu fühlen. In puncto Erziehung genossen sie außerdem höchst unterschiedliche Unterstützung von ihren Eltern. Nur wenige konnten studieren und sich somit über eine akademische Bildung von ihrer inneren Zerrissenheit emanzipieren. Nur wenigen gelang es also, auf diesem Weg den erhofften Platz in der Gesellschaft einzunehmen. Den meisten blieb nur die Karriere beim Militär.

Die Geschichte Guatemalas zeigt, daß dieses überzogene Abgrenzungsverhalten gefährliche Folgen zeitigte, da es zu einer emotionsgeladenen Ablehnung der *indígenas* führte, die ihre überaus blutige Spur im ganzen Land hinterließ. Die *indígenas* waren für die *ladinos,* erinnert sich Rigoberta Menchú bitter, »weniger als ein Haufen Scheiße«. Solange sich das Bewußtsein der Oberschicht gegenüber den *indígenas* nicht ändert, besteht wenig Hoffnung auf eine Entspannung.

Den *indígenas* und *ladinos* steht eine kleine Oberschicht von **Weißen** (rund 5% der Bevölkerung) gegenüber, die sich immer noch überwiegend aus den Nachfahren der eingewanderten Spanier

zusammensetzt, zumal auch die im 19. Jh. eingewanderten Italiener und Deutschen von ihnen in der Mehrheit als nicht standesgemäße Neulinge im Land angesehen wurden. Strukturiert in Familienclans bilden sie bis heute eine extrem geschlossene Gesellschaft in der Gesellschaft. Zu den guten alten Traditionen gehört, daß die großen Tageszeitungen Guatemalas regelmäßig auf einer Gesellschaftsseite aus dem Leben der Oberschicht berichten, deren Namen im Volk so bekannt sind wie in Europa die von Prinzessin Diana oder Prinz Albert von Monaco.

Ungeachtet des Wandels der Kirche von einer staatstragenden elitären zu einer sozial engagierten Befreiungskirche in den 60er Jahren und der Ausbreitung protestantischer Sekten vor allem auf dem Land, lebt die Oberschicht immer noch im Geist der alten, streng patriarchialischen katholischen Kirche. Das beginnt bei der Eheschließung, die die Frau selbstverständlich jungfräulich eingehen muß und setzt sich in der unauflöslichen Ehe fort. Die Ehen werden nach wie vor durch eine klassische Rollenteilung zusammengehalten, in der der Mann als Patriarch das Familienoberhaupt und die Frau die Mutter seiner Kinder ist. Ihre Hüter sind heute allerdings weniger die Kirche als denn die Oberhäupter der Familien selbst, dient sie ihnen doch als Mittel für die Zementierung sowohl ihrer elitären Gesellschaftsposition nach außen als auch ihrer dominanten Position innerhalb der Clans. Unangefochten als oberste Autorität innerhalb der Familien, verhindern sie so die Auflösung der Oberschichtclans in unbedeutende Kleinfamilien und damit ihren Machtverlust.

Schon aus Statusgründen üben die Ehefrauen keinen Beruf aus, widmen sich ganz der Erziehung der Kinder und in ihrer Freizeit ehrenamtlichen Tätigkeiten in feinen Clubs. Die Hausarbeit erledigt das Dienstpersonal, meist weibliche *indígenas,* die in sklavenähnlichen Verhältnissen zu Niedrigstlöhnen arbeiten. Sie leben meist im Haus der Herrschaften in winzigen Kammern, die bis heute von den Architekten auch beim Bau moderner Neubauten – selbst in kleinen Zweizimmerwohnungen – eingeplant werden.

Zum Selbstverständnis der Oberschichtfamilien gehört schließlich, daß sie vor allem ihren Söhnen die besten Möglichkeiten der Ausbildung bieten, wie z. B. ein Studium an einer namhaften nordamerikanischen Universität. Getragen und gefördert von den konservativen Strukturen der Heimat stehen sie nach ihrer Rückkehr im Konflikt mit den während des Studiums erlebten demokratischen Idealen und der eigenen in Klassen erstarrten Gesellschaft. Um keine Ausgestoßenen zu werden, übersteigt ihr Engagement für die gesellschaftliche Integration der *indígenas* nach der Rückkehr daher selten die rhetorische Sympathiebekundung.

Die Statussymbole der westlichen demokratischen Wohlstandsgesellschaften werden dagegen von der Oberschicht sehr gepflegt, angefangen bei Markenkleidung bis hin zum dunkelverglasten Range-Rover made in USA. Auch der Mangel an hochwertigen Konsumprodukten erledigt sich für sie durch teure Importwaren, die in den eleganten Supermärkten oder Einkaufszentren der Hauptstadt verkauft werden.

Völlig abgesondert leben in Guatemala die schwarzhäutigen Nachfahren afrikanischer Sklaven und der Karib-Indianer, die **Garifuna-People,** die an der karibischen Küste in Lívingston und z. T. auch noch in Puerto Barrios anzutreffen sind und ursprünglich von der Karibikinsel St. Vincent stammen. Sie bilden in Lívingston eine eigene Kolonie, wo sie ihre eigene Kultur pflegen (s. S. 186).

Die Kultur der Maya-Nachkommen

Über die Sitten und Bräuche der zahlreichen Maya-Nachfahren gibt es viele fremde Erklärungsversuche, doch kaum authentische Berichte. »Für uns ist es oft schwierig, etwas über uns selbst zu sagen, da man ja weiß, daß man vorsichtig sein muß mit dem, was man sagt, damit es nicht mißbraucht wird, uns unsere indianische Kultur zu

nehmen«, erklärt das Rigoberta Menchú Tum. Ihr Buch ›Leben in Guatemala‹, das sie 22jährig verfaßte, gehört denn auch zu den wichtigsten Quellen über den Alltag und die Weltanschauung der *indígenas*. Darin beschreibt sie folgendes:

Die **Dorfgemeinschaft** ist für jeden *indígena* das wichtigste soziale Netz, ihr steht ein gewähltes Paar als aller Mutter und Vater vor. Wenn ein Kind geboren wird, ist es zunächst das Kind dieser Dorfgemeinschaft und dann erst das seiner leiblichen Eltern. Schon während der Schwangerschaft kümmern sich die Nachbarn um die werdende Mutter, besuchen sie jeden Tag. Am achten Tag nach der

von nun an den Bedingungen der menschlichen Existenz unterworfen. Am vierzigsten Tag nach der Geburt findet eine Tauffeier statt, bei der die großen indianischen Helden, wie z. B. Tecún Umán, angerufen werden, und dem Kind wird von der Bedeutung des Mais erzählt.

Die **Rollenverteilung** erfolgt streng nach dem Geschlecht, wobei Frauen traditionell die Arbeit im Haus und in der Familie, dem Mann die schwere Arbeit auf dem Feld und mit den Tieren zusteht. Darüber hinaus hat jedes Familienmitglied eine an seinen Status gebundene Aufgabe. Der älteste Sohn z. B. ist für alle wie der zweite Vater. Er muß sich auch um die Erziehung seiner Geschwister kümmern. Auch die Freizeit verbringen die *indígenas* nach Geschlechtern getrennt, wobei Rigoberta Menchú aber betont: »Für uns (Mädchen) hieß Spielen hauptsächlich, Webarbeiten (*tejidos*) und solche Dinge machen.«

Geburt wird das Kind rituell in die Dorfgemeinschaft aufgenommen. Dazu wird eine Kerze für das Kind angezündet, die ein Teil des Dorflichts ist, und die Mutter der Dorfgemeinschaft muß die Wäsche aus dem Wochenbett nehmen und sie in einem Fluß waschen. Nach dieser Handlung hat das Neugeborene seine Unschuld verloren und ist

Geheiratet wird sehr jung. 14jährige Mädchen geben oft schon ihr Eheversprechen, und 15jährige erwarten ihr erstes Kind. Der **Hochzeit** gehen Besuche des Jungen im Elternhaus des Mädchens voraus. »Daß sie sich vorher auf der Straße schon einmal angesprochen oder gar die Freundschaft auf der Straße geschlossen hätten,

Anwältin ihres Volkes
Rigoberta Menchú Tum

Vier nationale Universitäten zeichneten sie mit dem Ehrendoktortitel aus, und auch die UNESCO würdigte Rigoberta Menchú, bevor in Oslo verkündet wurde: »Das norwegische Nobelkomitee hat beschlossen, den Friedensnobelpreis 1992 an Rigoberta Menchú aus Guatemala für ihre Arbeit für soziale Gerechtigkeit und ethnisch-kulturelle Versöhnung auf der Basis von Respekt für die Rechte der Urbevölkerung zu vergeben...«

Wer ist Rigoberta Menchú, diese kleine Guatemaltekin und *indígena,* die in dem Jahr, in dem sich die Entdeckung Amerikas durch Kolumbus zum 500sten Mal jährte, den Friedensnobelpreis erhielt?

Ihre Geschichte ist eine Geschichte des persönlichen Leids und des unermüdlichen Kampfs um die Rechte der *indígenas* in Guatemala. Geboren wird sie 1959 als sechstes Kind in dem kleinen Dorf Chimel im Departamento Quiché, dem ihre Eltern als gewählte Dorfsprecher vorstehen. Sie wächst im entbehrungsreichen Alltag dieser typischen *indígena*-Gemeinde auf und arbeitet früh für den Unterhalt der Familie mit. Als sie 8 Jahre alt ist, sieht sie ihren kleinen 2jährigen Bruder an Unterernährung sterben; 13 ist sie, als ihre Freundin auf einer Finca an den Folgen einer Vergiftung durch die dort ausgesprühten Pflanzengifte stirbt. Danach flüchtet sie in die Hauptstadt und findet eine Anstellung als Dienstmädchen, wo sie jedoch Monate ohne Bezahlung arbeiten muß und manchmal tagelang nichts zu essen erhält, aber sie lernt dort Spanisch.

In der Zwischenzeit kommen Ingenieure und vermessen das Land, das von der elterlichen Dorfgemeinschaft bewirtschaft wird. Rigoberta Menchús Vater sammelt Unterschriften gegen diesen Landraub und kommt dafür das erstemal ins Gefängnis. Nach der zweiten Verhaftung beschließt er, fortan nur noch im Untergrund zu arbeiten und gründet die erste Bauerngewerkschaft Guatemalas.

Die Familie Menchú muß sich verstecken. Im Land wütet ein erbitterter Kampf des Militärs gegen die *indígenas.* Der 16jährige Bruder fällt in die Hände von Soldaten, sie unterziehen ihn grausamster Folter, reißen ihm die Fingernägel aus, ziehen ihm die Kopfhaut ab und verbrennen ihn schließlich bei lebendigem Leib. 1980 organisiert der Vater mit *campesinos* einen Protestmarsch zur Spanischen Botschaft,

Rigoberta Menchú Tum

die dabei besetzt wird, um die ganze Welt davon in Kenntnis zu setzen, was in Guatemala vor sich geht. Trotz der Vermittlungsversuche der Diplomaten, läßt die Regierung die Botschaft stürmen; im Feuerinferno stirbt auch der Vater. Wochen danach wird die Mutter verhaftet und gefoltert. Sie stirbt 5 Tage später, angebunden an einen Baum.

Rigoberta Menchú flüchtet ins Exil nach Mexiko. 1983 schreibt sie dort, inzwischen 22 Jahre alt, ihr Buch ›Yo, Rigoberta Menchú‹. In kurzer Zeit ist es in über zehn Sprachen übersetzt und in aller Welt bekannt. »Eine Anklage, die fatal an Bartolomé de Las Casas´ Bericht erinnert«, beurteilt es in Deutschland das Nachrichtenmagazin ›Der Spiegel‹.

Heute scheint der schaurige Leidensweg Rigoberta Menchús beendet. Das Geld, das sie für den Friedensnobelpreis erhielt, investierte sie in eine Stiftung, die Fundación Rigoberta Menchú Tum, die ein Büro im Zentrum der Hauptstadt unterhält (1a Avenida 9–18, Zona 1, ✆ 2 30 25 36 oder 2 50 00 29, Fax 2 30 30 48). Zu den ersten von der Stiftung finanzierten Aktionen gehörte eine Kampagne mit Plakaten und Radiospots zur Regierungswahl 1995, in der die *indígenas* dazu aufgerufen wurden, ihr Wahlrecht zu nutzen (s. Abb. S. 26).

ist völlig undenkbar. Wenn ihr der Bräutigam nicht gefällt, kann sie es jetzt noch sagen. Wenn sie den Jungen nicht mag, arbeitet sie wie bisher, hat nie Zeit für ihn, spricht nicht mit ihm und gibt dadurch zu verstehen, daß sie ihn nicht mag. Man wartet dann noch 2 Wochen, und wenn das Mädchen seine Meinung nicht ändert, sagt man den Eltern des Jungen, daß es nicht an der Familie gelegen habe, sondern an dem Mädchen, und daß der junge Mann doch bitte nicht mehr kommen möge. So etwas passiert oft.«

Religion und Synkretismus

Im Leben der Maya-Nachkommen spielt Religion eine zentrale Rolle. Religiöse Riten begleiten den Lebenslauf, übernatürliche Kräfte, die das Leben beeinflussen, werden angerufen und um Hilfe gebeten. Die *indígenas* beten zum Gott ihrer Ahnen, aber sie beten auch vor dem christlichen Gott, den die spanischen Missionare mitbrachten. Die alten Bräuche wurden nicht aufgegeben, doch haben gleichzeitig christliche Glaubensvorstellungen Aufnahme darin gefunden.

Den Synkretismus, die Verschmelzung der indianischen mit der christlichen Religion, erklärt Rigoberta Menchú so: »Die Bibel erzählt auch von Vorvätern oder Urvätern. Also nehmen wir die biblischen Urväter zu den unsrigen und behalten unsere eigene Kultur

bei. In der Bibel ist auch oft von Königen die Rede und von Anführern, die Christus geschlagen haben. Das beziehen wir auf unseren König Tecún Umán, der von den Spaniern geschlagen und verfolgt wurde. So haben wir alles in Übereinstimmung gebracht und konnten die katholische Religion annehmen und Christenpflicht mit unserer Kultur vereinbaren.«

Günstig für den Synkretismus wirkten sich auch die Ähnlichkeiten zwischen vielen Symbolen der beiden Religionen aus. So fand sich das zentralste christliche Symbol, das Kreuz z. B., im kreuzförmigen Weltenbaum *Wakah Chan* (s. S. 30) in der indianischen Religion wieder. Als Besucher kann man die Vermischung der Religionen besonders schön während der Sonntagsgottesdienste in Chichicastenango beobachten (s. auch S. 116). Alles was da geschieht, hat eine außerordentliche doppelte Bedeutung. Schon die 18 Treppenstufen zur Kirche Santo Tomás entsprechen in den Augen der Maya den Freitreppen ihrer alten Tempel. Das kreuzweise Schwenken der Gefäße mit dem rauchenden Kopalharz würdigt einerseits das christliche Kreuz, aber genauso die heiligen vier Himmelsrichtungen (s. S. 30). Bei den Prozessionen der *cofradías* (s. S. 118) sind die Heiligenfiguren in indianische Trachten mit traditionellen Motiven gehüllt und mit Spiegeln geschmückt, die die göttlichen Kräfte sowie die Ahnen symbolisieren.

Um ihre Messen zu zelebrieren, suchen die Maya häufig die Kultstätten ihrer Ahnen auf; Maya-Messe in der ehemaligen Maya-Stadt Iximché

Religiöse Rituale spielen auch im Alltag der *indígenas* eine große Rolle. Vor dem Feuermachen wird das Brennholz gesegnet, denn auf seinen Flammen soll das Essen für die ganze Familie kochen. Bevor der Mann sein Tagwerk beginnt, nimmt er den Hut ab und begrüßt die Sonne, und vor dem Aufstehen wird dem Tag für sein Kommen gedankt, und die Mutter bittet, daß es für die Familie ein guter Tag sein möge.

Mit der derzeitigen gesellschaftlichen Aufwertung der Maya-Kultur bekennen sich immer mehr *in-dígenas* wieder ausschließlich zur Ausübung ihrer überlieferten alten, heidnischen Rituale und finden sich regelmäßig sowie an bestimmten Tagen des Tzolkin-Kalenders (s. S. 35 f.) zu Opferungen an heiligen Schreinen wie dem Pascual Abaj auf einem Hügel bei Chichicastenango (s. S. 120) zusammen. Religiöse Spezialisten für die nichtchristlichen Bräuche sind die Maya-Priester. Häufig werden auch die *brujos* aufgesucht, die als Schamanen die Fähigkeit besitzen, Kontakt zu den *naguals*, den persönlichen Schutzgeistern (s. S. 30), aufzunehmen, was z. B. bei Krankenheilungen eine große Rolle spielt. Die neue Religionsfreiheit trifft jedoch nicht überall auf gleiche Sympathien, streng katholische *ladino*-Gruppen haben schon so manchen Opferplatz zerstört.

Verwebte Vergangenheit

Die Vielfalt und Farbenpracht der indianischen Trachten gehört heute zu den großen kulturellen Attraktionen Guatemalas. Jede noch so kleine indianische Dorfgemeinschaft hüllt sich in eine für sie charakteristische Tracht, so ist die Herkunft ihrer Träger für Eingeweihte auf den ersten Blick zu erkennen. Doch welche Bedeutungen Farben und Motive der jeweiligen Trachtenmuster haben, ist noch nicht umfassend geklärt. In der allmählich zunehmend verfügbaren Fachliteratur und in den als Souvenirs verbreiteten Trachtenkarten des Museo Ixchel in Guatemala-Stadt sind sie grob beschrieben. Die gegebenen Erklärungen stützen sich dabei auf die Aussagen der Hersteller selbst und auf Vergleiche mit den Ergebnissen aus der Maya-Forschung.

Fest steht in jedem Fall, daß die *indígenas* in den vergangenen 5 Jahrhunderten ihre Webkunst, die Trachtenformen und -vielfalt ständig weiterentwickelten. Zu den ursprünglich verwendeten Materialien Sisal und Baumwolle kamen nach der Konquista Wolle und Seide hinzu und in den letzten Jahrzehnten auch Kunstfasern bis hin zu Lurex. Die ursprünglich den sozialen Stand anzeigenden Tunikas aus Baumwolle und die Feder-Kopfputze wurden unter dem Eindruck der spanischen Kleidungssitten mit neuen Elementen angereichert und abgewandelt, dafür sprechen mit Bordüren geschmückte Halskrägen und der Brauch, den Kopf anstatt mit Federn mit bunten, Pompons verzierten Bändern (*tocoyales*) und Tüchern zu schmükken. Auch der Brokatstoff, den die *indígenas* zunächst nicht verwenden durften, fand nach und nach Eingang in ihre festliche Trachtenmode. Von den Mönchen und Missionaren sollen sie sich angeblich den Gebrauch des Gürtels abgeschaut haben.

Der *huipil* (aztekisch: Bedeckung), die Bluse, ist charakteristisch für die Tracht der Frauen und wird in phantasievollen Abwandlungen in Form und Design getragen. Auf den *huipiles* der Tracht von San Andrés Xecul beispielsweise sind die typischen Blumen und Vögel der Region in kräftigen Farben und Reihen um den Halsausschnitt und die Ärmel gestickt, die Frauen von San Cristóbal Totonicapán wiederum legen über ihre *huipiles* zu besonderen Anlässen noch reich bestickte Bordürenkrägen, deren Farben sich in den Kordeln wiederholen, die sie sich ins Haar flechten und um den Kopf binden. Je nach Herkunft der Frau-

In vielen traditionellen Tänzen werden die Konquistadoren mit steifen Masken und lächerlichen Rollen ironisierend dargestellt.

Tänze in der Siegermaske

Zum Brauchtum der *indígenas* gehören Tänze, die während der Patronatstage der jeweiligen Orte aufgeführt werden. Einige dieser Tänze besitzen einen religiösen Hintergrund, andere zeigen historische Ereignisse, wieder andere leben von ihrer Komik. Jede Gemeinde hat sich dabei auf einen bestimmten Tanz spezialisiert, der nach einem festgelegten Ritus stattfindet. Die Einhaltung aller dabei zu beachtenden Regeln wird von einem Maya-Priester überwacht – von der sehr langwierigen Vorbereitung der Tänzer bis hin zur korrekten Ausstattung der Kostüme und dem Ablauf des Tanzes. Er bittet auch vorab die Heilige Mutter Erde um die göttliche Erlaubnis,

en wird der *huipil* locker über einen *refajo* (Rock) getragen oder mit einer *faja* (Gürtel) eingebunden. Ein weiterer Bestandteil einer Tracht ist der *perraje* oder *zute* (Schaltuch), der als Kopfbedeckung oder auch als Tragetuch für Kinder dient. Typisch für die verschiedenen Trachten der Männer sind ebenfalls ein Tuch (*zute*), das um den Hals oder unter dem Sombrero getragen wird, vielfach der *poncho* über dem Hemd und eine meist halblange weite Hose, die wiederum durch eine *faja* (Gürtel) gehalten wird.

den Tanz aufführen zu dürfen. In nahezu allen Tänzen spielt die Konquista eine wichtige Rolle. Beim *Baile de la Conquista,* der von Retalhuleu bis Sololá getanzt wird, ist sie das beherrschende Thema. Die ausschließlich männlichen oder jugendlichen Tänzer stellen im Tanz den Krieg zwischen den Spaniern und dem Quiché-Fürsten Tecún Umán, dessen Tod und die Bekehrung der Indianer zum Christentum nach. Dafür schlüpfen die ›Spanier‹ in brokatglänzende Gewänder und verstecken ihre Gesichter hinter bleichen Masken mit gezwirbelten Schnurrbärten, wie sie inzwischen als Souvenirs auf nahezu allen Märkten angeboten werden.

Bei der *Danza de los Vaqueros* oder dem *Baile de Toros* spielen die indianischen Tänzer mit Ironie auf den bei den Kolonisten beliebten Stierkampf an, wobei sie den in glänzenden Gewändern gekleideten und mit Hörnermaske kostümierten Stier zum Vergnügen der Zuschauer immer gewinnen lassen.

Eine Satire auf die Spanier ist ebenfalls die *Danza de los Mexicanos,* die ursprünglich aus dem mexikanischen Chiapas stammt und sich im 19. Jh. bis nach Guatemala hinein verbreitete. Die ›Mexikaner‹, mit großen Sombreros ausgestattet, buhlen dabei um eine Frau, die in diesem Tanz stets Margarita heißt und von einem Mann dargestellt wird. Ähnlich verläuft der Tanz *La mujer fatal,* bei dem sich 2 dunkelmaskierte Pastoren ziemlich laut um einen als Frau verkleideten Mann streiten.

Den einzigen Tanz, der ein Ereignis der spanischen und nicht der amerikanischen Geschichte thematisiert, *Los Moros y los Cristianos,* führten die Jesuiten im 16. Jh. bei den *indígenas* ein. Er zeigt den Sieg der Spanier über die Mauren im 15. Jh.

Ein ursprünglich indianischer Tanz hingegen ist die *Danza de los Monos.* Nach einer Mythe aus dem Popul Vuh wurden die göttlichen Zwillinge von ihren eifersüchtigen Brüdern in Affen verwandelt. Während des Tanzes erschrecken die als Affen kostümierten Tänzer Kinder in der Menge oder suchen in den Taschen und Schuhen der Zuschauer nach Geldmünzen.

Folkloremusik

Nationalinstrument Guatemalas ist die Marimba, ein dem Xylophon ähnliches Schlaginstrument, aber mit hölzernen Schlagplättchen, das in einfacher Form bereits die alten Maya bei ihren Festen und Zeremonien benutzten, wie unter anderem die Darstellung auf einer Vase beweist, die in Alta Verapaz gefunden wurde. In Quiché heißt das Instrument *Cohom,* in Cakchiquel *Cojom* und in Tzutuhil *K'ojom.* Für die Musikwissenschaftler besteht deshalb kein Zweifel, daß die bis heute überaus beliebte Marimba ihren Ursprung in Guatemala hat, obwohl der Name vermutlich aus dem Afrikanischen stammt. Heute findet man sie meist als tischgroßes Instrument, das mehrere Spieler gemeinsam bedienen. An älteren Exemplaren in Museen kann man noch die unter den einzelnen Plättchen als Klangkörper angebrachten Kalabassen sehen.

Mit der Wiederentdeckung der indianischen Kultur in den letzten Jahrzehnten gelangten auch andere ursprünglich indianische Instrumente wie die *okarina* (Tonpfeife in Tiergestalt), die *chirimía* (Holzflöte) oder der *tambor* (Trommel) wieder zu neuer Geltung. Authentische indianische Musik hat überwiegend sakralen Charakter und entrückt mit dumpfen Trommelschlägen und klagenden Flötentönen in andere Sphären. Der westliche Besucher kann solche Musik im Musikmuseum in La Antigua während einer Filmvorführung hören oder sich dort eine Musikkassette kaufen (s. S. 99).

Literatur zwischen zwei Welten

Die guatemaltekische Literaturgeschichte beginnt mit den wenigen Maya-Texten, die nicht den Verbrennungen der Spanier zum Opfer fielen. Das Popul Vuh (s. S. 28), der Schöpfungsmythos der Maya, sollte dabei im 20. Jh. erneut besonderes Interesse finden, als es nämlich von den guatemaltekischen Literaten als Inspirationsquelle wiederentdeckt wurde. Zu den Grundlagen der guatemaltekischen Literatur zählen weiter verschiedene Chroniken, die in der Zeit nach der Konquista entstanden. Die ›Wahrhaftige Geschichte der Eroberung Neuspaniens‹ (1568) von Bernal Díaz del Castillo, der sich 1541 in Guatemala niederließ, bemüht sich dabei um die historisch genaue Darstellung der Eroberung Mexikos und steht darin in Gegensatz zu vielen Berichten, die die Konquista und die Konquistadoren verklärten.

Im 17. Jh. kam es parallel zum ›Goldenen Zeitalter‹ der spanischen Barockliteratur (Cervantes, Lope de Vega, Quevedo) auch in den neuspanischen Metropolen zu einer Blütezeit der Kolonialliteratur. Dichter und Gelehrte verfaßten Festschriften in barocker Bildersprache, Berichte (*relaciones*) wurden zur eigenen Literaturgattung. Der Einschiffung der ersten Druckmaschinen folgte eine Flut religiöser Flugschriften mit volkstümlichen Kirchenliedern (*villancicos*). Daneben wurden in Mexiko-Stadt, das in enger Verbindung mit Guatemala stand, die ersten neuspanischen *comedias* uraufgeführt. In Guatemala-Stadt öffnete im Jahr 1794 das erste Theater Zentralamerikas seine Tore.

Durch die Wirren der Unabhängigkeitsbewegung zu Beginn des 19. Jh. wandelte sich die schriftstellerische apolitische Aktivität in eine gesteigerte journalistische Produktivität mit starkem politischen Hintergrund (Konservatismus gegen Liberalismus). Länger als andere Länder Lateinamerikas jedoch blieb Guatemala im Konservatismus stecken. Der wichtigste Vertreter dieser Zeit ist der Politiker und Schriftsteller Antonio José de Irisarri mit seinen zahlreichen gegen die Aufklärung polemisierenden Schriften.

Charakteristisch für die Zeit nach der Unabhängigkeit und die zweite Hälfte des 19. Jh. war eine starke Hinwendung zu den europäischen Literaturstilen. Man pflegte einen internationalen Geist, der freilich einer elitären Minderheit vorbehalten war. Jahrelange Aufenthalte in Madrid oder Paris gehörten zum Selbstverständnis der Literatenklasse. Es war die Vorstufe zum *modernismo,* einer Strömung in der spanischsprachigen Literatur, in der um die Jahrhundertwende der Bruch mit den alten literarischen Konventionen und eine ästhetische und inhaltliche Erneuerung angestrebt wurde und die von den lateinamerikanischen Dichtern ausging. Die Zeit des *modernismo* fiel zusammen mit einer intensiven wirtschaftlichen Wachstumsperiode in Lateinamerika, einer Epoche des Fortschritts, neuer Weltoffenheit, aber auch neuer Konflikte. Als ein Prototyp des frühen *modernismo* gilt der Roman ›Del amor, del dolor y del vicio‹ (Von der Liebe, dem Schmerz und dem Laster) des Guatemalteken Enrique Gómez Carrillo (1873–1927). Als Gegenbewegung zum *modernismo* bildete sich Anfang des 20. Jh. eine kritische, engagierte Avantgarde nach dem Vorbild europäischer Literatenzirkel, die zahlreiche Literaturzeitungen veröffentlichte. In Guatemala gab César Brañas (1899–1976) die Zeitschrift ›El Imparcial‹ (1922) heraus.

Der *modernismo* hatte insbesondere die spanischsprachige Dichtung erneuert, die ästhetische und inhaltliche Erneuerung der spanischsprachigen erzählenden Literatur erfolgte erst ab den 40er Jahren. Dieser neue Aufbruch brachte in ganz Lateinamerika Schriftsteller ersten Ranges hervor, die auf höchstem künstlerischen Niveau jetzt die Probleme im eigenen Land wie das Spannungsfeld zwischen europäischer und indianischer Kultur oder die Gewalt der Diktaturen bearbeiteten. Stilmittel dieser neuen Prosa war zum einen das übergangslose Ineinanderfließen von Phantastischem und Realem. Schnell prägte sich der Begriff *realismo mágico* (Magischer Realismus), zu deren wichtigsten Vertretern neben dem Argentinier Julio Cortázar und dem Kolumbianer Gabriel García Marquez auch der Guatemalteke Miguel Angel Asturias (1899–1974) zählt. Auf geniale Weise verstand es Asturias, zwei scheinbar nicht vereinbare Wirklichkeiten und Weltanschauungen, nämlich die indianische und die europäische, miteinander zu verbinden. Verständlich, daß er die

Miguel Angel Asturias

Miguel Angel Asturias, der bekannteste Schriftsteller Guatemalas, wurde 1899 in Guatemala-Stadt geboren. Die Diktatur Cabreras prägte seine Jugend: Nachdem sein Vater in Ungnade gefallen war, wurde die Familie in die Provinz verbannt; während seiner Studentenzeit beteiligte er sich selbst aktiv am Widerstand gegen den Diktator. Sein großes Thema jedoch war die indianische Welt.

Asturias, Mitbegründer des *realismo mágico,* studierte wie so viele seiner Kollegen an der San Carlos Universität in Guatemala-Stadt und promovierte 24jährig über ›Das soziale Problem des Indianers‹. Danach ging er nach Paris und besuchte an der Sorbonne Ethnologie-Vorlesungen. In dieser Zeit lernte er die Gruppe der Surrealisten um André Breton kennen. 1929 begann er seine literarische Laufbahn mit der Veröffentlichung der Lyriksammlung ›Rayito de estrella‹, Weltruhm erlangte er jedoch erst durch seine frühen kunstvollen Märchenerzählungen ›Leyendas de Guatemala‹ (1930).

Diese Traumgeschichten beginnen mit einer Vision der Hauptstadt, Santiago de Guatemala, einer Stadt, »die aus begrabenen Städten besteht, welche übereinanderliegen wie die Stockwerke eines hohen Hauses.« Über die Treppen der Jahrhunderte führt ein »Kobold der Träume« von einem Stockwerk ins andere, und jedesmal entsteht in einer mit wenigen Strichen gezeichneten Szene das Bild einer versunkenen Stadt. Die Stätten der Maya-Hochkultur werden beschworen, dann Santiago de Guatemala selbst, die Stadt der Konquistadoren.

In ›El Señor Presidente‹ (1946) entwickelte Asturias das Thema der Diktatur in einer expressionistischen Erzähltechnik. Im 1949 erschienenen Buch ›Hombres de maíz‹ setzte Asturias das indianische Thema fort, jetzt zugespitzt auf den Konflikt zwischen dem mystischen Weltverständnis der Indianer und den profanen Wirtschaftsinteressen der Agrarunternehmer. Dabei erklärt der Maisbauer Gaspar Ilóm den Agrarunternehmern den Krieg und wird bald darauf von ihnen getötet. Doch die Natur rächt ihn und tötet danach alle, die ihn auf dem Gewissen haben. In seinem späteren Werk verfolgte Asturias ähnliche politische Anliegen, heraus sticht da die Trilogie ›Viento fuerte‹ (1950), ›El Papa Verde‹ (1954) und ›Los ojos de los enterrados‹ (1960), in der er die Machenschaften der United Fruit Company anprangerte.

Miguel Angel Asturias erhielt 1967 für sein Werk den Literaturnobelpreis, am 9. 6. 1974 starb er in Madrid.

Surrealisten, mit denen er in den 20er Jahren in Paris Kontakt hatte, begeisterte, mußten diese sich doch der Phantasie bedienen, um den Rahmen des Realen zu sprengen, während Asturias aus den Schätzen der indianischen Mythologie wie dem Popul Vuh schöpfen konnte.

Inhaltlich sah sich Asturias durch den permanenten Kulturkonflikt und die von den USA gestützten Gewaltdiktaturen zu verschiedenen Werken mit stark politisch-sozialem Engagement herausgefordert. Das gleiche gilt für den Lyriker und Erzähler Rafael Arévalo Martínez (1884–1975), der sich auch aktiv am Widerstand gegen die Diktatur Estreda Cabreras beteiligte. Mit seinem Roman ›La oficina de paz de Orolandia‹ (Das Friedensbüro von Orolandia) setzte er sich mit der Präsenz der USA in Mittelamerika auseinander, und sein Roman ›Hondura‹ gilt als Chronik der letzten 10 Jahre der Diktatur Cabrera.

Den Gegensatz von Zivilisation und Barbarei thematisierte Flavio Herrera (1895–1968), der in Leipzig Jura studierte, danach als Verwalter auf der Kaffeeplantage seiner Familie und später als Professor für Jura und Literaturwissenschaft sowie als Botschafter in Argentinien und Brasilien arbeitete.

Zu den bekanntesten zeitgenössischen Autoren gehört Mario Monteforte Toledo (1911*). Sein Roman ›Donde acaban los caminos‹ (Wo die Wege zu Ende gehen) handelt von dem hoffnungslos verhärteten, unüberwindlich scheinenden Rassenkonflikt zwischen Europäern und *indígenas*.

Koloniale Architektur

Die ersten urbanen Zentren der neuspanischen Welt entstanden zunächst auf den für den Schiffsverkehr günstigen Karibikinseln Hispaniola (Santo Domingo) und Kuba (Santiago de Cuba und später Havanna). Mit der Eroberung Mittel- und Südamerikas mußten schließlich weitere urbane Verwaltungszentren angelegt werden.

Diese wuchsen nahezu gleichzeitig in den ersten Jahrzehnten des 16. Jh. heran, einer Epoche, in der sich im Mutterland Spanien dank der Reichtümer aus der Neuen Welt eine Hochblüte der Baukunst entwickelte, die auch die Bauten der neuspanischen Verwaltungszentren prägte. Im spanischen Kirchenstaat entstanden damals der Escorial bei Madrid (beg. 1560), der Palast und die Kathedrale von Granada (beg. 1526 und 1528) wie auch die berühmte Universität von Salamanca (beg. 1515), alle in der Tradition der italienischen Renaissance-Architektur, jedoch strenger und teilweise im Mudéjar-Stil mit arabischen Elementen angereichert. Charakteristisch für diese vom Hochgefühl der Expansion getragene Zeit war die stark untergliederte und an plastischem Dekor reiche Gestaltung der Portale und Fassaden, die man wegen der Ähnlichkeit mit den filigranen Silberschmiedarbeiten als plateresk (*platero:* Silberschmied) bezeichnet. Der prunkvolle Barockstil knüpfte an die platereske wie maurische Tradition an und blühte im 18. Jh. unter der Architektenfamilie Churriguera zu einem in seiner Ornamentik noch üppigeren und mit seinen gewundenen Säulen noch manieristischeren Stil, zum sogenannten Churriguerismus, auf.

In Lateinamerika orientierten sich die Stadtarchitekten jedoch nicht sklavisch an diesen im Mutterland entwickelten Baustilen, sie zeigten vielmehr »eine Neigung zum Intimen, zu kleinen, fast zärtlichen Formaten« (Erwin Walter), außerdem integrierten sie durchaus Motive aus der Welt der Indianer, was in Guatemala besonders schön an der üppig mit Heiligenfiguren und Pflanzenornamenten geschmückten Fassade der Kirche von San Andrés Xecul (s. S. 133) zu sehen ist, deren Giebel 2 Jaguarskulpturen zieren.

In Guatemala erreichte die koloniale Bautätigkeit ihre größte Entfaltung in der damaligen Hauptstadt Santiago de Guatemala (heute: La Antigua), die nach dem Erdbeben 1773 aufgegeben wurde und heute ein selten geschlossenes Bild kolonialer Stadtarchitektur bietet. Aufgrund der Erdbeben, die die Stadt immer wieder heimsuchten, findet man aus der Gründungs-

zeit (16. Jh.) nur noch Mauerreste. Die meisten Gebäude stammen aus dem 17. und 18. Jh. An ihnen lassen sich die Einflüsse aus dem Mutterland Spanien ablesen: Ein schönes Beispiel für den Churriguerismus ist die mit gewundenen Säulen und Stuckapplikationen geschmückte Fassade der Klosterkirche La Merced. Barock sind auch der prächtige sternförmige Brunnen im Klosterhof oder die Kassettendecken im Innern der alten Universität San Carlos. Entscheidend geprägt wurde das Bild des heutigen La Antigua von seinem letzten großen Stadtplaner Diego de Porres (1677–1741), der die bedeutenden Kirchen und Konvente Las Capuchinas, Santa Clara, Santa Teresa und Compañía de Jesús sowie die Plaza Mayor nach dem Erdbeben 1717 erneuerte. Eine Besonderheit der kolonialen Architektur Guatemalas ist der hier immer wieder unternommene Versuch, erdbebensicher zu bauen, wie man an den meterdicken Mauern der dennoch bald darauf von einem Erdbeben zerstörten Kirche La Recolección in La Antigua sehen kann.

Im 19. Jh. wurde in Guatemala wie auch in ganz Lateinamerika mit starker Anlehnung an die **modernen Architekturstile** in den bedeutendsten Metropolen Europas, wie z.B. Paris, gebaut. Es erblühten die Städte Quetzaltenango und Guatemala-Stadt, wo repräsentative öffentliche Gebäude und pompöse Theaterbauten im klassizistischen Stil entstanden.

UNTERWEGS IN GUATEMALA

Die Region der Haupt- städte

Guatemala-Stadt

Der Amatitlán-See

La Antigua

Abstecher nach Ciudad Vieja und Iximché

Blick auf La Antigua, im Hintergrund der Vulkan Agua

Die Region der Hauptstädte

Freigelegte Tempelstätten und grasbewachsene Kirchen- ruinen, wiederaufgebaute Klöster und restaurierte Her- renhäuser zeugen in Iximché, Ciudad Vieja und vor allem in der schönsten aller Städte, die sich Santiago de Guatemala nannten, in La Antigua, vom Leid und Glanz der frühen Kolonialzeit. Tor zur Region im Hochland der Sierra Madre ist die heutige Metropole Guatemala-Stadt.

Nueva Guatemala de la Asunción

Schon der Anflug auf die Landes- metropole stimmt spektakulär auf die atemberaubende Landschaft Guatemalas ein, denn fast immer sieht man den rauchenden Schlot des nahegelegenen Vulkans Pa- caya aus der Wolkendecke ragen. Durchbricht das Flugzeug dann die weiße Wolkenwand, sieht man die Hauptstadt in einem von Schluch- ten begrenzten riesigen Talkessel auf 1500 m Höhe unter sich liegen.

Überschaubar wirkt sie und mit ihren rund 1,2 Millionen Einwoh- nern ist Nueva Guatemala de la Asunción, von den Einheimischen nur La Ciudad (Die Stadt) oder Guate genannt, gemessen an ande- ren gigantischen Millionenstädten Lateinamerikas, tatsächlich eine re- lativ kleine Metropole. Dazu eine junge: Ihre Geburtsstunde schlug,

als der General Capitán Martín de Mayorga am 2. August 1773 in Santiago de Guatemala, das durch das Erdbeben von 1773 endgültig zerstört worden war, den Mitglie- dern der Real Audiencia vorschlug, seine Majestät von Spanien vom Umzug in das Ermita-Tal zu infor- mieren. Der Umzug wurde per offi- zieller Dekrete gegen den anfängli- chen Widerstand aus Kirche und Verwaltung innerhalb der folgen- den Jahre durchgesetzt. Ab dem 10. 1. 1776 hieß schließlich das verlassene Santiago de Guatemala im Valle de Panchoy nur noch La Antigua Guatemala – das alte Gua- temala. Die neue Hauptstadt wur- de nach dem Bildnis der Jungfrau von Asunción, das in der Kirche des Taldorfes Ermita gestanden hat- te, Nueva Guatemala de la Asun- ción genannt.

200 Jahre später, genau am 4. Februar 1976, wurde auch Guate- mala-Stadt durch ein Erdbeben

Guatemala-Stadt, *centro*

schwer zerstört, doch viele Gebäude ihrer ehemaligen Keimzelle, der
Zona 1, wurden wiederaufgebaut
und restauriert.

Die vielen Klosterkirchen im
centro, wie die Zona 1 genannt
wird, spiegeln den Versuch der verschiedenen religiösen Orden wider, sich in den ersten Jahren der
Stadtgründung erneut an promi-

nenter Stelle zu etablieren. Doch
ist heute nicht zu übersehen, daß
sie im Laufe des 19. Jh. von den öffentlichen Verwaltungsgebäuden
in den Hintergrund gerückt wurden. Inzwischen rückte gar das gesamte *centro* trotz seiner nach wie
vor wichtigen Funktion als Behör-
denviertel in den Schatten des
Stadtsüdens mit seinen hochmo-
dernen Glas- und Betonbauten, in
die Banken, Hotels, Restaurants
oder noble Einkaufszentren einge-
zogen sind.

Die Stadt teilt sich insgesamt in 19 Zonen, wobei sich ihr altes und neues Zentrum auf die Zonen 1, 4, 9, 10 und 13 beschränken.

Parque Central und Zona 2

Mittelpunkt der Altstadt ist der **Parque Central** mit der **Plaza Mayor** (auch Plaza de las Armas), die nach dem Muster aller spanischen Kolonialstädte die wichtigsten Stadtgebäude rahmen. Im Westen, vor der Nationalbibliothek und dem Generalarchiv Zentralamerikas, geht sie in den Parque Centenario über, wo unter schattigen Bäumen oder auf den Sitzbänken um eine kleine Konzertmuschel Verwaltungsbeamte in der Mittagszeit gern ihre Siesta halten.

Die Nordseite der Plaza Mayor beherrscht das massive Gebäude des **Palacio Nacional**, der unter Präsident Jorge Ubico 1939 in historisierendem Stil als Regierungspalast erbaut wurde. Im Innern wirkt er mit seinen luftigen Arkadengängen um den begrünten Innenhof, den schmiedeeisernen Schmuckgeländern und verzierten Balkendecken weitaus anmutiger, als es der äußere Eindruck vermuten ließe. Sehenswert sind die Wandgemälde von Alfredo Gálvez Suárez, die eindrucksvolle Szenen der Konquista zeigen, sowie der Salon Principal mit dem Edelholz-Parkettboden, den bunten Glasfenstern mit Szenen aus der indianischen und kolonialen Zeit und

einem Kronleuchter mit vergoldeten Quetzalvögeln für jede der vier heiligen Himmelsrichtungen der Maya. (Öffnungszeiten tgl. 8–15 Uhr, Eintritt frei; Achtung Taschenkontrolle!)

An der Ostseite des Platzes präsentiert sich die **Catedral Metropolitana**, die bis auf die beiden Glockentürme dem letzten Erdbeben standhielt, wieder vollkommen restauriert. Im Innern birgt sie viele Gemälde und Skulpturen, die aus der 1773 zerstörten Kathedrale von La Antigua mitgebracht wurden, darüber hinaus eine deutsche Orgel aus dem Jahr 1937. Aus der Entstehungszeit, Baubeginn war 1782, stammen die Bibelszenen an den Wänden. Zur Kathedrale gehört der **Palacio Episcopal** (Erzbischöflicher Palast) gleich nebenan. Hinter der Kathedrale befindet sich leicht übersehbar, da er nach dem Erdbeben von 1976 bunkerähnlich in den Erdboden eingelassen wurde, der **Mercado Central**. Von der 8a Calle führen Treppen in diesen düsteren Bazar der Souvenirstände hinunter.

3 Parallelstraßen weiter nordöstlich, in der 11 Avenida/5 Calle, stößt man auf die sehenswerte **Iglesia de la Merced.** Sie wurde Ende des 18. Jh. mit barocken und neoklassizistischen Sandsteinportalen und orangefarbener Kuppel über dem Altarraum erbaut und birgt eine besonders ausdrucksvolle Jesusfigur von Mateo de Zuñiga.

Wiederum eine Parallelstraße weiter Richtung Norden, in der 12

Avenida/1a Calle, erhebt sich die kleine **Iglesia Cerrito del Carmen.** An ihrer Stelle stand ursprünglich die Kirche Ermita del Carmen, die Urzelle der Stadt. Dahinter beginnt der nördliche Stadtbezirk mit den Zonen 6 und 2, wobei die **Zona 2** unbedingt einen Abstecher mit

dem Taxi lohnt. Dort breitet sich im Parque Minerva der inzwischen ansehnlich hergerichte und sehenswerte **Mapa en Relieve** aus. Der Blick auf diese plastische 1800 m² große Landkarte Guatemalas verdeutlicht eindrucksvoll, wie vulkangespickt das Oberflächenre-

Mapa en Relieve, Zona 2

lief Guatemalas ist. Gestaltet wurde sie 1904 unter Leitung von Francisco Vela im Maßstab 1:10 000, wobei die Gipfel um des dramatischeren Effekts willens allerdings etwas höher geraten sind. Daß Belize auf der Karte noch als Teil Guatemalas erscheint, erinnert an die Gebietsansprüche der letzten guatemaltekischen Regierungen. (✆ 2 54 11 14, Öffnungszeiten tgl. 9–17 Uhr, Eintritt 2 US-$)

Südlich des Parque Central

Durch die engen Straßen des *centro* südlich des Parque Central quält sich wochentags zäher Verkehr. Mit seinen Abgasen vernebelt er die Luft im Viertel derart, daß der Reklameschilderwald schon bis zur Unkenntlichkeit verschmutzt ist. Dazu sind die Bürgersteige von fliegenden Händlern so eng bestellt, daß man als Fußgänger Mühe hat, voranzukommen. In diesem Gedränge haben Diebe leichte Arbeit – also Vorsicht! Erstaunlich viel gibt es jedoch zu entdecken. An der Ecke 9a Calle/10a Avenida liegt z. B. das **Museo Nacional de Historia,** das Exponate aus der Kolonialzeit und aus der Zeit nach der Unabhängigkeit zeigt. Unter ihnen fällt als Kuriosität der Stammbaum des Christoph Kolumbus von der Kolumbus-Weltausstellung in Chicago im Jahr 1893 auf. In erster Linie sind aber Porträts der bedeutendsten Staatsmänner Guatemalas zu sehen, außerdem Dokumente zur Unabhängigkeit und Wappen und historische Fotos der Stadt. (✆ 2 53 61 49, Öffnungszeiten Di–Fr 9–16, Sa/So 9–12, 14–16 Uhr, Eintritt 10 Q)

Ein Stück weiter die 10a Avenida hinunter an der Ecke zur 11 Calle liegt der unscheinbare Eingang des kleinen **Museo de Artes e Industria Populares** (Volkskunstmuseum). Nur wer sich für Kunsthandwerk interessiert, sollte hineinschauen. Im ersten Raum zeigt eine Karte die Herkunftsorte der guatemaltekischen kunsthandwerklichen Produkte. Unter den landestypischen Musikinstrumenten ist in einem weiteren Raum eine seltene *guitarrilla* ausgestellt. (✆ 2 38 03 34, Öffnungszeiten Di–Fr 9–16, Sa/So 10–12, 14–16 Uhr, Eintritt frei)

Kircheninteressierte sollten von hier aus die 11 Calle 2 Avenidas weiter östlich zur **Iglesia Santo Domingo** spazieren. Auf dem Vorplatz der Kirche erinnert ein Denkmal an den bedeutendsten Dominikaner der Kolonialzeit und Schutzpatron der Indianer Bartolomé de Las Casas (s. S. 160 f.). Der Bau der kostbar ausgestatteten Kirche mit dem zugehörigen Konvent wurde von Pedro García Aguirre, Bernardo Ramírez und José Guerra 1788–1808 ausgeführt. Bis zur staatlichen Enteignung 1871 war das Kloster Hauptsitz der Dominikaner.

In der 11 Calle zurück bis zur 9a Avenida erreicht man rechts das alte Gebäude der **San Carlos Universität,** die 1779 nach dem Umzug von La Antigua nach Guatemala-Stadt hier neu erbaut und inzwischen zu einem kleinen Museum mit gelegentlichen Kulturveranstaltungen umfunktioniert wurde. (Öffnungszeiten Mo, Mi, Do, Fr 10–13, 14–16, Sa 10–13, 14–17 Uhr, Eintritt frei)

In der 12 Calle auf der Höhe der 7a Avenida fällt das prächtig restaurierte, im Kolonialstil gehaltene **Postgebäude** aus den 1940er Jahren auf. Von hier ist es nicht weit zur 6a Avenida, der Hauptgeschäftsstraße des *centro,* an der weiter südlich vorbei an der Iglesia San Francisco an der Ecke zur 13 Calle und dem festungsähnlichen Polizeipräsidium an der Ecke zur 14 Calle der kleine **Parque Concordia** liegt, in dem wochentags wie an Wochenenden Volksfeststimmung herrscht. Nachts verwandelt er sich allerdings wie auch die anderen Parks des *centro* mit seinen Schläfern auf Pappkartons in ein Elendsquartier der Stadt.

Die 6a Avenida führt im Süden geradewegs auf die breite **18 Calle** zu, die ihr quirliges Leben ihren Budenzeilen und dem Municipal (Markthalle) sowie den für den Stadt- und Überlandverkehr wichtigen Busbahnhöfen an ihrem West- und Ostende verdankt. Die Mitte der 18 Calle markiert die in den 1950er Jahren erbaute Kirche Los Remedios auf der Höhe der 5a Avenida. Am Ostende gegenüber der mit einer alten Uhr und Büsten verschiedener Stadtpersönlichkeiten geschmückten Fassade der Tipografía Nacional findet man den

Ein Haus für Straßenkinder
Die Arbeit der Casa Alianza

»Komm um 8 Uhr«, hatte mir Mario von der Casa Alianza gesagt, »dann kannst Du mich auf meinem Rundgang begleiten.« Die Casa Alianza ist eine wohltätige Organisation, die es sich zur Aufgabe gemacht hat, Kinder und Jugendliche zu betreuen, die auf der Straße leben. Es sind Kinder und Jugendliche, die von den meisten Guatemalteken als Abschaum betrachtet werden. Doch Mario verteidigt sie: »Es sind gute Jungs und Mädchen darunter, sie kommen alle aus zerrütteten Familien und ziehen die Freiheit der Straße und das Gemeinschaftsgefühl in der Gruppe mit Gleichgesinnten dem familiären Desaster vor.«

Im Flur des kleinen Verwaltungsgebäudes der Casa Alianza in der Zona 1 von Guatemala-Stadt hängen große, ordentlich gerahmte Farbfotos von Jungen und Mädchen, deren jugendliche, z. T. noch kindliche Gesichter auf ein Durchschnittsalter von 14 Jahren schließen lassen. »Was sind das für Jungen und Mädchen?« frage ich arglos. »Sie sind alle tot«, murmelt Mario fast beiläufig, »umgekommen im Krieg auf der Straße, erschossen von Ladenbesitzern, die sie bestahlen, oder von Polizisten.«

Das Konzept der Casa Alianza ist, das Vertrauen der Straßenkinder, die vor allem das *centro* von Guatemala-Stadt mit ihren kleinen Diebstählen ›verunsichern‹, zu gewinnen und sie von der Straße weg in eines der Casa Alianza-Herbergshäuser zu locken, wo ihnen neben einem Schlafplatz und Verpflegung auch verschiedene Betätigungen mit dem Ziel ihrer (Re-)Sozialisierung angeboten werden. Mario gehört zu den Mitarbeitern, die die Basisarbeit auf der Straße leisten. »Wir gehen immer als Paar hinaus«, erklärt er, »so haben die Kinder und Jugendlichen elternähnliche, feste Bezugspersonen; außerdem schützt uns auch die Tatsache, zu zweit zu sein, denn oft haben wir es ja mit größeren Gruppen zu tun, unter denen auch immer mal schwer gestörte und aggressive Jugendliche sind. Zu zweit behalten wir schwierige Situationen besser im Griff.«

Ich springe dieses Mal für seine Frau ein, mit der er sonst seine morgendliche Runde in den Parks des *centro* macht, wo die Straßenkinder in verschiedenen kleinen Gruppen in Hausverschlägen wohnen. Im Parque Centenario setzt sich Mario auf die Mauer bei der Konzertmuschel, und nur wenige Augenblicke später krabbeln aus ihr abgerissen gekleidete Burschen und ein halbwüchsiges, hinkendes Mädchen heraus, um Mario wie einen alten Bekannten zu begrüßen. Gelassen lächelt das Mädchen Mario an, er kennt sie schon lange. »Wo ist Raúl?« fragt er, während mich 2 Jungen mißtrauisch umkreisen und einer, ehe ich's mich versehe, meinen Kugelschreiber in der Hand hält und damit spielt. »Er schläft noch«, sagt einer der beiden und krempelt dann unaufgefordert seine Ärmel hoch, »er hat gestern Zoff gehabt.«

Die Arme des Jungen sind übersät von verschorften kleinen Wunden. Mario nimmt aus seiner Arzneitasche Plastikhandschuhe – »man weiß nie, welche Infektionen hinter diesen Wundaufbrüchen stecken« – und dann Mull und Jod. Gleichzeitig bittet er mich, die Namen aller Kinder auf einer Liste einzutragen. »Wir haben Karteikarten für jedes Kind, auf denen wir alle Vorkommnisse und Treffen notieren.«

Während ich die Namen des Mädchens und der beiden Jungen aufschreibe, umringen mich neugierig immer mehr Kinder. Es sind alles Buben zwischen 7 und 12 Jahren. Da Mario mich allen vorstellt, verlieren sie schnell ihre Scheu. Ein Junge mit indianischen Zügen, blondem Haar und einem noch sehr kindlichen weichen Gesicht (Mario: »Er kommt aus den USA, keiner weiß, wie er nach Guatemala gelangte.«) klammert sich einen Moment an mich. Dann schaut er mich aus seinen großen grünen Jungenaugen an, lacht und springt unvermittelt zu Mario rüber. Allein dieses kurze Erlebnis gibt mir eine vage Vorstellung von dem Problem, das Mario während unseres Vorgesprächs andeutete: »Die Kinder sind liebesbedürftig, aber oft zu Bindungen gar nicht mehr fähig.«

Plötzlich steht Raúl vor uns, ein etwa 12jähriger Junge. Die Nase ist geschwollen vom Schnüffeln am lösungsmittelgetränkten Tuch, das er wortlos an die anderen weiterreicht. »Was war los?« fragt ihn Mario, ohne sein Verarzten zu unterbrechen. Raúl schaut zu Boden: »Die Polizei ist hinter mir her.« Raúl kommt nach dem kleinen Treffen mit uns mit. Um ihn dazu zu bewegen, bedurfte es keinerlei Überredungskünste. Neben dem Büro von Mario legt er sich brav erst einmal aufs Sofa. »Er muß nüchtern sein, wenn wir ihn in die Herberge bringen«, erklärt Mario, »sonst nehmen sie ihn da nicht auf.«

Am Nachmittag spaziere ich an der Herberge vorbei, die ebenfalls in der Zona 1 liegt. Vor dem Gittertor sitzen 2 apathische Jungen, die keinen Einlaß bekommen, weil sie unübersehbar berauscht sind. Doch allein die Nähe der Herberge scheint ihnen so etwas wie das Gefühl von Schutz zu geben.

»Ja, Raúl ist schon da«, bestätigt mir die Heimleiterin. Er wurde erst einmal mit desinfizierenden Seifen und Shampoos gewaschen, und dann wies man ihm ein Bett zu. »Wird er bleiben?« frage ich. Die Heimleiterin atmet tief durch, bevor sie antwortet: »Leider bleiben die wenigsten. Oft haben wir schon Probleme, sie an ein Bett zu gewöhnen, geschweige denn an Aufgaben in der Gemeinschaft. Viele schlafen die erste Nacht lieber wieder auf einem Pappkarton wie draußen und flüchten bei den ersten Konflikten.« Raúl blieb drei Tage.

(Wer noch Näheres über die Arbeit der Casa Alianza erfahren möchte, kann sich wenden an: Casa Alianza-Kinderhilfe Guatemala e. V., Bismarckstr. 57, 53 604 Bad Honnef, Herr Franz Hucklenbruch, ✆ 0 22 24/58 84.)

Zentralbahnhof (Estación Central del Tren), wo die Nostalgietrips ›The Guatemala Choochoo‹ von Aventuras de Ferrocarril (Antigua, Apdo 366, ✆ 832 58 53, Fax 832 00 82, choochoo2@go2guatemala. com) mit einer 50-jährigen Lok nach Aguas Calientes und zurück starten. Vom Terminal vor dem Bahnhof starten die Pullmans in den Landeswesten, an die Pazifikküste (Esquipulas und Puerto Barrios). In unmittelbarer Nähe haben auch die Büros der Überlandbusse mit östlichen Destinationen (Cobán, Río Dulce, El Petén) ihren Sitz.

Gegenüber dem großen Municipal an der 18 Calle erheben sich inmitten des städtischen Treibens vollkommen unerwartet auf einem steilen einsamen Felsen die Reste der ehemaligen **Festung San José.** Der Aufstieg (westlich über den Parkplatz des Centro Cultural) lohnt allein schon wegen des einzigartigen Stadtpanoramas. Oben findet man auch das moderne **Cen-tro Cultural Miguel Angel Asturias,** das an dieser prominenten Stelle als Kulturzentrum in Verbindung mit dem stets gut besuchten **Nationaltheater** (Sitzplätze für 2000 Besucher) und einem Freilichttheater angelegt wurde. Von der Festung überdauerten nur die Mauern des ehemaligen Waffenarsenals. Es beherbergt heute ein Militärmuseum. (Öffnungszeiten Mo–Fr von 10–12 Uhr)

Von den kleinen Aussichtsbalkonen im Rücken des Museums läßt sich die 60er-Jahre-Betonlandschaft des **Centro Cívico** in der Zona 4 mit seinen angelegten Plätzen und Fußgängerbrücken sehr gut überschauen. Das lange Gebäude ist die Municipalidad der Stadt (Rathaus), daneben erheben sich die Gebäude des Banco de Guatemala und des Finanzministeriums. Hinter dem Centro Cívico breitet sich die nichtöffentliche Ciudad Olímpica mit ihren diversen Sportplätzen aus.

Der Stadtsüden

Vom Centro Cívico wächst Guatemala-Stadt schmal und lang weiter gen Süden, der Länge nach durchzogen von den 3 Hauptverkehrsadern 6a und 7a Avenida sowie der Avenida La Reforma (10a Avenida). Wer diese Neustadt in der Zona 9, 10 und 13 zu Fuß entdecken will, kann sie gemütlich an einem Tag durchspazieren oder stückchenweise mit einem der zahlreichen Busse erobern, die diese Avenidas befahren. Entlang der 7a Avenida durchquert man die Zona 4 mit ihren diagonal geführten und mit ihren Banken, Hotels, Einkaufszen-

Torre del Reformador

tren, Rotlichtlokalen und Stripteasebars zu jeder Tages- und Nachtzeit belebten Straßen. Immer vor Augen hat man den Grenzpfosten zur Zona 9, die **Torre del Reformador,** Guatemalas kleiner Eifelturm, dessen Stahlkonstruktion sich über die Kreuzung 7a Avenida/2a Calle spannt. Erbaut wurde er in den 1930er Jahren unter Präsident Jorge Ubico zu Ehren des liberalen Reformpräsidenten Justo Rufino Barrios (1873–1885). Eingedenk der Machtübernahme durch die Liberalen am 30. Juni 1871 läutet jedes Jahr an diesem Datum die Glocke im Turm.

Noch vor der Torre del Reformador lohnt ein Abstecher nach links in die Ruta 6, die die 7a Avenida als Diagonale kreuzt. Sie führt nach wenigen Schritten zur kleinen kuriosen, neugotischen **Iglesia Yurrita** (oder Nuestra Señora de las Angustias), die 1928 als Privatkapelle von einem reichen Guatemalteken erbaut wurde. Die Ruta 6 mündet in den Kreisverkehr der Avenida La Reforma, wo zugleich die Zona 10 beginnt. Auf der anderen Straßenseite liegt das **Museo de Historia Natural y Jardín Botánico** (Naturgeschichtliches Museum und Botanischer Garten) der San Carlos Universität mit großem Park. Im Museum ist unter den vielen präparierten Tieren auch ein Quetzal zu sehen. (Avda. La Reforma 0–63, Zona 10, Öffnungszeiten Mo–Fr 9–15 Uhr, Eintritt 10 Q)

Die unter Rufino Barrios angelegte sechsspurige **Avenida La Re-**

Guatemala-Stadt (Süden)

Ruta 6
Ruta 7
Ruta 8
Vía 5
7a Avenida
6a Avenida
9a Avenida
8a Avenida
10a Avenida
Diagonal 6

N

7a Calle
9a Calle
1a Calle
Iglesia Yurrita
Calle Mariscal Cruz
Campo de Marte
Museo de Historia Natural

35 Calle
36 Calle A
39 Calle
39 Calle B
11 Avenida
12 Avenida
13 Avenida

2a Avenida
4a Avenida
2a Calle
3a Calle
4a Calle
5a Calle
6a Calle
Torre del Reformador
Avenida La Reforma
2a Avenida
6a Avenida

6a Calle
7a Calle
7a Calle A
Museo Ixchel
Museo Popul Vuh

Parque Centroamérica
8a Calle

Kaminaljuyú/ Antigua

Avenida La Castellana
1a Avenida
2a Avenida
4a Avenida
6a Avenida A
7a Avenida
9a Calle

1a Calle
4a Avenida
3a Avenida
11 Calle
12 Calle
Plazuela España
12 Calle
13 Calle

Diagonal 12
Zoo La Aurora
1a Calle
6a Avenida
7a Avenida
Avenida La Reforma
4a Avenida
15 Calle
16 Calle

Museo Arqueológico y Etnológico
Museo Arte Moderno
Museo Historia Natural

forma ist der Renommierboulevard der Stadt und beste Adresse für Botschaften, Hotels und Büros. In den nach Osten abzweigenden Seitenstraßen beginnt bald nach einem festungsartigen Gebäude, dem Schulungszentrum junger Offiziere (Politécnica), die Zona Viva.

So nennen die Einheimischen den Teil der Zona 10, in dem sich zahlreiche erstklassige Hotels, Restaurants, Kunstgalerien, Mode- und Souvenirpassagen, Bars und Diskotheken angesiedelt haben.

In ihrem Umfeld liegt auch das Gelände der Universität Francisco

Marroquín. Dort wurden in der Vergangenheit hochmoderne Gebäude für zwei wichtige Museen geschaffen: Das **Museo Popul Vuh,** das früher in der Avenida La Reforma stand, kehrte gewissermaßen heim in den Mutterschoß. Denn die einzigartige Sammlung formenreicher Maya-Zeremonialgefäße aus Ton geht auf eine Schenkung der Familie Castillo an die Universität Francisco Marroquín zurück. Auch der Souvenir- und Buchladen des Museums mit seiner ausgesucht guten Auswahl lohnt einen Besuch. (6 Calle Final, Zona 10, Campus Universidad Francisco Marroquín, ✆ 3 61 23 01, Öffnungszeiten Mo–Fr 9–17, Sa 9–13 Uhr, Eintritt 15 Q)

Das **Museo Ixchel del Traje Indígena** ist ebenfalls auf dem Campus der Universität Francisco Marroquín untergebracht und zwar im Complejo Cultural. Benannt ist es nach der Göttin Ixchel, der Frau des Maya-Gottes Itzamná, die auch als Mondgöttin und Göttin gebärender Frauen verehrt wurde. Neben wechselnden Themenausstellungen bietet das Museum Videovorführungen (auch auf englisch) mit Erläuterungen zur Geschichte der *indígenas* und ihrem traditionellen Handwerk. Vor allem aber kann man hier in vier Sälen die verschiedenen Trachten der Maya-Nachkommen studieren, darunter auch eine kleine Sammlung Textilien aus der Zeit zwischen 1900 und 1945 (Saal 3). Im Erdgeschoß findet der Besucher außerdem einen Kunstgewerbe-Bazar und ein Café. An den Wänden des großzügigen Aufgangs ins erste Geschoß hängen regelmäßig wechselnde Gemälde zeitgenössischer guatemaltekischer Künstler. (6a Calle Final, Zona 10, Campus Universidad Francisco Marroquín, Öffnungszeiten Mo–Fr 8–17.45, Sa 9–12.50 Uhr, Eintritt 15 Q)

Auf dem Weg weiter in den Stadtsüden führt ein Schlenker über die 12 Calle von der Avenida La Reforma ab zur **Plazuela España.** Der kleine 1933 hierher verlegte Brunnen mit seinen kostbaren Majolika-Kacheln in der Mitte des Platzes war 1789 zur Krönung Karls III. von Spanien angefertigt worden und stand früher gegenüber der Kathedrale.

An der Diagonal 12 mit dem schönen alten kolonialen Aquädukt La Culebra, der die Diagonal bis zur Avenida Las Américas, der Zufahrtsstraße zum Flughafen La Aurora, begleitet, enden die Zonen 9 und 10, und es beginnt das große Erholungsgebiet der Stadt, der **Parque Aurora,** in der Zona 13.

Beliebtes Ausflugsziel für Familien mit Kindern nicht nur am Wochenende ist hier der **Zoológico Nacional La Aurora.** Die Verehrung der Guatemalteken für ihre Tier- und Pflanzenwelt wird in diesem liebevoll gestalteten Zoo spürbar, dafür sorgt schon seine dezente Dekoration mit alten Maya-Stelen und Skulpturen gleich neben den Gehegen der Tiere. Auch der Weltenbaum der alten Maya, die

Ceiba, ist unter insgesamt 62 beschrifteten Baumarten zu sehen und natürlich der König der Maya-Tierwelt, der Jaguar, mit dem sich die alten Maya-Herrscher identifizierten. In dem 1924 gegründeten großen Park leben heute über 100 Tierarten. In einem Pavillon werden Fotoausstellungen zu verschiedenen Themen gezeigt. Es gibt kleine Restaurants und einen riesigen Spielplatz. (7a Avenida, Zona 13, Finca La Aurora, Öffnungszeiten Di–So 9–17 Uhr, Eintritt 8 Q, Kinder unter 12 Jahren frei)

Einige Fußminuten vom Zooeingang entfernt Richtung Süden liegen 3 Stadtmuseen und die Stierkampfarena dicht beieinander. Im **Museo Nacional de Arte Moderno** sind die wichtigsten zeitgenössischen Künstler Guatemalas mit ihren Werken vertreten. Darunter finden sich stark an die Kunst der alten Maya angelehnte Skulpturen von Margarita Azurdia, das Gemälde ›Sobrevivientes del Terremoto‹ von Julian Gabriel, das einen nachhaltigen Eindruck des Erdbebens von 1976 vermittelt, und das eindringliche Bild ›El Cristo de los Tinajes‹ von Manolo Gallardo, das in fotorealistischer Malweise die Agonie eines gekreuzigten Indianers zeigt. (☎ 4 72 04 67, Öffnungszeiten Di–Fr 9–16, Sa/So 9–13, 14–16 Uhr, Eintritt 10 Q)

Der Eingang des wichtigsten Museums des Landes, des **Museo Nacional de Arqueología y Etnología,** liegt gegenüber. Hier sind die größten Maya-Schätze aus ganz Guatemala zusammengetragen und hervorragend in ihre einzelnen Epochen gegliedert und erläutert. Besonders sehenswert sind neben den vielen ausgestellten Stelen, Masken und Steinfiguren rekonstruierte Gräber, die Modelle der Städte Uaxactún, Tikal und Zaculeu und vor allem die Sala de Jade (Jadesaal), in der unter anderem die berühmte Mosaik-Jade-Maske aus Tikal zu sehen ist. Der letzte Raum bietet eine Übersicht über die indianischen Sprachgruppen sowie Trachten- und Kostümmodelle. (☎ 4 72 04 89, Öffnungszeiten Di–So 9–16 Uhr, Eintritt 30 Q)

Diesen beiden Häusern gegenüber steht das **Museo Nacional de Historia Natural,** das neben einem kompletten Elefantenskelett und einer üppigen Sammlung präparierter Tiere bis zu Hunderte verschiedener Vögel und eine Mineraliensammlung zeigt. Geplant ist die Erweiterung um ein Insektarium und eine Schmetterlingszucht. Auch die wichtigsten Bäume Guatemalas kann man hier an Hand von Fotos studieren. (☎ 2 53 61 49, Öffnungszeiten Di–Fr 9–16, Sa/So 9–12, 14–16 Uhr, Eintritt 10 Q)

Kaminaljuyú

Einige Kilometer westlich des Zentrums zweigt an der Ausfallstraße nach La Antigua die Zufahrt zum Ruinenfeld Kaminaljuyú ab, das als Stadt und Zeremonialzentrum der alten Maya seine Blütezeit in der

Späten Präklassik (400 v. Chr–100 n. Chr.) erlebte. Rund 50 000 Menschen lebten damals hier, und zum Tempelbezirk gehörten nicht weniger als 13 Ballspielplätze und rund 200 Pyramiden, deren höchste 18 m erreichte.

Leider ist von der alten, einst etwa 5 km^2 großen Stadtanlage heute nicht viel mehr zu sehen als grasüberwachsene Hügel und Senken, die einige Gebäude und Plätze erahnen lassen, der Rest wurde in den vergangenen Jahrzehnten mit den Wohnhäusern der Zona 7 bebaut. Es gibt aber 2 eingezäunte Ausgrabungsstellen, die einen Einblick in die verschiedenen Bauschichten gewähren, und im Museo Nacional de Arqueología y Etnología sind die wichtigsten Funde aus Kaminaljuyú ausgestellt. Zu den jüngsten Entdeckungen der Archäologen gehört ein Kanalsystem für die Feldbewässerung. (Colonia Kaminaljuyú, Mo–So 8–16 Uhr)

Touristeninformation: Instituto Guatemalteco de Turismo, INGUAT, 7a Avda. 1–17, Zona 4, Centro Cívico, ✆ 3 31 13 33, Fax 3 31 88 93, 3 31 44 16, inguat@guate.net, guatemala.travel.com.gt

Notruf: Policía Nacional (Polizei), ✆ 1 10 und 1 20; Bomberos Voluntarios (Freiwillige Feuerwehr), ✆ 1 22; Bomberos Municipales (städtische Feuerwehr), ✆ 1 23

Ärztliche Versorgung: Ambulanz, ✆ 128; Hospital Roosevelt, ✆ 4 71 14 41, 4 71 33 84, 4 72 14 43

Bus: Innerhalb der Zonen 1, 4, 9 und 10 bis zum Parque La Aurora in der Zona 13 verkehren die Busgesellschaften Coobusgua, Coordinadora del Transporte Urbano oder Unión. Fast alle Busse streifen den Terminal in der 4 Avenida der Zona 1.

Guatemala-Stadt ist auch Drehscheibe für den Überland-Busverkehr: Zum nahen *Amatitlán-See* (ca. 45 Min.) starten Busse etwa alle 10 Min. von 20 Calle/ 3 Avda., Zona 1; nach *Antigua* (ca. 1 Std.) 6–17 Uhr etwa $^1\!/_2$stdl. ab 15 Calle zwischen 3 und 4 Avda., Zona 1; zum *Atitlán-See* und nach *Panajachel* 6–16 Uhr ab 21 Calle 1–54, Zona 1. Die Strecke nach *Quetzaltenango* befahren Alamo-Pullmanbusse (21 Calle 1–14, ›A‹, Zona 1, ✆ 2 32 02 19, 2 21 09 82), Tacana (7a Avda. 19–44, Zona 1), Galgos (7a Avda. 19–44, Zona 1), Rutas Lima (6a Calle 3–63, Zona 1, ✆ 2 32 09 23, 2 51 56 27); sie verkehren z. T stdl. 5.30–16.30 bzw. 19 Uhr. Nach *Cobán* kommt man etwa stdl. 4–17 Uhr mit Transporte Escobar Monja Blanca (8 Avda. 15–16, Zona 1, ✆ 2 51 18 78, 2 38 14 09). Die Strecke nach *Río Dulce* und in den *Petén* verkürzte sich durch die neue Straße auf rund 12 Std.; befahren von Fuente del Norte (17 Calle 17–01, Zona 1, ✆ 2 51 38 17), Maya Express (17 Calle 9–36, Zona 1), La Petenera (16 Calle 8–18, Zona 1) und Líneas Maxima (5a Avda. 17–26, Zona 1) um 4.30, 8.30 und 20.30 Uhr.

Leihwagen: jeweils am Schalter des La Aurora-Flughafens oder im Hauptbüro: Budget (Avda. La Reforma 14–90, Zona 9, ✆ 3 31 65 46, 3 31 27 88, Fax 3 31 28 07, budget@ infovia.com.gt), Hertz (7a Avda. 14–76, Zona 9, ✆ 3 31 53 74, Fax 3 31 79 24, rentauto@guate.net), Tally Renta Autos (7a Avda. 15–24, Zona 1, ✆ 2 32 98 45, Fax 2 51 41 13)

Taxi: In allen Zonen verkehren *Taxis Rotativos* (rotierende Taxis), das sind Funktaxis, die auch tel. bestellt werden können, z. B. Cooperación Amarillo, ☎ 3 32 15 15, 3 62 15 15; Blanco y Azul, ☎ 3 60 09 03; Yellow Car, ☎ 5 97 48 24; Taxis Verdes, ☎ 3 31 21 21

Luxushotels: Westin Camino Real, mit großem Pool ausgestattet, Avda. La Reforma/14 Calle, Zona 10, ☎ 3 31 20 20, Fax 3 37 43 13, camino @emailgua.com; Conquistador Ramada, Via 5, 4–68, Zona 4, ☎ 3 31 22 22, Fax 3 34 72 45, ramadaconquirsv@gua. gbm.net; Cortijo Reforma, Avda. La Reforma 2–18, Zona 9, ☎ 3 32 07 12, Fax 3 32 27 13; Melía, Avda. Las Américas 9–08, Zona 13, ☎ 33 90 66 76, Fax 3 39 06 90, solimelia.es; Princess, 13 Calle 7–65, Zona 9, ☎ 3 34 45 45, Fax 3 34 45 46, princgua@guate.net

Mittlere Hotels: Mansión San Carlos, in einer Villa aus dem Jahr 1910 mit exklusiver Ausstattung, Avda. La Reforma 7–89, Zona 10, ☎ 3 32 60 55, Fax 3 31 64 11, infoguate.com/sancarlos; Panamerican, Traditionshotel aus den 1940er Jahren, 9a Calle 5–63, Zona 1, ☎ 2 32 68 07–09, Fax 2 32 64 02; Posada de los Procederes, kleines Grandhotel in der Zona Viva, 18 Calle 2–40, ☎ 3 68 14 05, Fax 3 63 07 46; Villa Española, in spanischem Kolonialstil ausgestattet, 2a Calle 7–51, Zona 9, ☎ 3 31 74 17, Fax 3 32 25 15, villa espa-ol@guate.net

Einfache Hotels und Pensionen: El Aeropuertoe, 15 Calle A 7–32, Zona 13, Aurora I, ☎ 3 32 60 86, praktisch ist das Airport-Shuttle; Centenario, 6a Calle 5–33, Zona 1, ☎ 2 38 03 81, Fax 2 38 20 39; Chalet Suizo, Zimmer mit und ohne Bad, 14 Calle 6–82, Zona 1, ☎ 2 51 37 86, Fax 2 32 04 29; Hotel Plaza, koloniale Ausstattung, Vía 7, Nr.

6–16, Zona 4, ☎ 3 32 76 26, Fax 3 31 68 24; Posada Belén, Pension, 13 Calle A 10–30, Zona 1, ☎ 2 53 45 30, Fax 2 51 34 78, pbelen@guateweb. com; Tally, modernes kleines Hotel mit Parkplatz, 7 Avda. 15–24, Zona 1, ☎ 2 32 98 45, Fax 2 53 17 49

Restaurants: *Fisch und Meeresfrüchte:* Altuna, behagliche Atmosphäre, schnelle und aufmerksame Bedienung, hervorragendes Essen, besonders die Fischsuppe, aber auch Ceviches und andere Meeresfrüchte, Mo geschl., 5a Avda. 12–31, Zona 1, ☎ 2 32 06 69; Puerto Barrios, in einen mächtigen Schiffsrumpf eingekleidetes Meeresfrüchte-Restaurant, tgl. 12–15 Uhr und 19–23 Uhr, 7a Avda. 10–65, Zona 9, ☎ 3 34 13 02

Japanische Küche: Teppanyaki, tgl. 12–15.30 Uhr und 17–23.30 Uhr, 7a Avda. 10–65, Zona 9, ☎ 3 34 13 02

Steaks: El Rodeo, vornehm rustikal, 7a Avda. 14–84, Zona 9, ☎ 3 31 91 27; Gaucho, 7a Avda. 10–65, Zona 9, ☎ 3 34 13 02; Sizzler, 6 Avda. 12–47, Zona 9, ☎ 3 31 00 08

Fast-Food: Mac Donalds bietet Filialen in fast allen Stadtteilen, daneben gibt es in der Altstadt jede Menge Pizzerias von Pizza Hut oder in der Zona Viva den beliebten Grillhühnchen-Schnellimbiß Pollo Tropical, 12 Calle 0–60.

Französische Küche: Chez Michel rive gauche, Mo–Sa 12–15 Uhr und 19–23 Uhr, 2a Calle 15–92, Zona 13, ☎ 3 31 92 15

Guatemaltekische Küche: El Parador, Avocadocremes, scharfe Dips und Holzkohlesteaks sowie die feuersprühende Spezialität Volcán de Fuego mit Kokoswasser, Rum und Wodka, begleitet wird das Tafeln mit Gitarren-live-Musik, Calzada Roosevelt 30–92, Zona 7, ☎ 5 94 67 73; El Pedregal, Ravioles mit Huitlacoche oder Róbalo-Filet

Popeye, 1a Avda. 13–42, Zona 10, ☎ 3 68 06 63; Típico Montufar, 4a Avda. 11–55, Zona 9, ☎ 3 39 37 88; Sauvignon, 13 Calle 1–26, Zona 10, ☎ 3 68 01 01, So geschl.
Italiener: Fiorella, 13 Calle 4–44, Zona 10, ☎ 3 63 27 02; Tre Fratelli, Mo–Fr mittags und abends, So nur mittags, 2a Avda. 13–25, Zona 10, ☎ 3 66 26 78; Luigi´s Pizza, 4 Avda. 14–20, Zona 10, ☎ 4 76 07 25
Spanische Küche: Mesón Don Quijote, traditionelles Refugium für hungrige Nachtschwärmer, mit Hauskapelle zu gutem spanischen Essen, So geschl., 11 Calle 5–27, Zona 1, ☎ 2 32 17 41; Posada del Toboso, 11 Calle 6–35, Zona 1, ☎ 3 32 72 52
Tip: Europa, Bar-Restaurant im Hochparterre eines Parkhauses, gemütliche Atmosphäre und Essen wie ›bei Muttern‹, Mo–Sa 8–1 Uhr, 11 Calle 5–16, Zona 1, ☎ 2 53 49 29

Cafés: Bazar del Café, frisch gerösteter Kaffee, Espresso, Capuccino und Schokoladentrüffel, 15 Calle 2–23, Zona 10, Local Nr. 8; Café Bar Topacio, So geschl., 13 Calle 2–60, Zona 10; Café Wien (im Hotel Camino Real), zur Pianomusik gibt's auch Wiener Schnitzel und Wiener Würstchen, tgl. 7–22 Uhr, Avda. La Reforma 14–01, Zona 10,

Souvenirs: *Antiquitäten und Kunst:* Novelle Art Gallery, 14 Calle 4–10, Zona 10; Artique, Calle Real de la Villa (Diagonal 6) 15–47, Zona 10, Local Nr. 2
Bücher: Geminis Bookstore, 6 Avda. 7–24, Zona 9
Märkte/Kunsthandwerk: Zentralmarkt, in dunkler Kelleratmosphäre drängen sich die Stände mit Textilien, Lederwaren oder Schmuck, aber hier findet man das größte Angebot an typischem Kunsthandwerk in der Stadt und günstige Preise (viele lassen mit sich handeln), 8a Calle zwischen 8 und 9 Avda., Mo–Sa 9–18 Uhr, So 9–13 Uhr; Mercado de Artesanía, Zentrum des Kunsthandwerks in Flughafennähe – hier finden auch häufig Veranstaltungen wie Marimba- und Chirimía-Konzerte statt, 6a Calle 10–95, Zona 13, Boulevard del Aeropuerto, Mo–Sa 8.30–18 Uhr und So 8.30–14 Uhr
Einkaufszentren: Geminis, 6 Avda. 7–24, Zona 9; La Pradera und Los Procederes, Zona 10, Mo–Sa 8.30–18 Uhr, So 8.30–14 Uhr
Tip: Detalles, silbern- und goldglitzernde Luftballons in Herzform, Regale voller Liebes-Karten – Guatemalteken mögen diese Art von Aufmerksamkeiten! 20 Calle 5–35, Zona 10, an der Plaza de los Arcos

Post: Palacio de Comunicaciones, Dirección General de Correos y Telégrafos, 12 Calle/7a Avda., Zona 1, Mo–Fr 8–18 Uhr

Unterhaltung: *Diskotheken:* El Establo, Avda. La Reforma 14–34, Zona 9; El Encuentro, Treffpunkt für Schwule, Mo–Sa 17–2 Uhr, 6 Avda. 12–51, Zona 1, Centro Capitol, Local Nr. 321; New York, Disko für die Oberschichtjugend, tgl. ab 17.30 Uhr, 3a Avda. 11–65, Zona 10
Pubs und Musikclubs: La Bodeguita del Centro, Klassiker unter den Musikclubs, 12 Calle 3–55, Zona 1; La Bohème, Avda. Las Américas 2–62, Zona 13; Sherlock's Home, Mo–Sa ab 17 Uh, Avda. Las Américas 2–14, Zona 13; William Shakespeare Pub, American Bar, 13 Calle 1–51, Zona 10, Sotano, Local Nr. 6

 Theater: Teatro Abril, 9 Avda./ 14 Calle, Zona 1, ☎ 2 32 47 24;

Teatro de Bellas Artes, 15 Calle/
Avda. Elena, ✆ 2 32 46 23; Teatro Nacional, Ballett- und Theaterauffüh-
rungen, 24 Calle 3 – 81, Zona 1; Centro
Cultural Miguel Angel Asturias, ✆
2 32 40 41-44
Stierkampf: Saison von Oktober bis Dezember in der Arena beim Parque La
Aurora

Ausflug zum Amatitlán-See

Der malerisch von Bergen gerahmte und von den Vulkanen Pacaya
und Agua benachbarte Gebirgssee
liegt 27 km südwestlich von Guatemala-Stadt auf einer milden Höhe
von 1190 m. Zufahrtsstraße ist die
Carretera Interoceánica (CA 9, s.
Karte S. 110). Nach dem ausge-
schilderten Abzweig zum Seeufer
erreicht man zunächst den Parkplatz des Parque de Las Naciones
Unidas (früher Parque El Filón) mit
seiner allerdings nur samstags und
sonntags geöffneten Cafeteria. Von
hier aus führen Spazierwege zu
Campingplätzen und zur Plaza de
Guatemala mit ihren Miniatur-
nachbildungen landestypischer Architektur: eine Plaza im Kolonialstil, der Zentralplatz von Tikal
und *campesino*-Häuser des Hoch-
gebirges.
   Am nahen Seeufer hat sich ein
am Wochenende turbulenter Fe-
rienbetrieb mit kleinen, preiswer-
ten Restaurants, zahlreichen Fisch-
Grillständen und einem staatlichen

Erholungsheim für Arbeiter (Centro
Recreativo) etabliert. In bunten
Holzbooten, die z. T. nur per Ruder
angetrieben werden, bieten Fähr-
leute für ein paar Quetzales kleine
Ausflüge über den See an. Gebadet
werden kann im Thermalbad Los
Arcos (mit Sauna), das zum Hotel
Los Arcos y Anexo Rocarena
gehört, aber für Nicht-Hotelgäste
einen separaten öffentlichen Eingang besitzt (Eintritt pro Stunde
und Person 80 Q). Das Wasser des
Thermalbads stammt aus mehreren
heißen Quellen, die hier aus dem
Fels treten. Im See selbst badet
kaum jemand, da er sehr verschmutzt ist. Die größte Attraktion
am Amatitlán-See ist allerdings der
teleférico (Seilbahn) des Vergnü-
gungsparks Las Ninfas, der sich auf
den Gipfel des nächsten Bergs hinaufschwingt und eine phantasti-
sche Aussicht bietet. (Seilbahnver-
kehr nur Sa 10–12.45 und 14–
16.45 Uhr, am Sonntagnachmittag
bis 17.30 Uhr, Eintritt 5 Q)

Bus: Ab Guatemala-Stadt (20
Calle/3 Avda., Zona 1) starten al-
le 10 Min. Busse zum Amatitlán-See,
Fahrzeit 45 Min.

Hotel: Los Arcos y Anexo Rocarena; auf einem Felsvorsprung
mit Blick vom Terrassenpool auf das
Seeufer, renovierte Zimmer mit Seeblick, Naturstein-Sauna für die Hotelgäste im Thermalbad Los Arcos,
✆ 6 33 03 37, Fax 6 33 04 31. Das
Hotel steht unter der Leitung der
deutschstämmigen Guatemaltekin In-
grid Slowing de Miro.

La Ciudad Antigua

Über 200 Jahre lang war sie Guatemalas Hauptstadt, mehr noch: Von ihr wurde in der Zeit vom 10. März 1543 bis 1773 das Vizekönigreich Guatemala regiert, eine riesige Region, die damals von Chiapas und Yukatan bis Costa Rica reichte. 1566 verlieh ihr Karl V. den Titel ›Muy Noble y Muy Leal Ciudad de los Caballeros de Santiago del Reino de Goathemala‹.

Heute präsentiert sich das ehemals dritte und prächtigste Santiago de Guatemala, das seit seiner offiziellen Aufgabe als Regierungssitz im Jahr 1776 nur noch La Antigua Guatemala heißt, mit seinen denkmalgeschützten Ruinen, restaurierten Kirchen, Klöstern und Wohnhäusern wie eine Mischung aus Museums- und Märchenstadt: Überreich an Stätten, die die alte glanzvolle Zeit in Erinnerung rufen, und belebt von Menschen, die der Kontakt mit den vielen ausländischen Besuchern weltoffener und selbstbewußter denn anderswo in Guatemala gemacht hat. Wenn in der Karwoche die größten Prozessionen des Kirchenjahres stattfinden, dann sind an manchen Tagen die Menschenmassen in den kolonialen Kopfsteinpflastergassen an Internationalität kaum noch zu überbieten. In die bunte Gesellschaft mischen sich Sprachstudenten aus aller Welt, die nach La Antigua kommen, um in einer der vielen hier ansässigen Schulen Spa-

Palacio de los Capitanes Generales

nisch zu lernen und kostengünstig bei einheimischen Familien zu wohnen.

Die Bewohner von La Antigua haben durch den Tourismus in ihrer wiederaufgebauten und heute mit ihren 18 Klöstern und 32 Kirchen als Weltkulturgut von der UNESCO geschützten historischen Stadt ihr gutes Einkommen. Man spürt es an der gelassenen Atmosphäre, in der man aggressives Betteln so wenig findet wie die alte skeptische Kühle gegenüber den *gringos.*

La Antigua liegt in 1530 m Höhe in einer wunderbar gemäßigten Klimazone mit Temperaturen von ca. 22 °C am Tag und 14 °C in der Nacht. Bei klarem Wetter erheben sich hinter den roten Ziegeldächern der flachen, weiß, gelb oder blau gestrichenen Kolonialhäuser und Kirchen die Gipfel der 3 Vulkane Fuego (3763 m), Agua (3766 m) und Acatenango (3975 m), die diese Stadt im Tal des Panchoy rahmen. Wie zu ihrer Blütezeit im 18. Jh. ist sie heute wieder von rund 35 000 Menschen bewohnt.

Die zentrale **Plaza Mayor** (auch Plaza de las Armas oder Parque Central) mit ihren Bänken unter schattigen Bäumen und dem Brunnen Las Sirenas (1737–38) in ihrer Mitte ist ein guter Ort, um die einzigartige Atmosphäre von La Antigua auf sich wirken zu lassen. Der Platz ist das Herzstück der streng geradlinig, spanisch kolonialen Stadtanlage, die Bautista Antonelli,

der Baumeister der Festungen in Havanna (Kuba) und Cartagena de las Indias (Kolumbien), seinerzeit entwarf. Ihn rahmen nach spanischem Vorbild die bedeutendsten öffentlichen Gebäude (alle restauriert): im Norden das **Rathaus**, das in seiner heutigen Gestalt unter dem Stadtarchitekten Diego de Porres im Jahr 1740 erbaut wurde und die Beben des 18. Jh. unbeschadet überstand. Im Vorgängergebäude, der Casa del Cabildo, fand am 10. März 1543 die erste Stadtratssitzung statt. In dem heutigen Gebäude von Porres ist das 1956 gegründete und nach dem Schutzpatron der Stadt benannte **Museo de Santiago** untergebracht. Es zeigt unter anderem das einzige erhaltene Bildnis von Pedro de Alvarado, dem Eroberer Guatemalas, daneben vor allem Waffen der Konquistadoren sowie Pfeile der Indianer. (Öffnungszeiten Di–Fr 9–16 Uhr, Sa und So 9–12 Uhr und 14–16 Uhr, Eintritt 10 Q)

In unmittelbarer Nachbarschaft liegt der Eingang zum kleinen **Museo del Libro Antiguo** in den Räumen der ehemaligen ersten Zeitungsdruckerei Mittelamerikas. An sie erinnert eine Nachbildung der damals ersten von Europa nach Guatemala importierten Druckerpresse. (Öffnungszeiten Di–Fr 9–16, Sa/So 9–12 Uhr, Eintritt 10 Q)

Im Süden erhebt sich der **Palacio de los Capitanes Generales.** Von seinem 1558 erbauten Vorgängerbau aus wurde Mittelamerika regiert. Seine über zwei Stockwerke

Kathedrale

---

durch Arkaden gegliederte Front-
seite erhielt er bei seinem Wiederaufbau durch den Ingenieur Luis
Díez de Navarro in den Jahren
1755–64. Heute beherbergt er Re-
gierungsbüros, darunter auch eins
der staatlichen Tourismusbehörde
INGUAT (tgl. 8–17 Uhr).

Im Westen, wo unter den hölzernen Arkadengängen die Einheimischen Schmuck, Webwaren und
andere Souvenirs zum Verkauf anbieten, liegt unter anderem das
ehemalige **Wohnhaus des Conde**

de Gomero, Gouverneur des Vizekönigreichs Guatemala Anfang
des 17. Jh.

Alle Gebäude der Plaza Mayor
überragt die 1542 unter dem Bischof Francisco Marroquín begon-
nene und 1669 unter dem Capitán
Martín de Andújar erneuerte **Kathedrale** im Osten des Platzes, ein
ursprünglich mächtiger Bau mit 18
Kapellen in fünf Kirchenschiffen.
Der Altar soll prächtig mit Einlege-
arbeiten aus Silber, Perlmutt und
Elfenbein verziert gewesen sein.
Nach dem Erdbeben von 1773
wurden nur zwei Kapellen und die
Kirchenfassade wiederaufgebaut,
die unter anderem die Figur des

heiligen Santiago, Schutzpatron der Konquistadoren, schmückt. Innen ist sie nahezu all ihrer alten Schätze beraubt, sie wurden in die neue Kathedrale nach Guatemala-Stadt überführt. Das Christuskreuz schuf der Meister der Kolonialzeit Quirio Cataño, der auch den berühmten schwarzen Christus der Kirche in Esquipulas (s. S. 168) schnitzte. Im Kirchgrund ruhen die Gebeine von Pedro de Alvarado und seiner Frau Doña Beatriz de la Cueva, von Bischof Marroquín und dem Chronisten Bernal Díaz del Castillo. In der Kathedrale wirkten die ersten großen Komponisten des Landes wie Fernando Franco (1532–85) oder Gaspar Fernandez (etwa 1566–1629).

Von der Plaza Mayor in den Südosten

Ein kurzer Spaziergang durch die an der Kathedrale abzweigende Calle de la Universidad führt vorbei am Stuckeingang des ehemaligen Seminario Tridentino, einer Schule für hochgeborene indianische Einheimische im 17. Jh., zum bedeutendsten Stadtmuseum, dem **Museo de Arte Colonial,** das in der 1676 von Karl III. gegründeten, ehemaligen Universität San Carlos untergebracht ist. Die Geschichte des Gebäudes begann als Colegio de Santo Tomás de Aquino im Jahr 1620. Nur 70 Studenten wurden in Theologie, Philosophie, Medizin und Latein unterrichtet. Die Studenten mußten reinblütiger kastilischer Herkunft sein, eine Bestimmung, die mit der steigenden Zahl unehelicher Mischlingskinder in der Oberschicht bald gelockert wurde. In den neun Sälen um den Patio des restaurierten barocken Universitätsgebäudes sind vor allem aus den zerstörten Kirchen geretteten Heiligenfiguren und Gemälde, daneben aber auch Wandbilder mit Szenen einer Diplomverleihung aus den Zeiten der alten Universität zu sehen. Sie war jahrhundertelang die einzige Universität Zentralamerikas, und ihre Nachfolgerin in Guatemala-Stadt genießt bis heute einen tadellosen Ruf. (5a Calle Oriente 5, Öffnungszeiten Di–Fr 9–16, Sa/So 9–12, 14–16 Uhr, Eintritt 10)

Über die 3a Avenida Sur gelangt man zum **San Pedro Hospital** an der Ecke zur Calle de los Peregrinos. Das Krankenhaus wurde 1980 vom Franziskanerpater Guillermo Bonilla im Andenken an den wohltätigen Pedro de Betancourt (1626–67) initiiert und bietet heute Betten für 500 Patienten. Sehenswert ist eine Fotoausstellung zu den Lebensstationen des von den Kanaren stammenden Padre Pedro. Zu Weihnachten wird die Tradition eines Krippenspiels gepflegt, die auf Padre Pedro zurückgehen soll.

Ganz in der Nähe (2a Avenida Sur) befindet sich die **Kirche Santa Clara.** Das von 6 Nonnen aus Mexiko 1699 gegründete und von einer reichen Witwe finanzierte Kloster mit Kirche wurde nach dem

Beben von 1717 mit einem großen Atriumhof wiederaufgebaut, dessen Grundzüge trotz der Zerstörungen durch das Beben von 1773 immer noch erkennbar sind. (6a Calle de Oriente/2a Avenida Sur bzw. Calle Santa Clara, Öffnungszeiten tgl. 8–12, 14–16 Uhr, Eintritt 10 Q)

Weiter südlich, in der Calle de Chipilapa al Pensativo, erhebt sich **San Francisco El Grande,** die mächtige Kirche der Franziskaner, die schon 1530 nach Guatemala kamen. Das Gotteshaus, das seine Glanzzeit als Treffpunkt vom Theologen, Philosophen, Wissenschaftlern und Künstlern Ende des 16. Jh. erlebte, mußte nach den jeweiligen Erdbebenschäden mehrfach wiederaufgebaut werden. Seine heutige, bei den Denkmalschützern umstrittene, massive Gestalt erhielt es 1960. Die Figur in der Fassade stellt den heiligen Franziskus dar. Im Kreuzgang ruhen die Gebeine von San Pedro de Betancourt, und in der Sakristei ist dem berühmten Padre ein kleines Museum mit Reliquien gewidmet. Daneben sind vor allem alte Wandgemälde und die barocke Kapelle des San Antonio de Padua in der Kirche sehenswert. (Kirche Eintritt frei; Öffnungszeiten: Grab von Hermano Pedro tgl. 6–18 Uhr, Museum Hermano Pedro und die Ruinen des Klosters Di–So 9–17 Uhr, jeweils Eintritt 2 Q)

Der Spaziergang über die Avenida Belén hinter der Kirche führt weiter auf den Spuren von Padre Pedro zur Plaza de la Paz an der Calle del Hermano Pedro. Der Platz wird gerahmt von dem Klosterkomplex **Belén** und der **Kirche Guadalupe,** in deren Fassade die Szene von der Geburt Christi zu sehen ist; eine der Figuren verkörpert Bruder Pedro.

Belén war die Wirkungsstätte des Franziskanerpaters, Hospital für die Armen, Kirche und Konvent zugleich. Er richtete hier auch eine erste Schule für Kinder ein. Nach dem Erdbeben von 1773 standen die Gebäude bis 1852 leer. Zur Zeit wird ein Teil vom Betlemitasorden genutzt, der im 17. Jh. von Padre Pedro gegründet wurde. In Andenken an seine Wohltätigkeit erhielt der Platz in seiner Mitte ein Padre-Pedro-Denkmal des guatemaltekischen Künstlers Roberto Gonzalez Gyri und den Namen ›Platz des Friedens‹.

Zurück zur Calle Chipilapa al Pensativo und hinein in die 1a Avenida Sur Richtung Norden erreicht man bald auf der linken Straßenseite das schönste Kolonialhaus von La Antigua, die **Casa Popenoe.** 1632 wurde das Haus für den spanischen Adligen Don Luis de las Infantas Mendoza y Venegas erbaut, der als Richter an den Obersten Gerichtshof des Vizekönigreichs Guatemala beordert worden war. Nach etlichen Zerstörungen durch Erdbeben erwarb es im Jahr 1929 Dr. Wilson Popenoe, ein Amerikaner in Diensten der United Fruit Company, der es mit großer Detailliebe im Stil des 17. Jh. restaurieren und möblieren ließ. (Öffnungszeiten Mo–Sa 14–16 Uhr, Eintritt 5 Q)

Nordöstlich der Plaza Mayor

Am östlichen Ende der Calle de la Concepción erhebt sich die Ruine der 1578 von mexikanischen Nonnen gegründeten **Klosterkirche La Concepción.** Für das Konvent gab es den Überlieferungen nach keine Aufnahmebeschränkungen, was es bald zu einem der reichsten in der Stadt machte. Die Einheimischen erlernten hier Lesen und Schreiben sowie Handarbeiten. Sehenswert sind vor allem die Krypten.

An der Tankstelle vorbei gelangt man in die 3a Calle Oriente. Ein paar Schritte westwärts auf der rechten Straßenseite liegt die **Ruine von Santo Domingo,** der reichsten Konventkirche La Antiguas. Ein Spaziergang rund um das Gelände über die Calle de la Nobleza und die Calle de Santo Domingo läßt die Ausmaße des 1666 fertiggestellten Ursprungsbaus erahnen, der in verschiedenen Quellen als die prunkvollste Kirche zwischen Mexiko und Peru bezeichnet wird. In den Händen der Dominikanermönche, die später aus dem Land vertrieben wurden, lag anfänglich die Schul- und Universitätserziehung. Viele der Mönche unterrichteten in der Universität San Carlos. Nach den zahlreichen Beben, die La Antigua heimsuchten, blieben von der Kirche und dem Konvent nur noch Fragmente übrig, zumal die Ruine den Anwohnern auch als Steinbruch diente. Ende der 1980er Jahre erwarb eine private Firma das Grundstück und eröffnete in den Gemäuerresten ein elegantes Hotel. Sehenswert sind hier das **Centro Cultural de Casa Santo Domingo** und das **Museo de Arte Coloniály Museo de Arqueología** (beide Einrichtungen: Öffnungszeiten tgl. 9–18 Uhr, Eintritt 10 Q).

Die Calle de la Nobleza führt weiter in den nördlichen Außenbezirk der Stadt. Am östlichen Ende der Querstraße 1a Calle Oriente steht die Ruine der **Kirche Santa Rosa,** geweiht der ersten Heiligen der Neuen Welt, die 1586–1615 in Peru gewirkt haben soll.

Zurück zur Calle de la Nobleza, wo man einige Fußminuten weiter nördlich die **Gebäudereste der Eremitage Candelaria** findet, die 1550 gegründet und unter Padre Francisco Ximénez 1717 wiederaufgebaut wurde. Das Beben von 1773 setzte sie endgültig in Trümmer. Ihre barocken Bögen und verzierten Säulen lassen den ehemaligen Glanz erahnen.

Von der 1a Calle Oriente zweigt weiter westwärts die Calle de las Capuchinas ab. Das Kapuzinerinnenkloster, das größte Kloster La Antiguas, liegt gleich an der nächsten Straßenkreuzung und wird **Las Capuchinas** oder **Nuestra Señora del Pilar de Zaragoza** genannt. Es wurde 1736 von 5 Madrider Kapuzinernonnen gegründet und war angeblich das einzige, das auch Frauen ohne Mitgift aufnahm. Den

Arco de Santa Catalina

La Merced

Überlieferungen nach lebten in dem Kloster 21 bis 28 Frauen nach den besonders strengen Ordensregeln der Kapuziner. Sehenswert in dem mächtigen wie düsteren Gebäudekomplex sind die größtenteils erhaltenen, im Kreis angeordneten 18 Zellen, das Badezimmer und das Untergeschoß. (Öffnungszeiten tgl. 9–17 Uhr, Eintritt 10 Q)

In der übernächsten Parallelstraße, der Calle del Obispo Marroquín, erheben sich die von Unkraut überwucherten Fassadenreste der 1677 im Renaissancestil erbauten **Klosterkirche Santa Teresa.** Das Gebäude des ehemaligen Karmeliterinnenkonvents diente zuletzt als Männergefängnis.

Die 1a Calle Oriente geht geradewegs in die Calle de la Real Aduana über und führt zu einem der malerischsten Winkel in La Antigua, zur Kirche **La Merced** mit der schönsten churriguheresken Fassade der Stadt und in der abzweigenden Calle de Santa Catalina zu dem fotogenen barocken **Arco de Santa Catalina.** Ein Besuch des Klosters von La Merced lohnt vor allem wegen seines prächtigen sternförmigen Brunnens im Innenhof.

Der Stadtwesten

Die Calle de la Real Aduana heißt in ihrem weiteren Verlauf 1a Calle Poniente und wenig später Calle de la Recolección. Linker Hand erhebt sich hier das ehemalige **Colegio de San Jerónimo** (oder Real

Die Katastrophe von 1541

Pedro de Alvarado war ein rastloser Mann, ein Abenteurer, kein Verwalter, den es immer wieder zu großen Taten zog. So machte er sich, nachdem er in Windeseile Guatemala und El Salvador eingenommen hatte, auf nach Peru, um Pizarro bei der Eroberung zuvorzukommen. Den unausweichlichen Konflikt zwischen beiden Männern löste Pizarro mit einer Summe von 100 000 Castellanos. Alvarado überließ ihm dafür alle seine Soldaten und die gesamte Ausrüstung und kehrte nach Guatemala zurück, um dort sogleich mit königlicher Unterstützung Schiffe für eine Eroberungsfahrt in den Pazifikraum bauen zu lassen. Doch als ihm die Kunde von indianischen Aufständen in Mexiko zu Ohren kam, änderte er seinen Plan und eilte seinen Landsleuten dort zu Hilfe. Im Kampf gegen die Indianer wurde er schwer verletzt. Befragt, ob er Schmerzen fühlte, soll er gesagt haben: »In der Seele.« Er starb 42jährig am 29. 6. 1541 fern von Guatemala.

Als Beatriz de la Cueva, die standesgemäße, erst 22jährige Frau Alvarados vom Tod ihres Mannes erfuhr, befahl sie in strömendem Regen, der einen Tag zuvor begonnen hatte, den Bewohnern von Santiago de Guatemala, Trauer zu tragen und ließ den Regierungspalast außen und innen in schwarze Tücher hüllen. Angesichts dieser dramatischen, nahezu gotteslästerlichen Trauer begannen die Menschen in der Hauptstadt unruhig zu werden. Sie glaubten, daß sie nur größere Katastrophen heraufbeschwören würde. Und behielten damit recht.

Sturm und Regenfälle wurden stärker und verwandelten die Straßen in reißende Flüsse. Am letzten Tag der angeordneten Trauerzeit rief Doña Beatriz die Stadtdiener zu sich und befahl ihnen, sie anstelle ihres verstorbenen Mannes zur Gobernadora de Guatemala zu ernennen. Am Morgen des folgenden Tages, dem 9. September 1541, unterschrieb sie in Trauerkleidung ihre Ernennungsurkunde mit dem Namen La Sin Ventura Doña Beatriz, um im nächsten Moment Doña Beatriz wieder zu streichen, und so blieb nur La Sin Ventura – ›die ohne Glück‹ – stehen.

Der Sturm schwoll an, um Mitternacht begann das Erdbeben. Von den Hängen des Vulkans Agua löste sich eine mächtige Masse Schlamm und Erde und stürzte auf die berstende Stadt. Die glücklose Regentin und ihre 5jährige Tochter flohen aus dem schwarz eingehüllten Palast in eine Kapelle, um sich zu retten. Doch schon bald brach das Dach der Kapelle herunter und begrub beide unter sich.

der Ankunft der Spanier aktiven Vulkans Fuego aus.

Nordwestlich von Ciudad Vieja liegt das für seine Webarbeiten und Stickereien bekannte Dorf **San Antonio Aguas Calientes** am Fuß des Vulkans Acatenango. Im Jahr 1530 von Juan de Chávez gegründet, wird es heute nur von *indígenas* bewohnt. Den Hauptplatz rahmen Geschäfte, in denen man neben Decken, Tüchern und anderen Souvenirs alle Kleidungsstücke für die örtliche Tracht erstehen kann. Sehenswert im benachbarten **Santa Catarina Barahona** ist die Ruine der Kolonialkirche an der Plaza Mayor. Am Ortsrand gibt es ein kleines öffentliches Schwimmbad.

 Busse: Alle Dörfer werden zu regelmäßigen Zeiten mit Minibussen vom Terminal in La Antigua aus angefahren.

 Hotel: Posada Miranda (einfach), 14 Avda. y 1a Calle, Zona 3, ✆ 8 32 37 59

Patronatsfest: *San Antonio Aguas Calientes:* 20. Januar

Iximché

Ca. 50 km nordöstlich von La Antigua an der Panamericana liegt Iximché, die allererste koloniale Hauptstadt Guatemalas und ehemalige Metropole des Cakchiquel-Königreichs. Ein Besuch von Iximché läßt sich sehr gut auch als Ausflug von Guatemala-Stadt oder als

erste Wegstation auf der Fahrt ins zentrale Hochland (s. S. 108 ff.) einplanen.

Iximché war noch eine relativ junge Stadt, als sie die Spanier 1524 erreichten. Sie war von den Cakchiquel erst 1470 nach ihrer Vertreibung aus der Region um Chichicastenango durch die Quiché auf einem von Schluchten umgebenen und damit strategisch sehr günstigen Hochplateau erbaut worden. Die Cakchiquel empfingen Alvarado, der kurz zuvor das Quiché-Reich zerschlagen hatte, als Held und baten ihn um die Unterstützung bei der Belagerung der Hauptstadt der Tzutuhil, ihrer Feinde am Atitlán-See.

Noch im selben Jahr gründeten die Spanier bei Iximché das erste Santiago de Guatemala. Als das Bündnis mit den Cakchiquel wegen der ständigen Forderungen der Spanier nach Gold zerbrach, verließen die Cakchiquel Iximché, und die Spanier brannten es schließlich nieder. Die Cakchiquel-Krieger, die in die umliegenden Berge fliehen konnten, setzten jedoch ihren Widerstand fort, bis die spanischen Kolonisten entnervt ins Almolonga-Tal umzogen.

Iximché ist über Tecpán an der Panamericana zu erreichen. Man muß den Ort durchfahren und kommt dann auf eine asphaltierte Straße, die in sanften Kurven hinauf zum Eingang der pinienbewachsenen Ruinenstätte führt. Von dem ehemals eindrucksvollen Komplex sind im Laufe der Jahr-

Die Maya-Stadt Iximché wurde als Festung angelegt.

hunderte nur noch Architekturreste erhalten geblieben: 4 zeremoniale Hauptplätze mit Pyramiden und 2 Ballspielplätze. Während der Ausgrabungsarbeiten wurden Gräber mit kostbaren Beigaben gefunden, darunter eine 27 cm lange Kette aus goldenen Jaguarköpfen (heute im Museo Nacional de Arqueología y Etnología in Guatemala-Stadt), ein aus Goldscheiben gehämmertes Diadem und eine goldene Scheibe, beides vermutlich königliche Insignien, sowie die Schädel Enthaupteter. Von dem Zement, der die Straßen und Plätze bedeckte, überdauerten ebenfalls einige Reste. (Öffnungszeiten der Anlage und des angeschlossenen Museums tgl. 9–16 Uhr)

Wer mit dem Bus anreist, muß von Tecpán die etwa 5 km zum Ruinenfeld laufen. Mit Glück findet man aber unterwegs eine Mitfahrgelegenheit, vor allem am Wochenende, wenn Iximché mit seinen öffentlichen Grillplätzen vor seinem beeindruckenden Panorama ein beliebtes Ausflugsziel der Einheimischen ist.

Busse: Busverbindungen von La Antigua (Terminal, 4a Calle Poniente) über Chimaltenango nach Tecpán; Weiterreise von Tecpán zum Verkehrsknotenpunkt Los Encuentros an der Panamericana mit Umsteigmöglichkeiten in alle Richtungen

Unterkunft: Destur, Tecpan, km 85,5 Carretera Interamericana, ✆ 8 39 16 50, 8 39 16 31

Zentrales und nord- westliches Hochland

Rund um den Atitlán-See

Chichicastenango

Santa Cruz del Quiché, Utatlán und Triangulo Ixil

Quetzaltenango

Huehuetenango

Das Bergdorf Todos Santos Cuchumatán

Mädchen am Brunnen von San Andrés Xecul

Zentrales und nordwestliches Hochland

Das Departamento Sololá, den uralten Siedlungsraum am Fuß dreier Vulkane, bewohnen bis heute die Nachfahren der Cakchiquel und Tzutuhil. Mittelpunkt am malerischen Atitlán-See ist das lebenslustige Panajachel. Im nordwestlichen Hochland, wo sich in kühler Höhe zwischen duftenden Pinienwäldern *milpas* ausbreiten, haben die Quiché, Ixil und Mam ihre Traditionen bewahrt.

Rund um den Atitlán-See

Wer von Chichicastenango oder Guatemala-Stadt mit dem Auto oder per Bus über die Panamericana anreist, durchfährt auf dem Weg hinunter zum Atitlán-See **Sololá,** eine rund 10 000 Einwohner zählende Kreisstadt, die auf 2113 m Höhe in einem steilen Uferhang liegt. Mittelpunkt von Sololá ist die Iglesia Nuestra Señora de la Asunción, die man schon während der Anfahrt blendend weiß aus dem Häusermeer herausragen sieht. Vor der Kirche veranstaltet die überwiegend indianische Bevölkerung dienstags und freitags einen Markt, und während des Patronatsfestes von Sololá am 15. August ziehen hier die *cofradías* (s. S. 118) zur Prozession hinaus.

Kurz nach dem Ortsausgang passiert man zwei herrliche Aussichtspunkte (*miradores*), von denen man das großartige Panorama des 125 km^2 großen Sees vor der Kulisse der drei gigantischen, gleichmäßig geformten Vulkane Tolimán (3158 m), Atitlán (3535 m) und San Pedro (3020 m) genießen kann. In einer Bergnische neben der untertunnelten Straße rauscht der Wasserfall La Catarata die Felsen vom Gipfel hinunter ins Tal.

In **Panajachel,** nur wenige Autominuten von Sololá entfernt, wird vermutlich wohnen, wer einige Tage am schönen Atitlán-See verbringen will, denn der Ort bietet heute eine fast perfekte touristische Infrastruktur. Tatsächlich ist Panajachel heute nicht mehr anzusehen, daß seine Ursprünge bis in die vorkolumbische Zeit zurückreichen. Spöttisch auch Gringotenango genannt, hat es sich vom chaotischen Hippie-Dorf der 1960er Jahre zum mittlerweile gutsituierten Touristenzentrum am Atitlán-See ge-

Atitlán-See

mausert. Wem es hier jedoch zu turbulent ist, der kann auf die z. T. sehr einfachen Unterkünfte in den umliegenden Dörfern ausweichen.

Im immerwährenden Frühling der *tierra templada* gelegen, breitet sich der Ort Panajachel zwischen dem Nordostufer des Atitlán-Sees und dem hier in den See mündenden Fluß Panajachel aus. Das Ufer zieren eine neu angelegte Promenade, eine dichte Reihe kleiner gemütlicher Aussichtsrestaurants und Bootsstege, von denen die Fähren zu ihren regelmäßigen Fahrten hinüber zu den anderen Ortschaften am See starten.

Mit dem Tourismus verlagerte sich das Hauptgeschehen vom alten Zentrum um die ehemalige Missionskirche der Franziskaner San Francisco und den Marktplatz auf die Calle Santander, die wegen ihrer zahllosen Kunstgewerbeläden, Verkaufsständen und Passagen mit traditionellen und modisch aufgepeppten indianischen Webwaren, Gürteln, Taschen oder

Hemden von Insidern längst nur noch Calle de Artesanía genannt wird. Sie beginnt beim Mayan Palace, einem Hotel in einem Eckhaus und mit Läden im Erdgeschoß an der Ortsdurchfahrtsstraße Calle Principal, und führt hinunter bis zum Seeufer. Gleich zu Beginn liegt auf der linken Seite die kleine Passage Rincón Sai mit dem INGUAT-Informationsbüro.

Etwa parallel zur Calle Santander verläuft die wesentlich ruhigere Calle Rancho Grande, an der sich alteingesessene Panajachel-Künstler und westliche Aussteiger ihre persönlichen Traumdomizile errichtet haben. Im Dachausbau der Kunstgalerie ›La Galeria‹ des Deutsch-Guatemalteken Thomas Schäfer Cuz und seiner halbindianischen Mutter Nan Cuz z. B. klingt die Phantasiearchitektur der Hippiezeit nach, nur daß der Wohntrakt heute statt der alten Kommuneräume Meditationszimmer im japanischen Design vorweist. Die Architektur des Hotels Rancho Grande Inn dahinter erinnert nicht von ungefähr an reetgedeckte Häuser Norddeutschlands. In diesem Stil erbaute es einst die Amerikanerin Milly Schlesier, bevor es Marlita Hannstein 1975 erwarb. Heute wird es von Hannstein-Verwandten in der alten Tradition, allerdings den gehobenen Komfortansprüchen angepaßt, weitergeführt. Etliche andere Ausländer haben sich in Panajachel in der Hotellerie und mehr noch in der Gastronomie etabliert, doch erhal-

**Zentrales und
nordwestliches Hochland**

Chajul

S. Juan Cotzal

Cuchumatanes

Nebaj

Acul

os

3012 m

N

0   20 km

Sacapulas

Negro

Negro

2424 m

2131 m

Baja Verapaz

Rabinal

Utatlán

Sta. Cruz del Quiché

Chichicastenango

Motagua

2209 m

Los
Encuentros

El
Cuchillo

San Martín
Jilotepeque

Sololá

Tecpán

Comalapa

Panajachel

Iximché

*Lago de
Atitlán*

S. Antonio Palopó

Chimaltenango

*antiago
Atitlán*

3158 m

S. Lucás
Tolimán

Panamericana

CA 1

**Guatemala-
Stadt**

Vul. Tolimán

Sta. Catarina
Barahona

Antigua

*Vul. Atitlán
3537 m*

S. Antonio Aguas Calientes

*Vul. Acatenango
3976 m*

Ciudad Vieja

Alotenango

Amatitlán

*Vul. Fuego
3763 m*

*Vul. Agua
3766 m*

CA 9

Escuintla

*Lago de
Amatitlán*

Tzutuhil-Maya

ten auch die *indígenas* und *ladinos* vom wieder aufblühenden Tourismusboom zweifellos ihren satten Anteil. Den Ort beseelt insgesamt eine heitere Boheme-Atmosphäre, die nur bei einigermaßen ausgeglichenen Einkommensmöglichkeiten für alle entstehen kann.

Sehenswertes gibt es im Ort abgesehen von seinem großartigen Panorama ansonsten wenig. Am Ortsausgang Richtung San Lucas Tolimán findet man hinter den Häusern das private, eher kuriose Museo Paul Vasquez, wo man sich die z. T. skurrilen Kultskulpturen des Künstlers Paul Vasquez anschauen kann. (Öffnungszeiten tgl. 8–12 Uhr und 14–16 Uhr)

Im Ortsteil San Buenaventura lädt das *mariposario* mit seinem Schmetterlingsgarten Naturinteressierte ein. Es wurde in dieser stillen Nische im Osten des Atitlán-Sees zum Schutz der durch die fortschreitende Zivilisation bedrohten Falter eingerichtet. Am Eingang werden die Entwicklungsstadien eines Schmetterlings anschaulich erläutert, hinter dem Schutznetz beginnt ein Reit- und Wanderpfad, der als Naturlehrpfad mit Erklärungen zu Bäumen, Pflanzen und Pflanzungen (Kaffee, Zuckerrohr, Mais) auf kleinenTafeln am Wegesrand eingerichtet wurde. Die beste

Besuchszeit für die Beobachtung der Schmetterlinge sind sonnige, warme, späte Vormittags- oder frühe Nachmittagsstunden. (Eintritt 20 Q)

Der Atitlán-See ist seit 1955 Nationalpark. Eine kleine Insel nördlich von Santiago de Atitlán wurde zum Schutzgebiet für die einheimische *poc*-Ente deklariert.

In den steilen Hang eines östlich von Panajachel gelegenen Uferhügels schmiegen sich die sehr einfachen, aus Lehm und Holzstangen gebauten Häuser des kleinen Dorfs **San Antonio Palopó.** Der Ort ist die letzte Station einer kleinen Seerundfahrt mit dem Boot ab Panajachel. Gleich hinter dem Anlegesteg liegt der Laden der Cooperativa de Producción Artesanal, wo es vor allem Webwaren nach fein säuberlich auf einer Tafel notierten, festen Preisen zu kaufen gibt. Beim Bummel durch die Gassen kann man in den Häusern den Frauen beim Weben zuschauen und sie auch gegen ein paar Quetzales fotografieren.

Hinter San Antonio Palopó erreicht man auf einer holprigen Straße am Seeufer entlang in einer engen Bucht am Fuß des Vulkans Tolimán **San Lucas Tolimán,** wo es geschäftig zugeht, da der Ort ein wichtiger Knotenpunkt für den Handel zwischen der Panamericana, die sich durch das zentrale Hochland windet, und der Route hinunter zur Pazifikküste ist. Im Hinterland breiten sich Kaffeeplantagen aus. In den Hängen des Vulkans campieren die Guerilleros der

ORPA (Organización del Pueblo en Armas).

Santiago de Atitlán, der größte und bekannteste Ort am See, liegt ziemlich genau gegenüber von Panajachel und wird von den Nachkommen der Tzutuhil-Maya bewohnt. Besonderheit der Frauentracht in diesem Ort ist ein langes rotes, als hutähnlicher Sonnenschutz um den Kopf gewickeltes Band. Inzwischen tragen die Frauen diesen Kopfschmuck allerdings fast nur noch auf dem Markt oben im Ort. Seine Straßen säumen ungewöhnlich viele Läden mit Ölgemälden oder Holzarbeiten einheimischer Künstler. Unter den angebotenen Artikeln fallen die besonders formschönen *rompecabezas* der Galeria Art of Atitlán auf. Die kunstvollen Holzfiguren lassen sich nach einem ausgeklügelten Stecksystem öffnen und bergen innen kleine Schubladen oder Stauräume. In der Osterwoche veranstaltet die Dorfgemeinde eine Prozession mit der Figur des heiligen Maximón, der Züge einer Maya-Gottheit, des brutalen Konquistadors Alvarado und des biblischen Judas in sich vereint (s. auch S. 131).

Ein Ausflug nach Santiago de Atitlán empfiehlt sich per Boot ab Panajachel, da die Verbindungsstraße von San Lucas Tolimán aus in einem sehr schlechten Zustand ist. Das gleiche gilt auch für die Anreise nach **San Pedro de la Laguna,** das sich zunehmend zum beliebten Ausweichquartier für Panajachel-Müde entwickelt hat. Damit gesellte sich der Tourismus für die Bewohner des Dorfs am Fuß des Vulkans Pedro als wichtige Einnahmequelle zu den Agrarprodukten (vor allem Avocados) und dem Kanubau. Eine Informationsstelle über das touristische Angebot erübrigt sich, denn Führer nehmen jeden Bootsgast in Empfang und organisieren vom Ausflug mit dem Kanu oder dem Pferd bis hin zur Vulkanbesteigung einfach ›alles‹.

Touristeninformation: *Panajachel:* Instituto Guatemalteco de Turismo, INGUAT, 3a Avenida 1–30/Calle Santander, Zona 2, Dpt. Sololá, ☎ 7 62 13 92

Notruf: *Panajachel:* Policía Nacional, ☎ 7 62 11 20; Bomberos Voluntarios (freiwillige Feuerwehr), ☎ 7 62 11 23

Ärztliche Versorgung: *Panajachel:* Centro de Salud, ☎ 7 62 12 58

Fährverkehr: *Panajachel:* Fährverbindungen zu anderen Orten am Atitlán-See und Ausflüge: Servicios Turísticos Atitlán, ☎ 7 62 21 12; *San Pedro de la Laguna:* Boote nach Santiago de Atitlán, San Antonio Palopó und Panajachel

Busse: *Panajachel:* Busse zum Verkehrsknotenpunkt Los Encuentros (Haltestelle u. a. für Busse ins zentrale Hochland und nach Chichicastenango), nach Guatemala-Stadt (Fahrzeit etwa 3,5 Std.) und nach La Antigua starten vor dem Mayan Palace; *San Lucas Tolimán:* Bus nach Santiago de Atit-

lán und San Pedro de la Laguna; *San Pedro de la Laguna:* Bus nach Santiago de Atitlán und San Lucas Tolimán

Luxushotels: *Panajachel:* Atitlán, Hotel im Fincastil, mit eigenem Strandabschnitt vor einem hübschen Ziergarten, es gibt auch ein nettes Aussichtsrestaurant, Finca Buenaventura, ☎/Fax 7 62 14 16; Barcelo del Lago, besonders bei lateinamerikanischen Gästen beliebtes, erstklassiges Traditionshotel mit Seeblick, 2a Avda. 6–17, Zona 2, ☎ 7 62 15 55, Fax 7 62 15 62, barcelo@infovia.com.gt; Posada de Don Rodrigo, Komforthotel im Posadastil, direkt am Strand, gutes Restaurant, Calle Buenos Nuevos, ☎ 7 62 23 26-29, chotelera@c.net.gt; Rancho Grande Inn, Reetdachhäuser in blühender Gartenlandschaft, Calle Rancho Grande, ☎ 7 62 15 54, Fax 7 62 22 47

Mittlere und einfachere Hotels:
Panajachel: Dos Mundos, angenehme gepflegte Herberge mit Garten, gutes Restaurant mit italienischen Spezialitäten, Calle Santander 4–72, Zona 2, ☎/Fax 7 62 20 78; Fonda Del Sol, günstige, saubere und ruhige Zimmer, Restaurant mit Grillspezialitäten, Calle Principal, ☎ 7 62 11 62; Mayan Palace, Eckhaus am Drehpunkt zw. Calle Santander, Calle Principal und Avda. Los Arboles, ☎ 7 62 10 28; Monterrey, älteres Hotel am ruhigen Ortsrand, direkt am See, renovierungsbedürftige, aber geräumige Zimmer, Calle 15 de Febrero, ☎ 7 62 11 26; Playa Linda, herrlicher Blick auf den See, Malecón etwas laut während der Karwoche, ☎ 7 62 11 59, akennedy@guagbm.net; Primavera, beliebter Treff und Informationsbörse für Individualreisende, Calle Santander, ☎ 7 62 20 52; Regis, Bungalowanlage mit möblierten Appartments, 3a Avda. 3–47, ☎ 7 62 11 49, Fax 7 62 11 52

San Antonio Palopó: Terrazas del Lago, ✆ 2 32 87 41
Santa Catarina Palopo: Villa Santa Catarina, ✆ 7 62 12 91, Fax 7 62 20 13

Einfache Unterkünfte: *Sololá:* Hotel y Restaurante Belén, 10a Calle 4–36, Zona 1, ✆ 7 62 31 05
Bei San Lucas Tolimán: Villa Real Internacional, ✆ 7 22 01 02
Santiago de Atitlán: Posada Santiaguito, ✆/Fax 7 62 71 67, und Tzutuhil, ✆ 7 21 71 74
San Pedro de la Laguna: Resort Punta D'Oro, Tzanquiacay, ✆ 4 76 82 35

✵ **Restaurants:** *Panajachel:* Bruno's Steakhouse, Calle Principal/Avda. Los Arboles; Café Cinema, Videovorführungen, Avda. Los Arboles; Chisme, Café–Restaurant, Crèpes und ein üppiges Frühstück, Avda. Los Arboles, ✆ 7 62 20 63; Dragón, die Deutsche Geli serviert auch kostenlos Reisetips, Calle Santander; El Patio, Bistro–Restaurant, Calle Santander; El Pescador, üppige Dekoration mit präparierten Tieren, Seeblick, Malecón; Fonda del Sol, gute Grillspezialitäten, große Portionen, Calle Principal; Los Pumpos, beliebtes Aussichtsrestaurant am Anleger, gute Lammgerichte und Cocktails, Malecón; Tocoyal, Ecke Calle Rancho Grande/Malecón; Casablanca, Calle Principal
San Pedro de la Laguna: Café Arte, Restaurant Pachanay und Restaurant Karla (gute Pizza) beide gleich beim Anleger

✿ **Souvenirs** *Panajachel:* Holzschmuck, Boutiquen mit veredelter guatemaltekischer Folklorekleidung oder mit kunstvollen Glasperlenketten allgemein in der Calle Santander, zu empfehlen: Pana Maya, Calle Santander 5–17; Kunst: La Galeria, eine der besten

und größten Galerien Zentralamerikas mit Besucher-Café, gute Kontakte zum Worpsweder Kunstkreis, Avda. Rancho Grande, Di Ruhetag; Antiquitäten: Ojalá Antiques, Avda. Los Arboles; Passage: Rincón Sai, Calle Santander mit Touristeninformation, Boutiquen und Fährverkaufsstelle
Santiago de Atitlán: Galeria Art of Atitlán, Spezialität: die aus Mahagoni geschnitzten und glattpolierten Holztresore, *rompecabezas* genannt
San Pedro de la Laguna: Artesanía Rosalinda de San Pedro de la Laguna in der Calle Principal Canton Chuacanté, hier gibt es die für die Ortstracht typischen Brokatblusen (ab 100 Q).

🏃 **Aktivitäten:** *San Pedro de la Laguna:* 2 kleine Strände laden zum Bad im See und in der Sonne ein: Las Cristalinas (grauer Sand) und San Sea paj (mit Steinen), außerdem werden Vulkanbesteigungen zu Fuß oder per Pferd angeboten.

🚲 **Fahrradverleih:** *San Pedro de la Laguna:* Fahrradverleih und Werkstatt bei Taller Amistad, Canton Chuacanté (einfach nach Noe Gonzalez fragen)

🍸 **Unterhaltung:** *Panajachel:* Chapiteau, Traditionsdisko, Mi–Sa; Circus Bar, eine Prise der legendären Panajachel-Boheme-Atmosphäre, auch Posada del Pintor genannt, Avda. Los Arboles; Sunset Café, Garten-Café am Strand gelegen, besonders schön bei Sonnenuntergang; The Video Bar, Videos und Backgammon, gute Pastries und große Getränkeauswahl, Calle Santander

🎭 **Patronatsfeste:** *Sololá:* 15. August; *Panajachel:* 4. Oktober; *San Antonio Palopó:* 13. Juni

Chichicastenango

Eine gut asphaltierte Straße, eigens für die Besucherströme neu angelegt, führt vom Verkehrsknotenpunkt Los Encuentros an der Panamericana durch ein tief eingeschnittenes Tal hinauf zum weltberühmten Bergdorf Chichicastenango. Nach etwa halbstündiger Fahrt ist auf einem Hügel in 2030 m Höhe das Dorf mit seinen dichtgedrängten, ziegelgedeckten alten Häusern erreicht, der Straßenbelag wandelt sich wieder in Kopfsteinpflaster, und bald ist kaum noch ein Durchkommen, vor allem nicht an Donnerstagen und Sonntagen, den beiden Markttagen.

Der Markt ist Chichicastenangos Urzelle, seine Ursprünge reichen lange vor die Ankunft der Spanier zurück. Schon zu Zeiten der Cakchiquel gab es an seiner Stelle bereits einen bedeutenden Handelsflecken, der damals Chaviar hieß, nach einer Niederlage im Krieg gegen die Quiché von den Cakchiquel aber aufgegeben wurde. Als die Spanier K'umarcaaj (Utatlán), die Hauptstadt des Quiché-Reichs, eroberten, flohen die überlebenden Quiché in diesen alten Ort und nannten ihn Tziguan Tinamit (Von Tälern umgeben) oder Chugüilá, woraus die Spanier Chichicastenango machten. Zum Zeichen ihres Sieges über die indianische Kultur errichteten die spanischen Konquistadoren 1540 auf einem indianischen Heiligtum die Kirche Santo Tomás, die bis heute, allerdings im 18. Jh. erneuert, das Ortszentrum beherrscht.

Die Bewohner Chichicastenangos nennen sich nach ihrer Kirche die Leute von Santo Tomás, woraus sich im Laufe der Zeit über die Verkürzung auf die letzte Silbe *más* die heutige Bezeichnung *maxeños* entwickelte. Im Grunde sind die Nachfahren der stolzen Quiché-Maya auch die Attraktion des heutigen Ortes, denn sie haben sich auf einzigartige Weise mehr oder weniger unter dem Deckmantel des Katholizismus die Rituale ihrer Vorfahren bewahrt. Nirgendwo sonst kann man an Sonn- und Feiertagen besser beobachten, wie sich die naturbezogene und von magischen Vorstellungen durchsetzte Religion der Maya und der Katholizismus miteinander verbinden. Hauptschauplatz der synkretistischen Rituale ist die **Kirche Santo Tomás.** Schon die 18 Treppenstufen hinauf zum Kircheneingang besitzen für die *maxeños* eine mystische Bedeutung: Sie setzen sie mit den Treppen ihrer alten Tempel gleich, die als Bühne für kultische Handlungen dienten. Heute schwenken hier Gläubige Gefäße mit brennendem Kopalharz in alle vier Himmelsrichtungen und huldigen damit nicht nur dem christlichen Kreuz, sondern gleichzeitig auch den heiligen vier Him-

Prozession am Tag des Santo Tomás

Cofradías und Catequistas

Man sieht es gleich, daß diese Männer eine wichtige Funktion im Dorf besitzen: Ihre Tracht ist auffälliger als die der anderen, prächtiger und stärker mit leuchtendem Rot durchsetzt, und ihre Mienen spiegeln den Ernst wider, den ihr Amt als *cofrade* gebietet. Wenn sie auftauchen, umgibt sie stets ein wenig die Aura von Priestern, die den Göttern und Gott näher sind als die anderen Menschen im Dorf.

In Chichicastenango gibt es 14 Bruderschaften (*cofradías*), die jeweils einem Heiligen gewidmet sind. Ihre Rangfolge ergibt sich aus der Bedeutung der einzelnen Heiligen, so ist die *cofradía* des Santo Tomás, Schutzpatron Chichicastenangos, die wichtigste, gefolgt von den Bruderschaften des San José und San Miguel.

Der erste Vorsitzende einer *cofradía*, der in einem bestimmten Zeitzyklus immer wieder neu gewählt wird, übernimmt eine Art Patenschaft für die Heiligenfigur und bewahrt sie in seinem Haus auf. Er muß auch die religiösen Feste und Prozessionen seiner *cofradía* organisieren und deren Kosten tragen. Viele *indígenas* stürzen sich dafür in Schulden und empfinden es doch als Ehre, ihrer indianischen Gemeinde diesen Dienst zu erweisen.

Der Brauch der *cofradías* wurde von den Spaniern eingeführt und von den *indígenas* mit heidnischen Inhalten angereichert. So werden alle Heiligenfiguren mit den Insignien der alten Maya-Religion geschmückt, kleine angehängte Spiegel z. B. symbolisieren die Kräfte der Götter und der Ahnen. Aufgabe des ersten *cofrades* ist es auch, soziale Konflikte zu schlichten, so muß er u. a. stets die Beziehung zu den *catequistas*, den orthodoxen Katholiken in der Kirchengemeinde, pflegen, die im Gegensatz zu manchem Priester die Vermischung der Religionen als Ketzerei verdammen und immer wieder versuchen, den Aktivitäten der Bruderschaften ein Ende zu setzen.

Man findet die *cofradías* über Chichicastenango hinaus auch in vielen anderen Gemeinden Guatemalas.

melsrichtungen aus der alten Maya-Zeit. Oft vernebelt der Kopalrauch dabei die Eingangstür der Kirche so, als sei sie die Pforte zur Unterwelt. Das Ganze begleiten Trommler mit dumpfen Schlägen, deren monotoner Rhythmus ab und zu vom Zischen und Knallen eines Feuerwerkskörpers durchbrochen wird. Am Rand der Treppe verkaufen Frauen Blumen in den prächtigsten Farben und lose Blütenblätter in Bastkörben, die von den Gläubigen in das Gotteshaus getragen werden.

Besucher sollten diskret den Seiteneingang der Kirche über das alte Klostergebäude benutzen. Über diesen Weg stört man die meist andächtig in ihre Gebete vertieften Gläubigen weniger.

Im Kircheninnern kann man stets gut erkennen, wie stark die Lobby der offiziellen katholischen Kirche und wie stark die religiöse Gemeinschaft der *indígenas* z. Zt. im Ort vertreten ist. Lange Zeit hatte die Gemeinde der *indígenas* größeren Einfluß, da gab es in der Kirche keinen einzigen Stuhl, geschweige denn die üblichen Betbänke. Der Innenraum war völlig freigeräumt und in der Mitte mit rechteckigen bunten Blütenteppichen bedeckt, die von brennenden Kerzen umstellt waren. Vor ihnen knieten andächtig einzelne *indígenas* und sprachen leise murmelnd ihre Gebete zu den Göttern oder den Vorfahren. In letzter Zeit gewann die katholische Kirche offenbar wieder etwas mehr strenggläubige Anhänger, und seitdem ist die Kirche im Innern wieder zur Hälfte mit Betbänken bestellt, und ein Pfarrer hält eine Messe ab. Für die Blütenteppiche blieb nur der Eingangsraum der Kirche.

Im **Kloster** gleich nebenan, in dem heute die Kirchenverwaltung untergebracht ist, wirkte Anfang des 18. Jh. ein spanischer Priester namens Francisco Ximénez. Ihm überreichten die Angehörigen ei-ner alten adligen Quiché-Familie das handgeschriebene, vor den Bücherverbrennungen der Spanier gerettete Originalmanuskript des Popul Vuh zur Lektüre und zum Kopieren (s. S. 29).

Der uralte **Marktplatz** Chichis, wie die Guatemalteken den Ort liebevoll nennen, breitet sich unmittelbar vor der Kirche Santo Tomás aus. Er ist heute eher ein Mekka der Souvenirjäger, denn kaum ein anderer Markt Guatemalas bietet eine solch üppige Auswahl an landestypischen Trachtenblusen, den *huipiles,* Stoffen, Jade- oder Obsidian-Schmuckstücken, Ledergürteln und Masken, wie sie von den Nachkommen der Maya zu ihren traditionellen Tänzen getragen werden. Doch erfüllt er seine ursprüngliche Funktion als Lebensmittel- und Warenaustauschplatz für die *indígenas* der näheren und weiteren Umgebung auch weiterhin. Nach wie vor gibt es auf dem Markt die alten Plätze für Gemüse oder Vieh bis hin zur Plaza hinter der Kirche, auf der Schweine verkauft werden.

In dem blauen Gebäude (neben der Municipalidad) an der Südseite des Platzes befindet sich der Eingang zum **Museo Arqueológico Regional.** In zwei großen Räumen sind hier Zeremonialkeramiken der Quiché, Werkzeuge und Kultsteine aus der Frühen bis Späten Klassik zu sehen, z. T. in Vitrinen, die 1968 von der deutschen Gesellschaft für Technische Zusammenarbeit (GTZ) gestiftet wurden. Hauptattraktion ist die sehr kostbare Jadeschmuck-

Sammlung von Ildefonso Rossbach, der in Chichicastenango von 1894–1944 als katholischer Priester tätig war. (Öffnungszeiten Di–So 9–17 Uhr, Eintritt 10 Q)

An der Westseite des Markts erhebt sich das kleine Gegenstück zur Kirche Santo Tomás, die **Capilla del Calvario.** Für die Einheimischen symbolisiert sie den Mond, also den weiblichen Gegenpart zur sonnengleichen Kirche Santo Tomás. Geht man an ihr vorbei, gelangt man zum Hotel Mayan Inn in einem hübschen Gebäude im Kolonialstil und sieht von hier aus bereits den Friedhof (cementerio). Hinter den Gräbern reicher Familien finden sich dort einfache, nur mit einem Kreuz und Kerzen geschmückte Bestattungshügel. Auf frischen Gräbern steckt mitunter eine Flasche kopfüber als eine Art ›letzter Schluck‹ für den Verbliechenen. Auf der Plattform etwa in der Mitte des Friedhofs werden manchmal private indianische Zeremonien abgehalten.

Gänzlich in den Hintergrund gerückt ist das Christentum am **Pascual Abaj** (Heiliger Stein) auf einem Hügel am südlichen Ortsrand. Ein schmaler Pfad (der Aufgang von der Straße ist ausgeschildert) führt hinauf zu dieser alten indianischen Opferstelle, die nicht viel mehr darstellt als einen Sandplatz mit einer kleinen steinernen Götzenfigur, deren Alter auf mehrere 100 bis gar auf 1000 Jahre geschätzt wird, aber letztlich ungewiß ist. Geweiht ist das Idol dem Erdgott Huyup Tak'ah. Bei einer Schändung durch konservative Katholiken im Jahr 1957 wurde es leicht beschädigt, doch kann man noch das grob in den Stein gehauene Antlitz erkennen.

An Sonntagen, wenn die Touristen in langen Reihen den Hügel zum Opferplatz hinaufpilgern, kann man indígenas dabei beobachten, wie sie hier Kerzen anzünden, magische Kreise aus Zucker ziehen, Alkohol über den Stein gießen sowie Blumen, Essen, Kaffee oder Zigaretten opfern. Wer das fotografieren will, wird sich anhören müssen, daß dem alten Stein eine schwarze Magie innewohnt, die ihm schaden könne, weshalb er das Fotografieren lieber sein lassen solle ... ein unbedingt zu befolgender Rat, der nur eine höfliche Umschreibung des Wunsches ist, bitte nicht zu fotografieren.

Wer Mühe hat, den Pfad zu finden, kann sich einem der zahlreichen jungen einheimischen Führer anschließen, die mit ihrer Arbeit oft die Familie miternähren. Zum meist 2stündigen Ausflug gehört ein Abstecher zur Familie Ignacio am Fuß des Hügels im Barrio Chilima. Gegen ein Entgelt von rund 30 Quetzales führen die Kinder für Touristen in glänzenden Brokatkostümen und den typischen dazugehörigen Masken einen Baile de Torito auf. Familienmitglied ist auch ein Maskenschnitzer, der unweit in seiner Casa Mascaras Ceremoniales eine große Sammlung der verschiedensten Masken beher-

Souvenirstand

bergt, alle käuflich, darunter auch kostbare ältere Originale.

Am nordwestlichen Ausgang Chichicastenangos fällt ein nach Art der Maya-Tempel mit einer tierähnlichen Fratze geschmückter Torbogen auf, der **Arco K'ucumatz.** Der Name erinnert an den mächtigen König der Quiché K'ucumatz (Gefiederte Schlange), der K'umarcaaj (Utatlán), die Hauptstadt des Quiché-Reiches, gründete. Der

Blick durch den in den 1930er Jahren erbauten Torbogen stimmt geradezu sentimental, so schön rahmt das Gemäuer die sich dahinter ausbreitende Senke, an deren Ende irgendwo die Ruinen der alten Hauptstadt dieses einst so mächtigen Volkes liegen.

Notruf: Policía Nacional (Polizei), ✆ 7 56 13 65; Bomberos Voluntarios (Freiwillige Feuerwehr), ✆ 7 56 10 66

Ärztliche Versorgung: Centro de Salud, ✆ 7 56 13 56

Busse: Etwa jede Stunde starten Busse nach *Santa Cruz del Quiché* oder nach *Los Encuentros*. Von Los Encuentros Anschlußbusse nach *Guatemala-Stadt*.

Luxushotels: Mayan Inn, ehemaliges herrschaftliches Landhaus mit Patio und vielen Antiquitäten, sehr gutes Restaurant, gemütliche Bar, 3a Avda./8a Calle, ✆ 7 56 11 34, Fax 7 56 12 12; Santo Tomás, bei US-Amerikanern beliebtes Posada-Hotel mit Restaurant und Bar, 7a Avda. 5–32, ✆ 7 56 10 61, Fax 7 56 13 06; Villa Grande, Ferienatmosphäre mit großem verglasten Schwimmbad, herrlicher Blick über den Ort, Cantón Panchoj Alto, ✆/Fax 7 56 10 53
Mittleres Hotel: Chugüilá, recht angenehmes Patio-Hotel mit Restaurant, 5a Avda. 5–24, ✆ 7 56 11 34, Fax 7 56 12 79

Restaurants: El Chapincito, Spezialitäten sind Holzkohlen-Grillgerichte, Comercial Giron, 2. Etage, Di geschl., Mo und Fr nur 9–13 Uhr, sonst 9–21 Uhr; La Fonda del Tzijolaj, gutes Frühstück, zu empfehlende Fleischplatte, Veranda, Centro Comercial Santo Tomás, 5a Avda., Di geschl., Mo und Fr nur 9–13 Uhr, sonst 9–21 Uhr

Souvenirs: Neben dem Markt gibt es eine Vielzahl gut sortierter Geschäfte, darunter El Quetzal in der 2a Calle/3a Avda. 1–10 im Barrio Chucam und Popul Vuh Inc. in der 5a Avda. 2–18, Zona 1, Mo und Di geschlossen; traditionelle Masken in der Casa Mascaras Ceremoniales von Luís Tomás Ignacio Ventura (Barrio Chilima).

Patronatsfest: 21. Dezember mit Prozessionen, Tänzen und Palos Voladores

Santa Cruz del Quiché und Utatlán

Die Fahrt durch den Arco K'ucumatz in nordwestlicher Richtung führt von Chichicastenango durch das kleine Naherholungsgebiet der Laguna de Lemoa in die etwa 20 km entfernte heutige Hauptstadt des Departamentos Quiché **Santa Cruz del Quiché.** Sehenswert sind die weiße Kathedrale an der Plaza, das ehemalige Dominkanerkonvent und das Denkmal für den Quiché-Fürsten Tecún Umán. In Santa Cruz und Umgebung werden die strapazierfähigen Palmstrohhüte der *campesinos* hergestellt.

Über die 10 Calle, die von der 2 Avenida abzweigt, kommt man auf die Zufahrt zur etwa 4 km entfernten Ruinenstätte **Utatlán.** Sie liegt herrlich ruhig auf einem von tiefen Tälern umgebenen Plateau und ist mit ihren Aussichts- und Grillplätzen beim kleinen Museum ein beliebtes Ausflugsziel guatemaltekischer Familien. Wer die Höhle (*cueva*) auf dem Gelände besuchen will, sollte sich eine Taschenlampe mitnehmen oder den Museumswärter bitten, ihn zu führen. Der Besuch des Museums gleich am Eingang lohnt vor allem wegen des kleinen Modells der alten Quiché-Hauptstadt (Eintritt 10 Q).

Im ehemals großen Quiché-Reich schlossen sich im 14. Jh. unter der Führung der Quiché verschiedene Maya-Stämme zusammen. Erst als das Reich durch Span-

Im Hochland der Sierra Madre

nungen zwischen den größten Volksgruppen, den Quiché, den Cakchiquel und den Tzutuhil, zerfiel, gründeten um 1400 die Quiché unter ihrem König K'ucumatz die Hauptstadt K'umarcaaj (Utatlán) und dehnten ihr Herrschaftsgebiet nach Westen und Nordwesten aus. Die Cakchiquel gründeten die Hauptstadt Iximché und drangen nach Osten. Die Tzutuhil blieben im Gebiet um den Atitlán-See.

Als Pedro de Alvarado im 16. Jh. zur Eroberung Guatemalas auszog, stieß er in erster Linie auf den Widerstand der Quiché, die von ihrem legendären König Tecún Umán angeführt wurden. Mitein-

ander verfeindet, weigerten sich die Cakchiquel, den Quiché gegen die Spanier beizustehen. In der Entscheidungsschlacht bei Quetzaltenango (s. S. 126) tötete Alvarado Tecún Umán und versetzte den Quiché-Kriegern eine verheerende Niederlage, so daß er mit seinen Soldaten weiterziehen konnte. Er hinterließ Utatlán völlig zerstört.

Die herbe Vegetation des Hochlands hat das Zerstörungswerk an den Bauten der ehemaligen Hauptstadt fortgesetzt, so daß heute nur karge Tempelreste zu besichtigen sind, aus deren Mauerwerk Grasbüschel wachsen und deren Plätze sich nahtlos mit den Wiesen der ganzen Anlage verbinden. Um den Zentralplatz reihen sich die Überreste der 3 Tempel von Tohil, Auilix und Hacauaitz. Vom Tempel des Herrschers K'ucumatz in der Mitte

Babylon der Sprachen?

»Über mehr als 400 Jahre hat man die *indígenas* mit fremden Lehrern einem gewaltsamen Prozeß der Sprach- und Kulturanpassung an das Kastilische unterworfen. Die Sprachbarriere verursachte ernste Verunsicherungen in den Schulen und ist der Grund für die große Anzahl Analphabeten in diesem Land.«

Mit diesen Worten bringt Hector Eliu Cifuentes, Direktor des Programa Nacional de Educación Bilingue (PNEB, Nationales Programm für die zweisprachige Erziehung) an der Universität San Carlos in Guatemala-Stadt, ein grundlegendes Problem Guatemalas auf den Punkt. Mit dem Startschuß für das PNEB wurde dem Analphabetentum im Land der Kampf angesagt. Eine Hürde, die es dabei aber noch zu bewältigen gilt, ist die große Vielzahl der Maya-Sprachen.

Von den 9,2 Millionen Guatemalteken leben 68% auf dem Land, von diesen wiederum sind 90% *indígenas,* und diese etwa 5,6 Millionen Menschen sprechen nicht weniger als 23 verschiedene Maya-Sprachen. Immerhin 20 wurden in einer Statistik vom Dezember 1986 anläßlich einer Volkszählung erfaßt. Danach bilden die Mam als eigene Sprachgruppe mit 13,88% an der Gesamtbevölkerung die Mehrheit, dicht gefolgt von den Quiché mit 12,7%, den Cakchiquel mit 9,2% und den Kekchi mit 6,5%.

Die Sprachgrenzen sind indes durchaus nicht mit den Departamento-Grenzen identisch. Allein im Departamento Huehuetenango werden die Sprachen Chuj, Kanjobal, Jacalteco, Teco, Aguateco und Acateco gesprochen, andere hört man dagegen nur in bestimmten Departamentos, wie Itzá und Mopan im Petén, Tzutuhil in Sololá, Chorti in Zacapa. Dem Quiché kann man fast überall begegnen.

Die Verfassung Guatemalas vom 31. Mai 1985 sichert in Artikel 58 das Recht der Bevölkerung auf Bewahrung ihrer kulturellen Identität und in Artikel 66 explizit das Recht ethnischer Gruppen auf Pflege ihrer Bräuche und Sprachen. Schließlich werden in den Artikeln 75 und 76 die Alphabetisierung und eine zweisprachige Erziehung gefordert. Wenig später wurde die Akademie der Maya-Sprachen (Academia de las Lenguas Mayas) gegründet, die es sich unter anderem zum Ziel gesetzt hat, den Kontakt zwischen den 23 Sprachregionen des Landes zu intensivieren und diese bei größeren überregionalen Veranstaltungen mit Ausstellungen und Lesungen in das Kulturgeschehen des Landes zu integrieren.

des Platzes sind nur noch die Grundmauern geblieben, unverkennbar dagegen der Ballspielplatz südlich des Platzes.

 Unterkunft: *Santa Cruz del Quiché:* San Pascual, 7a Calle 0–43, Zona 1, ☎ 7 55 11 07

 Patronatsfest: *Santa Cruz del Quiché:* 14.–19. August

Triángulo Ixil

Wer auf Abenteuer im Abseits der Touristenströme aus ist, kann von Santa Cruz del Quiché einen mehrtägigen Abstecher in das Triángulo Ixil unternehmen, eine tief in den Nordwesten hineinragende, wenig erschlossene, hügelige, von Flüssen durchzogene Landschaft mit dem Hauptort Nebaj und den Dörfern Acul, Chajul und San Juan Cotzal. Man durchquert dabei das Gebiet der Nachfahren der Ixil. Bis zum Zuzug europäischer Kaffeesiedler Ende des 19. Jh. lebten diese hier in relativer Abgeschiedenheit. Während der Militärdiktaturen wurde die unzugängliche Gegend zu einem der wichtigsten Wirkungsgebiete der EGP (Ejército Guerrillero de los Pobres/Guerillaarmee der Armen). 1975 richtete sie in Chajul den Patriarchen der Finca La Perla vor den Augen seiner Angestellten hin, was zu blutigen ›Reinigungsaktionen‹ in der Bevölkerung durch das Militär führte. Bis heute schwelt im Triángulo Ixil der Konflikt zwischen Staatsgewalt und Guerilla, doch hofft man in Guatemala-Stadt auf ein neues Friedensabkommen und sieht für dieses bislang wenig bereiste Gebiet eine große touristische Zukunft voraus.

Die Bewohner von **Nebaj** sind im ganzen Land für die unverwechselbaren geometrischen Muster ihrer Trachtenstoffe bekannt, die sie auf dem eigenen Markt, aber vor allem auch in Chichicastenango verkaufen. An der Farbintensität der roten Fäden wirkten angeblich Deutsche mit, weshalb es *rojo alemán* (deutsches Rot) genannt wird. Deutsche ließen sich hier um 1900 als Kaffeesiedler nieder. Sie haben sich mit einem Gartenzwerg auf dem Brunnen der Plaza von Nebaj ihr ganz eigenes Denkmal gesetzt; sehenswert ist da noch die Fassade der alten Kirche. Der ganze Ort strahlt den Charme einer vergessenen Kolonialstadt aus.

 Busse: Die Busfahrt von Santa Cruz del Quiché nach *Nebaj* dauert ca. 5 Std. auf neu ausgewalzter, aber immer noch schlechter Straße.

 Unterkunft: *Nebaj:* Ixil, Zimmer mit heißem Wasser, Calle Principal; preiswerter sind Hospedaje Las Clavelinas und Hospedaje Rinconcito gleich um die Ecke.

 Patronatsfest: *Nebaj:* 12.–15. August

Quetzaltenango

Vom Verkehrsknotenpunkt Los Encuentros, von dem die Straße nach Chichicastenango abgeht, schwingt sich die Panamericana vorbei am Abzweig zum Atitlán-See in nordöstlicher Richtung in weiten Serpentinen immer höher hinauf in die Berge, bis sie bei Nahualá auf einer Höhe von 3670 m ihren höchsten Punkt überschreitet. Zunehmend bestimmen Maisfelder (*milpas*) das Landschaftsbild, die Temperatur sinkt merklich ab. Am Straßenrand sieht man immer wieder Männer, den Rücken schwer beladen mit Brennholz, und indianische Frauen, die ihre kleine Schafherde weiden lassen. Unzählige kleine Pfade zweigen von der Straße in den Wald oder zu Feldern und einfachen, aus Lehm und Schilfstangen gebauten *campesino*-Häusern ab, aus deren Dächern Rauchfahnen aufsteigen.

Kurz vor Quetzaltenango bietet sich links der Straße der großartige Blick in das tiefe Tal des Samalá und auf den Weber- und Gemüsebauernort Zunil. Bei klarem Wetter heben sich im Hintergrund malerisch die Umrisse des gleichmäßig geformten, 3772 m hohen Vulkankegels Santa María mit dem kleineren aktiven Vulkan Santiaguito zur Seite ab. An der Gabelung, die ein großes Denkmal für den ehemaligen Quiché-Fürsten Tecún Umán markiert, geht es links ab nach Quetzaltenango.

Unter den Einheimischen ist der Name Xelaju (meist nur Xela), der sich auf das gleichnamige vorkolumbische Dorf bezieht, statt Quetzaltenango gebräuchlich. Xelaju bedeutet übersetzt »unter den zehn«, womit vermutlich die umliegenden Berggipfel gemeint sind.

In vorkolumbischer Zeit unterhielten die Mam hier ein Königreich, bis auch dieser Stamm von den Quiché nach Westen abgedrängt wurde, und der Quiché-König Tecún Umán die Region seinem Reich einverleibte. Vor den Toren Quetzaltenangos erlitten die Quiché am 15. Februar 1524 ihre vernichtende Niederlage gegen Pedro de Alvarado und seine Truppen. In der Schlacht fand Tecún Umán den Tod. Die Legende erzählt, daß Quetzal-Vögel sich auf das von Leichen übersäte Schlachtfeld niederließen, um Totenwache bei den indianischen Gefallenen zu halten. Alvarado gründete nach seinem Sieg beim verlassenen Xelaju eine neue Stadt und nannte sie in der Sprache seiner mexikanischen Hilfstruppen Quetzaltenango (Platz der Quetzale).

Geblieben ist Quetzaltenango offenbar das Bewußtsein, eine Sonderrolle im Land zu spielen. 1820, noch vor der Gründung der Zentralamerikanischen Konföderation (s. S. 23), wurde hier ein unabhängiger Staat mit dem Namen Los Altos ausgerufen. Das Staatsgebiet umfaßte die heutigen Departamentos Sololá, San Marcos (nordwestliche Grenzregion zu Mexiko) und

Parque Centroamérica

Totonicapán, Hauptstadt war Quetzaltenango. Doch Präsident Carrera stoppte diese Abspaltung – 20 Jahre später. Ende des 19 Jh. erlebte Quetzaltenango durch den Zuzug vieler deutscher, österreichischer und italienischer Immigranten, die mit ihren Kaffeeplantagen am Kaffeeboom teilhatten, einen wirtschaftlichen Aufschwung.

Nach Guatemala-Stadt ist Quetzaltenango heute mit seinen rund 110 000 Einwohnern die zweitgrößte Stadt Guatemalas, Verwaltungszentrum und wichtigster Wirtschaftsstandort im Südwesten

des Landes. Die doppelspurige, von eilig hochgezogenen, einstöckigen Betonhäusern gesäumte Einfallstraße läßt den Charme dieser Bergstadt kaum erahnen. Vorbei am Kreisverkehr mit dem Marimba-Monument geradeaus über die Calzada Independencia gelangt man in die Innenstadt. Biegt man dann am Ende der Calzada rechts in die 6a Calle ab, stößt man direkt in das Herz der Stadt, den **Parque Centroamérica.** Den Zerstörungen durch ein Erdbeben im Jahr 1902 folgte ein repräsentativer Wiederaufbau des administrativen Stadtzentrums, so daß prächtige öffentliche Gebäude im überwiegend neoklassizistischen Stil den Park flankieren. Das Rondell in seiner

Mitte ist nach Rafael Álvarez, dem Autoren der Nationalhymne, benannt, dahinter erinnert ein Denkmal an den Reformpräsidenten Justo Rufino Barrios (reg. 1873–1885) und an Doktor Civilio Flores (1779–1826), den ›Vater Quetzaltenangos‹. An der Ostseite des baumbestandenen, von Sprachstudenten, Touristen aber auch von *ladinos* und *indígenas* belebten Parks fällt der formschöne Eingang der **Enriquez-Passage** aus dem Jahr 1900 auf, die der Architekt Alberto Porta Pariser Vorbildern nachempfand. Sie beherbergt heute eine Sprachschule und die Bar Salón Tecún Umán. An der Westseite des Parks dominieren neben dem Jugendstilhaus **Edificio Riviera** (1928) der klassizistische **Palacio Municipal** (Rathaus) und die Fassade der alten zerstörten **Kathedrale Espíritu Santo** (1535). Gleich dahinter steht die neue **Kathedrale Diócesis de Los Altos,** in deren nächster Umgebung am Wochenende ein kleiner Markt stattfindet. Daran anschließend trifft man auf die **Casa de la Cultura** mit dem Informationsbüro der INGUAT und dem **Museo de Historia Nacional,** das so gänzlich den Charme eines angestaubten Heimatmuseums versprüht. Die Ausstellungsräume verteilen sich, durch lange Flure verbunden, auf 2 Stockwerke. In den Sälen im Erdgeschoß kann man vergilbte Fotografien und Dokumente zur Unabhängigkeitsgeschichte begutachten, daneben die Pokale siegreicher lokaler Fußball-

und Fahrradmannschaften und Dokumente über Jesús Castillo, der als der Wiederentdecker altindianischer (Marimba-)Musik gilt. Die Räume im Obergeschoß zeigen archäologische Funde. In einem weiteren Saal geben getrocknete Blätter von Bäumen und Kräutern einen Einblick in die reiche Pflanzenwelt der Umgebung, im Raum daneben sind präparierte heimische Tiere zu sehen. Dem Quetzal ist eine eigene Vitrine gewidmet. (7a Calle 11–35, Zona 1, Öffnungszeiten Mo–Sa 8–12 Uhr und 14–18 Uhr, Eintritt 10 Q)

An der Ecke gegenüber der Casa de la Cultura liegt das schicke Restaurant Albamar und ein paar Schritte weiter entfernt vom Parque Centroamérica in der 13a Calle die schöne, im Kolonialstil gehaltene Einkaufs- und Restaurantpassage El Portal. Beide Lokalitäten vermitteln einen Eindruck vom großstädtischen Selbstverständnis Quetzaltenangos. Weiter geradeaus bis zur 4 Calle und rechts hinein in die 14 Avenida gelangt man geradewegs zum neoklassizistischen Prachtbau des **Teatro Municipal,** das 1050 Zuschauern Platz bietet und sich im Innern als kleines barock ausgestattetes Juwel entpuppt.

Wer mit dem Bus nach Quetzaltenango angereist ist, wird nicht am Parque Centroamérica seinen Stadtspaziergang beginnen, sondern am **Busterminal Minerva** in der Zona 3. In der Nähe des turbulenten Busbahnhofs befindet sich ein kleiner Zoo mit wenigen Tieren, den man nicht besuchen sollte, lohnenswerter ist da ein Abstecher auf den **Cerro El Baúl** in der Zona 4. Vom Kirchplatz auf dem Hügelrücken bietet sich ein schöner Blick über die ganze Stadt.

ⓘ Touristeninformation: INGUAT, 7a Calle 11–35, Zona 1, Casa de la Cultura, ☎ 7 61 49 31

❗ Notruf: Policía Nacional, ☎ 7 61 25 69; Bomberos Voluntarios (Feuerwehr), ☎ 7 12 20 02

✚ Ärztliche Versorgung: Hospital General, ☎ 7 67 42 80; Rotes Kreuz, ☎ 7 61 27 46

🚌 Busse: Ankunft und Abfahrt aller Busse am Minerva-Busterminal, Zona 3. Von hier starten komfortable Busse nach *Guatemala-Stadt, La Mesilla* an der mexikanischen Grenze und nach *Huehuetenango* mit den Gesellschaften Alamo (14 Avda. Local 1, Zona 1, ☎ 7 61 29 64) und Lineas Americas (7 Avda. 3–33, Zona 2, ☎ 7 61 20 63). Einfachere Busse fahren nach *San Francisco El Alto, Totonicapán, San Marcos* und *San Pedro Sacatepéquez* oder *Retalhuleu* an der Pazifikroute und *Santiago de Atitlán* am Atitlán-See. Wer nicht gleich eine durchgehende Verbindung bekommt, kann an den Verkehrsknotenpunkten der Panamericana (*Los Encuentros, Cuatro Caminos*) umsteigen.

🚕 Taxis: Taxis Catedral ☎ 7 61 84 72
Taxis Xelajú, ☎ 7 61 41 76
Taxis Centrales, ☎ 7 61 41 76

🛏 Luxushotels: Bonifaz, relativ teuer, gepflegtes Haus neben dem Parque Centroamérica, 4a Calle 10–50, Zona 1, ☎ 7 61 22 79, Fax 7 61 28 50; Del Campo, Tagungshotel außerhalb an der Panamericana, Carretera Cantel, Km. 224, ☎ 2 63 16 65, Fax 2 63 00 74; Villa Real Plaza, zweitbestes Hotel, beliebt bei Geschäftsleuten, 4a Calle 12–22, Zona 1, ☎ 7 61 40 45, Fax 7 61 67 80
Mittlere und einfache Hotels: Casa Mañen, 9 Avda. 4–11, Zona 1, ☎/Fax 7 65 07 86; Casa Florencia, einfach, aber sauber und zentral, 12 Avda. 3–61, Zona 1, ☎ 7 61 23 26; La Posada de Santa Ana, 11 Calle 19–97c, Zona 1, ☎/Fax 7 65 11 58

 Restaurants und Cafés: Albamar, erstklassige Sandwiches, 12 Avda. 7–18, Zona 1, ☎ 7 63 17 28; Café Baviera, gutes Frühstück, 5a Calle 12–50, Zona 1; Chicago Grill and Garden, Steakhouse, 13 Avda. 5–38, Zona 1; El Kopetin, sehr gute Küche, zentral, ☎ 7 61 83 81; La Taqueria (El Portal), 13 Avda. 5–38, Zona 1

🎁 Souvenirs: El Portal, Einkaufspassage , 13 Avda. 5–38, Zona 1
Märkte: Mercado La Democracia, Zona 3; Sa kleiner Markt neben der Kathedrale Diócesis de Los Altos

✉ Post: 4 Calle/15 Avda., Zona 1

🍸 Unterhaltung: Crush, beliebte Diskothek, 4a Avda. 0–26, Zona 2, Do–So 21–2 Uhr, Eintritt 5 Q; Garage Club Disco, im Keller des Plaza Ciani, Zona 3, nur Fr und Sa, Eintritt 5 Q; Music Center, 14 Avda., Zona 3, Edificio Delf, Mi–Sa 21–2 Uhr, Eintritt 5 Q; Salón Tecún Umán, Bar und Kneipe, 12 Avda., Enriquez–Passage, tgl. 8.30–17 Uhr, Fr und Sa bis 22 Uhr

 Patronatsfest: 12.–18. September

Die Umgebung von Quetzaltenango

Das Samalá-Tal

Die überaus sehenswerte nähere und weitere Umgebung Quetzaltenangos läßt sich gut in verschiedenen Tagesausflügen mit dem Bus oder dem Auto entdecken. Nur wenige Kilometer von Quetzaltenango entfernt liegen im tief eingeschnittenen Samalá-Tal 2 Weber- und Gemüsebauerndörfer, **Almolonga** und **Zunil**.

In Zunil scheint die weiß getünchte Kolonialkirche, die über die engstehenden, ziegel- und wellblechgedeckten Stein- und Lehmhäuser herausragt, auf den ersten Blick das einzig stabil gebaute Gebäude. Wie in einem Bauerndorf üblich laufen Hühner und Schweine frei herum. Besuche von Almolonga und Zunil, die dicht beieinander liegen und nur durch den Samalá getrennt werden, lohnen vor allem wegen deren typischem Hochlanddorf-Charakter.

Bekannt ist Zunil außerdem für seinen Maximón oder San Simón, eine hölzerne, mit einem Anzug gekleidete Heiligenfigur, die durch Schnapseinflößen milde gestimmt wird. Vermutlich entstand diese Gottheit u. a. aus einer Vermischung des Maya-Gottes Mam, der

für die unglückbringenden letzten fünf Tage des Maya-Kalenders steht, mit dem christlichen Judas. Meist läßt sich schnell herausfinden, an welchen *cofrade* (s. S. 118) man sich wenden muß, um die Figur kurz anschauen zu dürfen. Den Maximón gibt es nicht nur in Zunil, doch wird ihm hier von der *cofradía* noch prominent gehuldigt. Während der Karwoche wird er bei einer Prozession durch die Straßen getragen.

Eine in dieser herben Gegend überraschend liebliche Naherholungsoase ist das kleine natürliche Quellwasserbecken der **Fuentes Georginas** auf dem Pico de Zunil. Nach dem etwa 2stündigen Aufstieg (ausgeschildert) kann man sich mit einem Bad in der heißen, dampfenden, aber leicht nach Schwefel riechenden Quelle erfrischen und danach in einem Restaurant stärken (sonntags nur bis 16 Uhr). Wer allein unterwegs ist und sich unsicher zu Fuß fühlt, sollte in Zunil einen vertrauenswürdigen Führer für den Ausflug anheuern oder gleich ein Taxi nehmen. Weitere Thermalbäder mit Badehäusern finden sich im benachbarten **Los Vahos, Los Baños** und in **Aguas Amargas.**

Bei diesem Ausflug auf keinen Fall vergessen: den in allen Bädern obligatorischen Badeanzug!

Busse: Vom Minerva-Busterminal in der Zona 3 in Quetzaltenango fahren stündlich Busse nach Almolonga und Zunil.

Karottenernte bei Zunil

131

Von Quetzaltenango nach Momostenango und Toto-nicapán

Hier locken zahlreiche alte Markt-flecken zu Besichtigungsausflügen. Viele der Ziele kann man miteinan-der kombinieren, so daß sich auch das Mieten eines Leihwagens in Quetzaltenango lohnt. Anderer-seits gibt es hervorragende Busver-bindungen über den Verkehrskno-tenpunkt Cuatro Caminos an der Panamericana mit Umsteigmög-lichkeiten zu allen näheren Zielen des Umkreises. Noch vor Cuatro Caminos liegt der geschäftige klei-ne *ladino*-Ort **Salcajá** mit seinen

campesino-Häuser

Webfabriken. Angeblich eine der ersten Ortsgründungen der Spanier in dieser Region, besitzt es eine der ältesten Kirchen Guatemalas, die man während der Durchfahrt über die Ortshauptstraße rechter Hand liegen sieht. In Salcajá wird außer-dem der in Guatemala sehr belieb-te Eierlikör *rompopó* hergestellt.

Von Salcajá zweigt eine Straße in das Dorf **San Andrés Xecul** ab, das wegen der einzigartig schön gestalteten, senffarbenen Fassade seiner Kirche unbedingt einen Be-such lohnt. Mit den plastisch ge-stalteten Engelsfiguren, blumenum-kränzten Säulen und dekorativen Ornamenten wirkt sie wie das nai-ve Bühnenbild für ein Leben zwi-schen Himmel und Erde. Die Far-ben entsprechen denen der hier üblichen Ortstracht. Die Kirche stammt aus dem 16. Jh.

Die Kirche von San Andrés Xecul

Etwa 10 Busminuten hinter Salcajá erreicht man schon den zweitwichtigsten Verkehrsknotenpunkt der Panamericana: Cuatro Caminos. Von hier geht es weiter Richtung Norden nach **San Cristóbal Totonicapán,** ein relativ großes *ladino*-Städtchen, das auf eine Franziskanergründung zurückgeht. Besonders sehenswert ist die restaurierte, gewaltige Kolonialkirche mit plateresken Altarverzierungen aus dem 17. und 18. Jh. Auf dem Markt am Sonntag werden an mehreren Ständen die für den Ort typischen Töpferwaren feilgeboten. Bemerkenswert sind außerdem die örtlichen Festkostüme, die neben den dazu getragenen Masken von Spe-

zialisten, den sogenannten *morerías,* gefertigt und vermietet werden (5 Calle 3–20).

Nächster Bushalt ist **San Francisco El Alto,** ein kleiner malerischer Flecken mit engen Gassen und alten Kolonialgebäuden um einen Marktplatz, der hoch im Berghang mit herrlichem Blick über das Quetzaltenango-Tal liegt und dem schon in vorkolumbischer Zeit als Handelsplatz eine große Bedeutung zukam. Für die Quiché, die den Ort Chui Me Kenhá nannten, rangierte er gleich nach ihrer Hauptstadt K'umarcaaj (Utatlán). Die Spanier bauten in der Umgebung Silber ab, eine Wohlstandsquelle, die sich in der Ausstattung der von den Franziskanern errichteten schmucken Kirche niederschlug. So birgt das Kircheninnere einen kostbaren Altar mit 11 barocken Holzfiguren und im Chor ein Deckengemälde, auf dem der doppelköpfige Adler aus der Zeit der spanisch-habsburgischen Verbindung zu sehen ist. Der Markt am Freitag gilt als der größte des Departamentos Totonicapán.

Von San Francisco El Alto führt eine unbefestigte Straße am Ort Los Cipreses vorbei nach **Momostenango.** Das 2205 m hoch gelegene Bergdorf ist das Zentrum für Wollherstellung und -verarbeitung im Hochland. Auf dem sonntäglichen Markt kann man sich einen guten Überblick über die verschiedenen Wollwaren verschaffen; besonders schön sind die Ponchos. Außerdem erhält man am Sonntag einen guten Einblick in das religiöse Leben der *momostecos,* die sich in der Abgeschiedenheit ihre alte Religion bewahrt haben. So kann man sie an diesem Tag dabei beobachten, wie sie an rußgeschwärzten kleinen Altären mit Feuerstellen ihren Göttern Opfer bringen. Da für viele *momostecos* der Tzolkin-Kalender der alten Maya (s. S. 35 f.) immer noch Bedeutung hat, finden an den Kultplätzen auf den umliegenden Hügeln an bestimmten Tagen, darunter am Tag 8 Affen (Guaxaquib Batz), dem Neujahrstag des Tzolkin-Kalenders, Maya-Zeremonien statt. Angeblich leben in Momostenango noch etwa 300 indianische Schamanen.

Wer übernachtet, kann sich am Ortsrand eine geologische Attraktion ansehen: Los Riscos, ein erodiertes Sandsteinfeld, aus dem

Wind und Regen spitze Pfeiler und Pyramiden herausgeschält haben.

Vom Verkehrsknotenpunkt Cuatro Caminos in östlicher Richtung führt die Straße zur Departamento-Hauptstadt **Totonicapán.** Das Hochlandstädtchen breitet sich mit seinen geradlinig angelegten Straßen und niedrigen einfachen alten, ziegelgedeckten Kolonialhäusern auf einem Hochplateau aus.

1820 war Totonicapán Schauplatz einer aufsehenerregenden Indianerrebellion. Damals vertrieben die *indígenas* alle *ladinos* aus der Stadt und ernannten ihren Anführer Atanasio Tzul zu ihrem König, seinen Assistenten Lucas Aquilar zu ihrem Präsidenten. Die Herrschaft der *indígenas* wurde nach 29 Tagen mit militärischer Gewalt beendet.

Der Ort bietet Touristen ein ungewöhnliches Programm, das von der Casa de la Cultura in Zusammenarbeit mit den ansässigen Kunsthandwerkern entwickelt wurde. Gegen einen Pauschalpreis können Besucher in rund 60 lokalen Werkstätten (Keramik, Textilien, Wachsfiguren, handgemachte Dekorationen, traditionelle Trachten, Zinn-, Holz- oder Lederarbeiten, Möbel, Holzschachteln, Spielzeuge) und in den Werkstätten der Webereikooperativen den arbeitenden Handwerkern über die Schulter sehen.

Das INGUAT-Büro gibt zur ›Touristischen Kunsthandwerksroute‹ einen Stadtplan heraus, auf dem die Lage aller Werkstätten genau verzeichnet ist, so daß jeder selbst nach Interesse seinen Rundgang zusammenstellen kann. Der Plan ist auch in der Casa de la Cultura 2 Blocks westlich der Plaza erhältlich. (8 Avenida 2–17, Zona 1, ✆/Fax 7 66 15 75, Öffnungszeiten Mo–Fr 9–17 Uhr)

Zum touristischen Veranstaltungsprogramm gehören auch Folklorefeste mit Aufführungen von traditionellen Tänzen, von der *Danza de la Conquista* bis zur *Danza de los Vaqueros*. In der Osterwoche kann man die *Danza de Los Xacalcojes*, ein Tanz über die Wiederauferstehung Christi, eine Besonderheit Totonicapáns, sehen. Mit den von der Gemeinschaft getragenen Veranstaltungsangeboten will man verhindern, daß nur auswärtige Ausflugsunternehmen auf Kosten der Bevölkerung vom Tourismus profitieren.

Markttag ist Dienstag. Er findet neben der Bushaltestelle auf der Plaza vor der Kirche und dem neoklassizistischen Theater, hauptsächlich jedoch in der 4a Calle statt.

 Busse: Busse zu allen Ortschaften fahren täglich direkt ab Quetzaltenango oder ab Cuatro Caminos. *Momostenango:* Der Bus benötigt für die Strecke von San Francisco El Alto nach Momostenango je nach Wetterverhältnissen etwa 1 Std. Rückfahrt nach *San Francisco El Alto* nur zwischen 6 und 15 Uhr.

Unterkunft: *Salcaja:* La Mansion de Don Hilario, 3a Avda. 3–21,

ZONA 2, ✆ 7 61 61 01
Momostenango: Hospedaje Roxana und bei der kleineren Plaza die Hospedaje Paclam (die auch über ein angeschlossenes Restaurant verfügt); beide Herbergen sind sehr einfach

 Patronatsfeste: *San Cristóbal Totonicapán:* 29. September
San Francisco El Alto: 1.–5. Oktober
Momostenango: 1. August
Totonicapán: 29. September

Huehuetenango

Hinter dem Verkehrsknotenpunkt Cuatro Caminos führt die Panamericana nach Norden in das weniger dicht besiedelte Departamento Huehuetenango. Die etwa einstündige Fahrt bietet großartige Fernblicke über die Täler und Hänge der auslaufenden Sierra Madre und auf die bis zu 3800 m hohe Sierra de los Cuchumatanes. Bald senkt sich die Straße sanft in das ausgedehnte Tal des Río Sacuma und Río la Viña mit der Departamento-Hauptstadt Huehuetenango auf 1902 m Höhe. Der weitere Verlauf der Panamericana bringt nach La Mesilla, Grenzstadt zu Mexiko (Fahrzeit von Huehuetenango etwa 1 Std.).

Die Stadt **Huehuetenango** wirkt westlicher als alle Orte in den indianischen Departamentos Totonicapán oder Quetzaltenango. Rund 42 000 Einwohner, überwiegend *ladinos,* leben hier, die wenigen *in-*

dígenas der Stadt sind Nachfahren der Mam, ein Maya-Stamm, der in vorspanischer Zeit in dieser Region beheimatet war, bis er um 1400 von den Quiché unterworfen wurde. Viele Mam flüchteten damals ins mexikanische Chiapas und versuchten immer wieder, bis etwa 1525, ihr Land zurückzuerobern. Die Ruinen der Mam-Hauptstadt Zaculeu am westlichen Stadtrand sind heute die bedeutendste Sehenswürdigkeit Huehuetenangos.

Huehuetenango ist ein angenehmer Standort für alle Ausflüge in die Umgebung und beliebte erste Übernachtungsstation für Reisende, die aus Mexiko über La Mesilla ins Land kommen. Einige der besseren Hotels liegen bereits an der langen Einfallstraße zur Stadt. Wie überall in Guatemala ist der Parque Central zwischen 5a und 4a Avenida sowie 2 und 4 Calle Mittelpunkt des städtischen Lebens. Hübsch begrünt und von Spazierwegen durchzogen, breitet er sich als langes Rechteck zwischen den wichtigsten Gebäuden der Stadt aus. Besonders imposante Bauten sind die neoklassizistische Kathedrale (19. Jh.) und die Concha Acústica (Konzertmuschel), in der am Wochenende oft (Marimba-)Bands aufspielen. An der gegenüberliegenden Seite des Parks zieht sich das Gebäude der Kreisverwaltung entlang. In seiner Nähe befindet sich im Park ein kleiner Mapa en Relieve, der einen plastischen Eindruck der Region, vor allem der Sierra de los Cuchumatanes, ver-

mittelt. Der Pavillon in der Park-
mitte gehört den Schuhputzern.

Die 1 Calle führt westlich aus
der Stadt hinaus und nach etwa 4
km zu den Ruinen der ehemaligen
Mam-Hauptstadt **Zaculeu.** Das
Quiché-Wort bedeutet »weiße Erde« und bezieht sich vermutlich
auf den Kalkstein der Cuchumatanes. Gleich neben dem Eingang
zum archäologischen Gelände
steht ein kleines Museum, in dem
die Bestattungssitte bei den Mam
an einem Originalskelett in hok-
kender Haltung und einige Kera-
mikfunde zu sehen sind.

Über die Eroberung Zaculeus ist
mehr bekannt als über das ehemalige Mam-Reich selbst. Aus dem
Popul Vuh (s. S. 28 f.) weiß man lediglich, daß die Mam bis zum Jahr

1475 vom Quiché-Fürsten Quicab
fremdregiert wurden und danach
bis zum Eintreffen der Spanier versuchten, wieder die Oberherrschaft
über ihr Reich zu gewinnen. Die
Spanier waren noch mit der Unterwerfung der Quiché im zentralen Hochland beschäftigt, als Zaculeus damaliger Quiché-Fürst Se-
quechul ihnen die Nachricht von
einer angeblichen Verschwörung
des Mam-Fürsten Ceibal Balam zu-
kommen ließ. Daraufhin soll Pedro
de Alvarado seinen Bruder Gonzalo nach Zaculeu geschickt haben,
der mit seinen Leuten beim Dorf
Malacatancito auf Ceibal Balams
Armee von rund 5000 Mam-Krie-
gern traf. Als der Mam-Fürst erkannte, daß seine Truppen trotz ihrer zahlenmäßigen Übermacht die
Schlacht verlieren würden, ver-
schanzte er sich in Zaculeu, das
von tiefen Gräben umgeben war.
Gonzalo de Alvarado richtete sich
auf eine längere Belagerung ein.
Noch einmal konnte Ceibal Balam
aus seiner Burg heraus eine angeblich 8000 Mann starke Mam-Ar-
mee formieren, die Alvarado angriff, doch das Ergebnis war erneut
eine vernichtende Niederlage.
Nach über einem Monat mußten
die Mam schließlich aufgeben.

Die Ruinenstätte von heute wirkt
kühl und glatt mit ihren grau ver-
putzten kargen Gebäuderümpfen
um insgesamt 8 Plazas, die alle in-

Zaculeu

einander übergehen. Die ersten Plazas flankieren Tempel- und Palastgebäude, die leicht zu erklimmen sind. Von oben bietet sich ein herrlicher Weitblick auf die südlich aufsteigende Sierra Madre. Am eindrucksvollsten ist zweifellos der massive, zementierte Ballspielplatz. Restauriert wurde Zaculeu zwischen 1946 und 1950 im Rahmen einer Kampagne der United Fruit Company zur Verbesserung ihres Images in Guatemala (s. S. 48 f.). (Öffnungszeiten der Anlage und des Museums tgl. 8–18 Uhr)

Busse: Zwischen *Guatemala-Stadt* (von 6 bis 15 Uhr, 9 Calle 11–42, Zona 1) und Huehuetenango (3 Avenida/5 Calle) verkehren die Pullman-Busse der Gesellschaft Rapidos Zaculeu; andere: Los Halcones ab der 7 Avenida 15–27, Zona 1 in Guatemala-Stadt und ab der 7 Avenida 3–62, Zona 1 in Huehuetenango und El Condor ab der 19 Calle 2–01, Zona 1 in Guatemala-Stadt und ab 1 Calle/1 Avenida in Huehuetenango.
Mehrere Busgesellschaften befahren die Strecke zwischen Quetzaltenango (2 Calle 6–68, Zona 2) und *Huehuetenango* (Pullman-Busse bei Rutas Lima). Nach *La Mesilla:* Rutas Lima und El Condor

Unterkunft: Cascata, sehr gepflegt, Calle Lote 44–42, Zona 5, Col. Alvarado, ✆/Fax 7 64 11 88; Del Prado, Cantón San José, Zona 5, ✆/Fax 7 64 21 50; Los Cuchumatanes, komfortable Zimmer, Pool, Restaurant, Sector Brasilia, Zona 7, ✆ 7 64 19 51, Fax 7 64 28 16; Zaculeu, gepflegt, 5a Avda. 1–14, Zona 1, ✆ 7 64 10 86, Fax 7 64 15 75

 Restaurants: Café Jardin, gutes Frühstück, 4a Calle/6a Avenida; Las Bougainvillas, einheimische Spezialitäten; Ebony, frische Fruchtsäfte, einfache Tagesgerichte, 2 Calle 5–11; Pizzeria Hogareña, 6 Avenida 4–45

 Bank: Banco de Guatemala am Parque Central

Post: 2 Calle 3–54 (schließt schon um 16.30 Uhr)

 Telefon: Guatel-Büro in der 2 Calle 3–56 (7–24 Uhr)

Von Huehuetenango nach Chiantla und Todos Santos Cuchumatán

Ein lohnenswertes Ausflugsziel in der näheren Umgebung von Huehuetenango ist der kleine Wallfahrtsort **Chiantla** mit der versilberten Virgen del Rosario in seiner ursprünglich von Dominikanern erbauten Kolonialkirche. Der Legende nach wurde diese Marienfigur von Pedro de Almengor, dem Besitzer einer nahen Silbermine, gestiftet. Nachdem sie ihm angeblich das Leben gerettet hatte, schenkte er ihr den berühmten Silberumhang. Jährlich pilgern am 2. Februar Tausende Gläubige zur Jungfrau von Chiantla, um Hilfe gegen Krankheit und Armut zu erbitten.

Zum beliebten ›Geheimtip‹ für folkloreinteressierte Urlauber ist inzwischen die isoliert in den Höhen der Sierra de los Cuchumatanes gelegene *indígena*-Gemeinde **Todos Santos Cuchumatán** geworden. Noch gibt es allerdings nur sehr einfache Hotels in diesem malerischen kleinen Flecken.

Während man sich über die unasphaltierte Straße immer höher in das Gebirge hineinschraubt, fällt ein sanfter Wechsel der Vegetation auf. Der Höhenzug der Sierra de los Cuchumatanes wirkt als Wetterscheide. Wolken regnen sich meist an ihren Südhängen ab, so daß sich dahinter eine steppenartige, kakteenbewachsene Landschaft ausbreitet.

Die Fahrt führt von Chiantla nach La Ventura, bis man schließlich Todos Santos Cuchumatán auf dem Grund eines engen Tals erreicht. Ein paar Geschäfte, die Kirche, ein paar *hospedajes* und die Sprachschule Proyecto Lingüístico de Español reihen sich entlang der Hauptstraße, die auch die einzige Straße des Dorfs ist.

Vor allem ist Todos Santos für sein ausgelassenes Patronatsfest am 1. November jeden Jahres bekannt. 3 Tage lang geht es dann besonders trinklustig und turbulent zu. Höhepunkt der Feierlichkeiten sind wilde Pferderennen, die an die Ankunft der Spanier erinnern sollen. Der Legende nach galoppierten die spanischen Soldaten trunken in das Dorf, die Gesichter bleich und wutverzerrt und das Haar flammend rot. Heute treiben die Männer zur Belustigung aller, berauscht vom Quetzalteca, einem brennenden Zuckerrohrschnaps, ihre Rosse an und schlüpfen bis zum Delirium in die Rolle der Konquistadoren. Das Rennen hat gewonnen, wer sich am längsten auf seinem Pferd halten kann. Die bemitleidenswerten Gäule werden für diese große Schau in Chiantla geliehen.

An den übrigen Tagen im Jahr lohnt stets der Markttag (Samstag) einen Besuch; allerdings sind dann die Busse auch sehr überfüllt. Charakteristisch für die Tracht der Frauen ist übrigens der eigenwillige Hut mit dem eingeflochtenen Ledergürtel als Bordüre. Wen synkretistische Zeremonien interessieren, der kann sich den Maya-Platz Tojcunanchén zeigen lassen, zu dem ein Pfad hinter dem Comedor Katy führt. Dort werden noch wie in Momostenango zu bestimmten Tagen des Tzolkin-Kalenders Opferrituale zelebriert.

Busse: Nach *Todos Santos Cuchumatán* oder *Chiantla* zweimal tgl. (11.30, 12.30 Uhr) ab der 1 Avenida/4 Calle in Huehuetenango; zurück von Todos Santos Cuchumatán nach *Huehuetenango* um 17 und 19 Uhr

Unterkunft: *Todos Santos Cuchumatán:* Hospedaje La Paz und Pension Las Olguitas, einfach

Restaurant: *Todos Santos Cuchumatán:* Comedor Katy

Patronatsfest: *Todos Santos Cuchumatán:* 1. November

Die Pazifik-küste

**Von Escuintla
nach Puerto San José**

**Die Strandorte Likín,
Iztapa und Monterrico**

**Stätten der Olmeken:
La Democracia und
Abaj Takalik**

**Von Retalhuleu
nach Champerico**

Strandleben in Puerto San José

Die Pazifikküste

Schwer rollende, große Wellen brechen sich am feinpulvrigen, schwarzen Strand von Puerto San José. An der Landzunge zwischen dem Canal Chiquimulilla und Monterrico werden die Strände schmaler und goldfarben, noch weiter südlich zergliedern mit Mangroven bewachsene Lagunen die Küste. In La Democracia und am Abaj Takalik bei Retalhuleu hinterließen die Olmeken kolossale Steinfiguren. Die Costa Sur ist ein aufblühendes Feriengebiet vor großartigem Gebirgspanorama.

Die Bodengestalt der Pazifikküste sollte man sich zuvor am Mapa en Relieve (Reliefkarte) in Guatemala-Stadt angesehen haben, denn so plastisch wie sich das Land hier über die gesamte Küstenlänge zu einer vulkangespickten, im Durchschnitt 3000 m hohen Gebirgsbarriere erhebt, könnte man es in natura nur bei klarster Sicht oder aus großer Flughöhe sehen. Wer mit dem Auto oder dem Bus frühmorgens oder spätnachmittags, wenn die Sicht oft klarer ist, von der Küste ins Landesinnere unterwegs ist, kann wenigstens Teile dieses atemberaubenden Panoramas auf sich wirken lassen.

Die Costa Sur, wie die Pazifikküste von den Guatemalteken genannt wird, haben in der letzten Zeit vor allem die Bewohner von Guatemala-Stadt, aber auch von La Antigua, Panajachel oder Quetzal-

tenango als Ferienziel entdeckt, zumal sie von der Landesmetropole in rund 3 Stunden erreichbar ist, für die Fahrt zur Karibikküste braucht man immerhin 1–2 Stunden länger.

Die fruchtbare Pazifiksenke, in der während der Kolonialzeit überwiegend Kakao und Indigo angebaut wurde, ist heute nahezu nahtlos von riesigen Viehweiden, Zukkerrohr- und Baumwollfeldern, Bananen- oder Palmöl-Pflanzungen überzogen. Auf halber Anstiegshöhe zum Hochland, entlang der Carretera del Pacífico (CA 2) zwischen Escuintla und Retalhuleu, beginnt das vulkanerdegedüngte Kaffeeland.

Da auf Grund der intensiven Landwirtschaft kaum archäologische Stätten erhalten sind, weiß man nur wenig über die vorkolumbische Geschichte der Region,

Mole in Puerto San José

Ausnahme sind die Funde aus der Olmeken-Zeit in La Democracia und am Abaj Takalik bei Retalhuleu. Um 1500 v. Chr. siedelten hier die Ocós und Iztapa aus dem mexikanischen Norden, die um 400 n. Chr. von den Pipil, einem kriegerischen Volk aus Zentralmexiko, verdrängt wurden.

Von Escuintla nach Puerto San José

Tor zur südlichen Pazifikküste ist **Escuintla,** die 58 km von Guatemala-Stadt entfernte Hauptstadt des gleichnamigen Departamentos. Rund 1 km vor der Stadt liegt ein 1990 erbauter Aquapark mit Rutschbahnen, Schwimmbecken, Umkleidekabinen und einer stets phonstark mit Musik beschallten Bar. (Öffnungszeiten von Di–So 8.30–16.30 Uhr)

Escuintla, eine chaotische, von Menschen und Autos schier überquellende Verwaltungs- und Arbeiterstadt, ist das Zentrum einer industriell wie landwirtschaftlich bedeutenden Region. Man kann es schnell durchfahren oder sich an der Hauptplaza in das Gewühl der Straßenhändler und Passanten mischen, um einen Eindruck von seiner betriebsamen Atmosphäre zu erhaschen.

Von Escuintla führen 2 parallel zueinander verlaufende Straßen an die Pazifikküste: die alte, von

143

Coatepeque

Quetzaltenango

Panajachel

Lago de
Atitlán

Tecún Umán/
Mexiko

Abaj Takalik

El Asintal

Santiago
de Atitlán

S. Lucás
Tolimán

El Zarco

El Zarco

San Antonio
Suchitepéquez

Vul. Atitlán
3537 m

Vul. Ac
39

San Sebastián

Retalhuleu

Mazatenango

CA 2

Sierra

Mad

Samalá

9S

Cocales

El Baúl

Finca El Baúl

Río Bravo

Bilbao

Champerico

Sta. Lucía
Cotzumalguapa

Siquinalá

C

Pueblo Nuevo
Tiquisate

La Democracia

Finca
Monte Alte

El Tulate

Nueva
Concepción

Alte CA 9

El Semillero

Coyolate

P. N.
Sipacate - Naranjo

La Barrít

Die Pazifikküste

Sipacate

P.
San

N

0   20 km

Pazifischer   Oze

Schlaglöchern zersiebte und heute kaum noch befahrene CA 9 nach Puerto San José (Fahrzeit etwa 3 Std.) und die neue Carretera Interoceánica nach Puerto Quetzal (ebenfalls CA 9, Fahrzeit ca. 45 Min.). Wer schnell ans Meer gelangen will, wird die neue Verbindung nach Puerto Quetzal, wer Zeit hat, wird vielleicht die alte nach Puerto San José wählen. Denn abgesehen vom schlechten Zustand, ist die alte Strecke sehr schön, führt sie doch mitten durch ein riesiges Viehweidegebiet mit uraltem Baumbestand und fürstlichen Fincas hinter vergitterten Alleen-Zufahrten.

Puerto San José

fens offenbar schnell zu seinen Ursprüngen zurückfand. So ragt die alte eiserne Hafenrampe jetzt nicht etwa ungenutzt in die mächtig wogende pazifische Brandung, sondern dient den Fischern im Ort als ›Parkempore‹ für ihre Boote. »Das ist viel sicherer als früher«, freuen sie sich, »die Boote können jetzt vom unberechenbaren Meer nicht mehr weggespült werden.« Zu Wasser lassen sie sie einfach mit einer Seilwinde. Von der Rampe kann man das aus den 1930er Jahren stammende Zollgebäude und den alten Bahnhof der Eisenbahnlinie, die Puerto San José von 1884 an mit der Hauptstadt verband, gut überblicken.

Daß Puerto San José sich mittlerweile zum Lieblingshafen für sonnenhungrige Hochlandguatemalteken entwickelt hat, bezeugen die dichten Reihen kleiner Restaurants am breiten, schwarzen Vulkanstrand, auf dem sich leider jedes noch so kleine Stück Abfall weithin sichtbar abzeichnet. Im Rahmen der Planungen für ein touristisches Großprojekt unter dem Namen San José del Mar bemühen sich die Gemeindevertreter z. Zt. darum, ihren *costeños* bei der Sauberhaltung ihres Ortes etwas mehr Disziplin beizubringen. San José del Mar soll nach dem Vorbild südfranzösischer Yachthäfen eine von Kanälen durchzogene, große Marina mit erstklassigen Ferienvillen werden. Mit der Planierung des Geländes hinter dem Hotel Martita wurde bereits begonnen.

Die ehemalige Hafenstadt **Puerto San José** entpuppt sich bald nach der Einfahrt mit ihren unter der Hitze ächzenden, bunten, kleinen Bretterbuden, herumlaufenden Schweinen und einfachen *comedores* (Imbißstände) als ein etwas groß geratenes, staubiges Fischerdorf, das nach der Aufgabe des Ha-

145

Alter Verladebahnhof, Puerto San José

Nur 1 km von Puerto San José entfernt liegt Guatemalas 1983 eingeweihter Pazifik-Container-Hafen **Puerto Quetzal.** Die Hälse von Lastkränen hinter einer großen Mauer sind das einzige, was man bei der Einfahrt über die neue Küstenstraße vom Hafengelände sehen kann. Die Anlage ist mit ihren Abfertigungsgebäuden und Speichern durch eine parkähnlich begrünte und mit Schranken umgebene Wohnsiedlung, in der die Offiziere und Angehörigen der hier stationierten Base Naval (Marine) leben, abgeschirmt. Ohne Genehmigung (bei der Base Naval) kann man den Hafen nicht besichtigen.

🚌 **Busse:** Nach *Escuintla* und *Puerto San José* ab Guatemala-Stadt mit den Bussen der Gesellschaft Transportes Unidos (Abfahrt in der 4 Avda./ 1 Calle, Zona 9)

🛏 **Unterkunft:** *Puerto San José:* Hotel Eden Pacific, direkt am Strand gelegen, mit Pool, Barrio Laberinto, ☎ 8 81 16 05; Hotel Posada Quetzal I (☎/Fax 8 81 24 94) und Hotel Posada Quetzal II (☎ 8 81 18 92, Fax 8 81 16 01), beides familiäre Cabaña-Hotels am Ortseingang mit kleinen Pools; Hotel Turicentro Martita, modern, Zimmer mit Bad, Kabel-TV,

Aircondition, ein kleiner Pool, mit Abstand das beste Haus am Ort, 5a Calle/ Avda. del Comercio, Lote Nr. 26, ☎ 8 81 13 37, Fax 8 84 25 85

 Patronatsfest: *Puerto San José:* 16.–22. März

Likín, Iztapa und Monterrico

Nur wenige Kilometer östlich von Puerto Quetzal weist ein Schild auf den Strand **Likín** beim bekannten gleichnamigen Hotel hin. Wer ihn, obwohl er nur von Hotelgästen benutzt werden darf, besuchen will, muß sein Anliegen dem Wächter an der Schranke zu einer Wohn-

Kanal bei Iztapa

siedlung vortragen, in der sich der Anleger für die Fährboote befindet, die zum Strandhotel hinter der Lagune bringen. (Transport für Hotelgäste frei, sonst 40 Q)

Bald hinter Likín endet die Straße in **Iztapa,** dem ältesten Hafenort an der Pazifikküste. Hier ließ Pedro de Alvarado die Schiffe für seine Reise nach Peru bauen. Heute ist der einfache Ort gänzlich auf einen in seinen Anfängen begriffenen nationalen Tourismus eingestellt. Man kann zu Fuß oder mit dem Wagen auf einer abenteuerlich primitiven Fähre nach Pueblo Viejo übersetzen und von dort mit dem Bus oder mit dem Auto die rund 30 km bis nach Monterrico fahren (sehr schlechte Straße, Fahrzeit etwa 3 Std.).

Da eine Übernachtung in Monterrico weitaus reizvoller ist als in Iztapa, sollte man die Weiterfahrt rechtzeitig, also mindestens 3 Stunden vor Einbruch der Dunkelheit,

planen, um nicht den Großteil der Strecke in finsterer Einsamkeit fahren zu müssen. Die Sandstraße von Pueblo Viejo nach Monterrico ist nur durch die Lichter der Anrainerhäuser beleuchtet. Wer sich in Guatemala-Stadt für einen Direkttrip nach Monterrico entscheidet, kommt bequem in gut 4 Stunden über Escuintla und Taxisco an der Carretera del Pacífico (CA 2) nach La Avellana, wo Autofähren Autos und Fußgänger über den Canal de Chiquimulilla nach Monterrico transportieren.

Monterrico ist im ganzen Land für seinen schönen Strand berühmt und besonders bei Naturliebhabern wegen seiner beschaulichen Atmosphäre und dem nahegelegenen Biotopo Monterrico-Hawaii beliebt. Das 2800 ha große Naturschutzgebiet ist mit seinen Mangrovensümpfen ein Paradies für Wasservögel, es umfaßt aber auch stille Strandzonen, in denen vom Aussterben bedrohte Wasserschildkröten ihre Eier ablegen. Darüber hinaus ist das Biotopo vor allem als Rückzugsgebiet für Leguane und Kaimane von großer Bedeutung, die traditionell von den Einheimischen als Eier- oder Fleischlieferanten stark bejagt werden und deren Bestand schon bedrohlich dezimiert ist. Mitarbeiter der Naturschutzorganisation CECON, die auch das Biotopo del Quetzal betreut, überwachen hier ständig die Brutplätze. Bootsausflüge in das Gebiet werden von einheimischen Führern angeboten.

Wer es noch abgeschiedener mag: eine knappe Busstunde von Monterrico entfernt liegt ein weiterer schöner Strand vor dem Fischerdorf **Las Lisas.**

🚌 **Busse:** Die Fahrt nach *La Avellana* mit dem Bus ab dem Terminal in der Zona 4 von Guatemala-Stadt dauert etwa 4 Std. (Abfahrten tgl. um 5.30, 11 und 14 Uhr); von La Avellana geht es mit Autofähren weiter nach *Monterrico.*

🛏 **Unterkunft:** *Likín:* Hotel Likín, Swimmingpool, mit angeschlossenem Restaurant und einer Bar, vorherige Anmeldung im Büro in Guatemala-Stadt (13 Calle 1–51, Zona 10, Edificio Santa Clara, Lokal Nr. 8, ✆ 3 32 14 04) ist ratsam. *Monterrico:* Playa Baule, ✆ 4 73 61 96, alteingeführt und sehr beliebt; San Gregorio und Bungalows Lugar de Don Juan (kein Tel.)

Santa Lucía Cotzumalguapa

Man nehme von Escuintla die westliche Ausfahrt Richtung Retalhuleu und befahre die Carretera del Pacífico (CA 2), die auf der sonnenbeschienenen Höhe von rund 360 m parallel zur etwa 50 km entfernten Küste verläuft. Nach rund 20 km ist **Santa Lucía Cotzumalguapa** erreicht, ein freundlicher ruhiger Ort mit etwa 20 000 Einwohnern. Hier empfiehlt sich eine Übernachtung, denn in der Umgebung gibt es zwei interessante archäologische Stätten zu besichtigen.

Leicht zu finden ist das kleine Museum der **Finca El Baúl,** auf deren Gelände die älteste Stele Guatemalas gefunden wurde. Man muß den Ortskern von Santa Lucía Cotzumalguapa über die 3a Avenida durchfahren, vorbei an der Plaza und weiter geradeaus, bis die Straße den Ort in nördlicher Richtung verläßt. Nach einer Brücke muß man sich links halten. An Zuckerrohrfeldern vorbei erreicht man schließlich das eingezäunte, riesige Gelände der alten Zuckerrohr- und Kaffeefabrik der Finca El Baúl, die schon in den 1920er Jahren von ihrem damaligen *patrón* Hermano Herrera in eine Aktiengesellschaft umgewandelt wurde und heute angeblich, was ihre Produktivität angeht, trotz ihrer baufällig wirkenden Gebäude und Anlagen noch auf dem zehnten Platz unter allen ähnlichen Fabriken Guatemalas rangiert.

Nachdem man am Eingang einen Ausweis vorgelegt hat, darf man mit dem Wagen in das weitläufige Fabrikgelände hineinfahren, das für sich schon eine kleine Sehenswürdigkeit ist. Besonders interessant ist natürlich ein Besuch in der Zeit der Kaffee-Ernte in den Monaten September bis November oder während der Zuckerrohrernte von Dezember bis April. Betriebsbesichtigungen werden zwar noch nicht angeboten, im Büro kann man aber fragen, ob vielleicht eine

Auf der Finca El Baúl

Ausnahme gemacht wird. Dort hängt auch ein Lageplan mit den einzelnen Parzellen des riesigen Grundbesitzes, auf dem die archäologischen Fundstellen markiert sind.

Im kleinen, eingezäunten Freiluftmuseum sind einige sehr schöne Fragmente typischer Maya-Steinbildnisse und einige Skulpturen im Stil der Olmeken-Kultur zu sehen, daneben eine Lokomotive aus dem Jahr 1927, geliefert von der Firma Orenstein & Koppel aus Berlin-Drewitz.

Schwer zu finden ist das in den Zuckerrohrfeldern südöstlich der Finca El Baúl gelegene Pipil-Zere-

Wer waren die Olmeken?

Die ersten Tempel, Steinmonumente und Altäre sowie das erste rudimentäre Staatswesen in Mittelamerika schufen die Olmeken, die deshalb als erste Hochkultur Zentralamerikas bezeichnet werden. Zeugen ihrer Kultur fand man von Mexiko bis nach Costa Rica und vermutet deshalb, daß sie überwiegend vom Handel lebten. Die bekanntesten archäologischen Fundstätten liegen im mexikanischen La Venta, San Lorenzo und Tres Zapotes, eine Region der Flüsse und Sümpfe. Aus der aztekischen Sprache stammt auch das Wort Olmeken, das einfach nur »Bewohner des Kautschuklandes« bedeutet. Genaues über dieses Volk, woher es kam und von welchen Stämmen es sich abspaltete, weiß man bis heute nicht. Viele Wissenschaftler ziehen es deshalb vor, diese Kultur nach dem bedeutendsten Fundort La Venta ›La Venta-Kultur‹ zu nennen.

Ihre Blütezeit begann bereits um 1200 v. Chr. Wie die Funde von Mexiko aber auch von Abaj Takalik und La Democracia in Guatemala beweisen, hatten sich die Olmeken zu dieser Zeit schon vom alten Stammeswesen gelöst und waren in der Lage, sich wirtschaftlich, sozial, politisch und religiös in komplexeren Strukturen zu organisieren. Die Tempel wurden bereits nach den 4 Himmelsrichtungen ausgerichtet und dienten mit Altären, auf denen nach dem heutigen Wissensstand keine Menschenopfer stattfanden, und anthropomorphen Skulpturen ausgestattet als Zeremonialplätze.

Typisch olmekische Steinbildnisse zeigen Mischwesen aus Mensch und Tier in dickleibiger Gestalt mit kurzem Hals und pausbäckigem Gesicht, großen Augen und herabgezogenen Mundwinkeln. Tiergestalten sind immer eng mit der Naturmythologie verknüpft, so versinnbildlicht der kolossale Steinfrosch in Abaj Takalik das Licht, das der Dunkelheit entspringt. Kaum zu mißverstehen sind auch die Fußstapfen, die vom Totenkopf-Altar wegführen – Richtung Tod. Die Kröte symbolisiert Wasser und Erde, und der Jaguar, der einen Krieger im Maul trägt, göttliche Kraft und Überlegenheit. Geschlossene Augen bei Skulpturen weisen meist auf Tod, Unterwelt oder Nacht hin, geöffnete dagegen auf Leben, Licht und Tag.

Um 200 v. Chr. war die Olmeken-Kultur verschwunden. Doch hat sie zweifellos alle nachfolgenden Kulturen befruchtet und gilt deshalb auch als Mutterkultur der Maya.

monialzentrum **Bilbao** (600 n. Chr.). Selbst nach eingehender Wegbeschreibung kann man sich im Meer der Zuckerrohrstangen leicht verlaufen, da lohnt die Ausgabe für einen Führer. Viel gibt es allerdings nicht zu sehen, denn die schönsten Steine wurden 1880 per Ozeandampfer in das Berliner Dahlem-Museum gebracht. Immerhin blieb das Monumento 21, das in seiner in Stein gehauenen Bildlegende die Übergabe von Kakaonüssen als Tribut an einen Herrscher zeigt.

Ganz in der Nähe der Fundstätte Bilbao, aber nur über einen Pfad von der Durchgangsstraße in Santa Lucía Cotzumalguapa zu erreichen (beginnt bei der ersten Tankstelle am östlichen Ortseingang), liegt die private **Finca Las Ilusiones.** Die Besitzer haben einige besonders kunstvoll gearbeitete Stelen (Kopien und Originale) vor ihrem Haus aufgestellt, daneben gibt es im kleinen Museum zahlreiche Tonscherben und Steinfragmente. Da das Museum meist verschlossen ist, muß man im Haus nach dem Schlüssel fragen.

Nur rund 20 Autominuten benötigt man, um über Siquinalá zum tiefer gelegenen, kleinen Ort **La Democracia** (165 m) zu gelangen, der direkt an seiner dörflichen Plaza die größte Sehenswürdigkeit der Region zu bieten hat. Den Platz rahmen an allen seinen 4 Seiten dickbauchige, fast 2 m große Steinfiguren, für Guatemala seltene Prachtstücke der Olmeken-Kultur.

Beschattet werden sie von den Blättern einer uralten Ceiba, dem Lebensbaum der alten Maya (s. S. 30). Archäologen schätzen die an Buddhas erinnernden Bildnisse auf ein biblisches Alter von rund 4000 Jahren.

In den Wandmalereien des Museo Rubén Chevez Van Dorne (ebenfalls an der Plaza) hat der Künstler Guillermo Grajera Mena versucht, das Mysterium der alten Olmeken-Kultur zu erfassen. Zu sehen sind außerdem alte Werkzeuge, Begräbnisurnen und ein Plan der bei La Democracia gelegenen Ausgrabungsstätte Monte Alto (privates Gelände einer Zuckerrohr-Finca), wo man auf die Olmeken-Figuren stieß. (Öffnungszeiten des Museums Di–So 9–12 Uhr und 14–17 Uhr)

🚌 **Busse:** Von Guatemala-Stadt ab Avenida 4a/Calle 2, Zona 9, fahren zwischen 6 und 17 Uhr halbstündlich Busse nach *Escuintla* und *Santa Lucía Cotzumalguapa*. In Escuintla oder Siquinalá kann man in einen Bus der Gesellschaft Chatia Gomerena nach *La Democracia* einsteigen (auch Direktverbindung ab Guatemala-Stadt, Terminal in der Zona 4).

🛏 **Unterkunft:** El Camino, preiswertes, einfaches Hotel mit Restaurant an der Carretera del Pacífico, Km. 90,5, ☎ 8 82 53 16; daneben das komfortablere Hotel Santiaguito, Carretera del Pacífico, Km. 90,5, ☎ 8 82 54 35, Fax 8 82 25 85

🎭 **Patronatsfest:** *Santa Lucía Cotzumalguapa:* 25. Dezember

Retalhuleu und Champerico

Eine herrliche Allee hochgewachsener, schlanker Königspalmen führt geradewegs vorbei am Schild »Willkommen in Retalhuleu, der Hauptstadt der Welt« in das Zentrum der 240 m hoch gelegenen Hauptstadt des gleichnamigen Departamentos und Verkehrsknotenpunkts zwischen der Carretera del Pacífico und der von Quetzaltenango im Hochland herunterführenden Route zur Küste bei Champerico. **Retalhuleu** mit seiner tropisch begrünten, lauschigen Plaza, von den Einheimischen abgekürzt nur Reu genannt (sprich: Rejuu), lohnt eine Übernachtung, denn es wartet mit einer archäologischen Attraktion, dem **Abaj Takalik,** beim 20 km entfernten El Asintal auf. Die 9 km^2 große Ausgrabungsstätte ist allerdings ohne Auto schwer zu erreichen. Von der Umgehungsstraße von El Asintal zweigt eine unasphaltierte Waldstraße ab, die nach rund 4 km zum Eingang des Ausgrabungsgeländes führt. Helfer des dort seit 1987 tätigen guatemaltekischen Archäologenteams um Miguel Orrego und Christa La Barrera führen Besucher gegen ein Trinkgeld zu den einzelnen Grabungsstellen und dem kleinen Museum mit Ausstellungsstücken wie einer Vase aus 150 Jadeplättchen, auf die man 1991 auf einer Finca beim Ausheben einer Latrinengrube stieß. Zum Teil ausgegraben sind der Tempel Nr. 11 und Nr. 12, deren Aufgänge mit dickbauchigen, im Stil der Olmeken-Kultur gestalteten Steinfiguren gesäumt sind, darunter eine Eule, die die Unterwelt und den Tod markiert, während die Figuren auf der anderen Seite das Leben symbolisieren. Die mit einer Schlange verzierte Hauptstele stammt aus dem Jahr 126 n. Chr. und ist damit älter als Tikal. Deutlicher noch wird der olmekische Einfluß beim Monumento 99, das in Abaj Takalik nur Babyface genannt wird. Zu sehen sind auch die Reste eines Saunabadehauses. (Öffnungszeiten des Geländes Mo–Fr 9–16 Uhr)

Nur 38 km südwestlich von Retalhuleu liegt **Champerico** am Meer. Der amerikanische Schriftsteller Aldous Huxley soll sich über die »unaussprechliche Langeweile des Lebens« in Champerico beklagt haben, ein Zitat, das diesem aufgeräumten kleinen Badeort an der Pazifikküste fast zuviel literarische Ehre erweist. Ein braves Dorf ist es geblieben, mit geraden Straßen, in denen mehr Fahrradtaxis als Autos verkehren, mit einigen einfachen Hotels, vor allem mit einem langen Strand aus grauem Sand, der abrupt ins bewegte Pazifische Meer absinkt und den eine stattliche Reihe z. T. recht gepflegter, kleiner Restaurants säumt. Sogar eine Diskothek gibt es, getanzt wird am Wochenende im Salon Municipal, dem Gemeindehaus beim Strand, wenn Scharen von Hochlandguatemalteken Champe-

Abendstimmung an der Pazifikküste

rico dank seiner guten und schnellen Straßenverbindung besuchen.

Busse: Nach *Retalhuleu* fahren Busse aus Quetzaltenango und Escuintla. Gute Busverbindung von Retalhuleu und Quetzaltenango nach *Champerico*. Von Champerico starten etwa stündlich in der Zeit von 4 Uhr morgens bis 14.30 Uhr Busse nach *Quetzaltenango* und bis 18 Uhr nach *Retalhuleu*

Unterkunft: *Retalhuleu:* Hotel Astor, an der Plaza mit einem hübschen Innenhof und eigenem Parkplatz ☎ 7 71 04 75; La Colonia, einfaches, doch angenehmes Motel mit Restaurant in San Sebastián kurz vor Retalhuleu an der Carretera del Pacífico, Km.

178, ☎ 7 71 00 38, 7 71 00 54, Fax 7 71 01 91; Posada de Don José, schönes Hotel mit Pool im Patio, 5 Calle, Zona 1, ☎ 7 71 26 34
Champerico: La Posada del Mar, größeres Hotel am Ortsausgang, einfach, etwas heruntergekommen, Pool, Zimmer mit Bad, Restaurant, ein hängengebliebener Deutscher als Manager, Carretera del Pacífico, Km. 222, ☎ 7 73 71 04; Miramar, einfaches, sauberes Hotel in einem alten typischen Hotelgebäude, beliebt bei Travellern (vor Ort erfragen)

Restaurant: *Champerico:* Rancho Don Rami, bestes Restaurant der Strandseite, sehr gute Fischsuppe und Ceviche

Unterhaltung: *Champerico:* Bar im Miramar, Diskothek im Salon Municipal

Patronatsfest: *Retalhuleu:* 6.–12. Dezember; *Champerico:* 4.–8. August

Verapaz

Salamá und Rabinal

Das Biotopo del Quetzal

Cobán

Dörfer am Ende der Welt:
Lanquín und Cahabón

Kaffee-Finca in Alta Verapaz

Verapaz

Nebelverhangene, pinienbestandene Berge machen den landschaftlichen Reiz von Verapaz aus. Der größte und attraktivste Ort ist Cobán mit seinen überraschend guten Hotels und einem Hauch deutscher Immigrantenatmosphäre, bester Ausgangspunkt für den Endspurt nach Lanquín, einem Traumziel für Naturfreunde mit seiner Grotte und den Sinterterrassen von Semuc-Champey. Bei einer River-Rafting-Tour auf dem Río Cahabón rauschen Abenteuerlustige flußabwärts zum Lago Izabal.

Schon kurz nach Verlassen der Carretera al Atlántico (CA 9) in El Rancho und spätestens während der Fahrt in die Höhen von Alta Verapaz spürt man den Hauch von Wildnis, der dieser immer noch wenig erschlossenen und dünnbesiedelten Region anhaftet. Die Spanier nannten sie wegen der nicht enden wollenden Kriege gegen die ansässigen, äußerst militanten Achi »Tierra de la Guerra« (Land des Krieges). Erst als der drängenden Bitte des Dominikanerpaters Bartolomé de Las Casas, ihm in einer Art Reservat eine ungestörte Missionsarbeit zu ermöglichen, von der spanischen Krone entsprochen wurde, begann die Befriedung der Region. 1537 traf Las Casas mit seinen Ordensleuten in Verapaz ein, sie schlossen Freundschaft mit den Führern der Achi, erlernten ihre Sprache und unterrichteten sie in

musischen Künsten. 1 Jahr später schon hatten sich viele Achi zum Christentum bekehrt. Nach 5 Jahren galt das Experiment als gelungen und die Region wurde in Verapaz (Land des wahren Friedens) umgetauft.

Die Bevölkerung blieb dank der Abgeschiedenheit auch nach der Vertreibung der Dominikaner aus Guatemala weitgehend ungestört, bis Ende des 19. Jh. europäischen Immigranten, unter ihnen überwiegend Deutsche, das Land für Kaffeeplantagen und zur Besiedlung zur Verfügung gestellt wurde. Um das Jahr 1914 wurde hier die Hälfte des guatemaltekischen Kaffees produziert.

Verapaz teilt sich heute in die Departamentos Alta Verapaz, das überwiegend von den Kekchí und Pokomchí bewohnt wird, und Baja Verapaz.

Baja Verapaz

Etwa eine knappe Fahrstunde hinter El Rancho zweigt bei San Jerónimo in westlicher Richtung die Straße zur Departamento-Hauptstadt **Salamá** ab. Attraktion des kleinen, sympathischen, allerdings an Sehenswürdigkeiten armen *ladino*-Städtchens ist der Markt am Sonntag.

In **Rabinal,** das wiederum eine Fahrstunde hinter Salamá liegt, beleben wieder mehr in Tracht gekleidete *indígenas* das Straßenbild. Der Ort wurde 1537 vom Dominikanerpater Las Casas gegründet. Heute besitzt er als Kunstgewerbe-zentrum einen hervorragenden Ruf, ähnlich wie Totonicapán im nordwestlichen Hochland. Die lokalen Töpfer verstehen sich auf die Herstellung einer Keramik in einer ›nij‹ genannten Technik. Typisch sind auch Schnitzereien aus bauchigen Kalabassen. Interessierte werden besonders während des Markts am Sonntag fündig.

Darüber hinaus ist Rabinal für seine besondere Tanztradition bekannt. Angeblich stammt der einzige altindianische Tanz, der auch noch in kolonialer Zeit aufgeführt wurde, aus dem Ort. Legendärer Berühmtheit erfreut sich ebenso der Tanz *Rabinal Achi*, der zuletzt 1856 aufgeführt wurde. Der *Patzca*

Cu cul! Cu cul! ruft der Quetzal

Legenden ranken sich um die kleine zierliche Vogelart, deren Männchen mit ihrem feuerroten Brustgefieder, einer schillernd grünen Kopfkappe und den blaugrün schimmernden Schwanzfedern, die bis zu achtmal so lang werden können wie ihr kleiner Körper, ein außergewöhnlich schönes Federkleid tragen. Schon die Azteken und die Maya erwählten den Quetzal zum Symbol des Lichts und des Lebens, sein Bild schmückte die Pyramiden und Tempel des alten Mittelamerikas, und seine Federn krönten die Häupter der edelsten Könige. Der Aztekenherrscher Montezuma wie der Quiché-Fürst Tecún Umán bestraften die Jagd auf den männlichen Quetzal mit dem Tod.

Heute ist der Quetzal, das Nationaltier Guatemalas, selten geworden. 1990 wurde deshalb von deutschen Biologen das ›Project Eco-Quetzal‹ gegründet. Es vermittelt Besucher an jene Gemeinden im Nebelwald, in denen die Familienväter als Führer ausgebildet sind, so daß die Chance groß ist, den Vogel zu Gesicht zu bekommen. Mit seinem kurzen gelben Schnabel ernährt er sich von Früchten, Beeren und Insekten. Seine Nester baut er wie ein Specht in die Hohlräume morscher Baumstämme. Männchen und Weibchen wechseln sich beim Füttern der Jungen ab. In 3–4 Wochen sind diese soweit, daß sie ihre ersten Versuche unternehmen, sich wie ihre Eltern in großen Spiralen in die Lüfte zu erheben. Man kann den Quetzal an seinem Ruf erkennen: Wenn er energisch ist, dann klingt er etwa wie Guaca! Guaca! Guaca! Häufiger jedoch klagt er weich und sanft: Cu cul! Cu cul!

Kontakt zu ›Project Eco-Quetzal‹ über ✆ 9 51 30 90.

dagegen, ein Tanz, der die Ernte zum Thema hat, gehört noch heute zum Repertoire der lokalen Tanzgruppen.

Am Ortsrand stößt man auf die Ruinen einer ehemaligen Achi-Festung (Cerro Cayup), von der sich ein großartiger Blick über das Urrán-Tal bietet, das als die Heimat der Achi gilt. In der Nähe baden die Einheimischen gern im Balneario Los Chorros.

Der Eingang zum 1173 ha großen **Biotopo del Quetzal** (Biotopo Mario Dary Rivera) liegt ca. 20 km von San Jerónimo entfernt, kurz vor dem Dorf Purulhá direkt an der Straße nach Cobán (Km. 161) in einem Nebelwald-Berghang. Initiiert wurde das Naturreservat 1977 von dem ehemaligen Hochschulrektor Dary Rivera (1981 ermordet) zum Schutz des guatemaltekischen Nationalvogels, dem Quetzal. Es gehört zu einer ganzen Reihe von Biotopen, die von der Universität San Carlos in Guatemala-Stadt verwaltet werden.

Hinter dem Besucherzentrum beginnen zwei Wanderpfade, einer von 1,8 km, der andere von 3,6 km Länge. Auch wenn sich der scheue Quetzal rar macht, lohnt ein Spaziergang durch die tropische Vegetation, z. B. zu den Río Colorado-Wasserfällen oder dem rund 450 Jahre alten Baum Xiu Ua Li Che (Großvater-Baum), der schon zu Zeiten der spanischen Konquista grünte. (Öffnungszeiten tgl. 6–16 Uhr, um 17 Uhr muß man den Park verlassen haben, Eintritt 30 Q; Erlaubnis zum Campieren und weitere Infos über: CECON, Avenida La Reforma 0–63, Zona 10, Guatemala-Stadt, ✆ 3 31 09 04, Fax 3 34 76 64)

Busse: Von Guatemala-Stadt starten die Busse der Gesellschaft Rutas Verapacenses in der 19 Calle/9 Avda. zwischen 5.30 und 16 Uhr fast stündlich nach *Salamá* und *Rabinal*

Unterkunft: *Salamá:* Hotel San Ignacio, 4a Calle A 7–09, Zona 1, ✆/Fax 9 40 01 86
Rabinal: Hospedaje Caballeros, 1a Calle 4–02, Zona 2; Posada San Pablo, 3a Avda. 1–50, Zona 3
Biotopo del Quetzal: Posada Montaña del Quetzal, ca. 5 km vom Naturpark entfernt, Carretera a Cobán, Km. 156,5, ✆ (Guatemala-Stadt) 3 35 18 05

 Patronatsfeste: *Salamá:* 17.–21. September; *Rabinal:* 19.–25. Januar

Alta Verapaz

Cobán, die Bezirkshauptstadt von Alta Verapaz, liegt auf 1320 m Höhe in der Klimazone des ewigen Frühlings. 1538 von Las Casas gegründet, erhielt es von Karl V. den Titel ›Ciudad Imperial‹ (Reichsstadt). Trotz dieses großartigen Titels wirkt der Ort mit seinen heute rund 25 000 Einwohnern immer noch wie ein zu groß geratenes Straßendorf. Das Zentrum ist nach wie vor ländlich mit der 200 Jahre alten Finca an der Plaza Central, in der heute das Hotel Posada untergebracht ist, und der 1543 erbauten spanischen Kolonialkirche gegenüber. Der erstaunliche Betonturm, der eine Art Musikpavillon darstellen soll, wirkt wie ein hilfloser Versuch, in den Ort einen Hauch Modernität einziehen zu lassen. Mit seinen kleinen Imbißständen ist der Platz am Abend ein beliebter Treffpunkt der Einheimischen. Das Denkmal gegenüber dem Hotel Posada erinnert an den legendären Beschützer der Indianer Bartolomé de Las Casas.

Die 1a Calle führt am Café Tirol und der 5a Avenida vorbei bis zur 7a Avenida oder Avenida del Calvario, wo sich bald hinter dem Hotel Armenia die breite Treppe zum Templo del Calvario hinaufschwingt. Der Aufstieg lohnt zum einen wegen der kleinen Kirche aus der frühen Kolonialzeit, die auf einem indianischen Bestattungshügel erbaut wurde, der heute noch

Bartolomé de Las Casas

Bartolomé de Las Casas hat wie kein anderer die Entdeckung und Er-oberung der Neuen Welt durch die Spanier in ihrer Anfangszeit be-gleitet und auf eine so unbequeme Weise dokumentiert, daß vor allem sein ›Kurzgefaßter Bericht über die Verwüstung der westindischen Länder‹ (1542) zum Inbegriff der *Leyenda negra* (schwarze Legende) wurde, mit der spanische Historiker gern der Ehre Spaniens schädliche Ereignisse etikettierten.

»Die Bücher dieses fanatischen und boshaften Bischofs gefährden die spanische Herrschaft in Amerika«, soll der Vizekönig von Peru nach Erscheinen des ›Kurzgefaßten Berichts‹ geäußert haben. Es ent-hielt die schonungslose Aufdeckung entsetzlicher Greueltaten, die die spanischen Christen an den Indianern verübt hatten. Las Casas:»...daß mehr als 12 Millionen Männer, Weiber und Kinder auf die ruchloseste und grausamste Art zur Schlachtbank geführt wurden, und wir würden in der Tat nicht irren, wenn wir die Anzahl derselben auf 15 Millionen angäben.«

Der Mann, der in die Geschichte als Beschützer der Indianer ein-ging, kam 1474 als Sohn eines Adligen zur Welt. Die Familie stammte aus dem Limousin, brachte es aber in Andalusien zu Wohlstand. Als sein Vater Kolumbus auf seiner ersten Reise begleitete, begann Las Ca-sas in Salamanca Theologie und Jura zu studieren, um danach seinem Vater in die Neue Welt zu folgen. 1511 wurde er in Santo Domingo auf Hispaniola (heute: Dominikanische Republik) zum Priester ge-weiht, unterrichtete an der ersten Universität der Neuen Welt, lernte die späteren Konquistadoren Cortés, Pizarro und Alvarado kennen, und begleitete 1512 Diego de Velásquez bei seinem Eroberungszug nach Kuba. Das Interesse an der indianischen Kultur war zwar schon erwacht, doch zunächst widmete sich Las Casas noch der Bewirt-schaftung seiner auch ihm zugeteilten *encomienda* (s. S. 39), denn er war »ebenso verblendet wie die weltlichen Ansiedler.«

Erst im Alter von 40 Jahren gab ein Schlüsselerlebnis seinem Leben eine vollkommene Wendung. Bei der Vorbereitung einer Pfingstpre-digt las er im Buche Sirach, Kapitel 34: »Der Arme hat nichts denn we-nig Brot; wer ihn darum bringt, der ist ein Mörder ... « Und er bedach-te die Not, in der die Indianer lebten ...

Fortan verzichtete Las Casas auf Güter und Sklaven und wendete sich mit Beschwerden an den Spanischen Hof. Die nächsten 40 Jahre standen völlig im Dienst des Kampfes um mehr Gerechtigkeit für die indianische Bevölkerung. 1515 begann er mit seinen insgesamt 14 Inspektionsreisen in die ›westindischen‹ Länder und erhielt 1520 eine Audienz bei Karl V., während der er äußerte, daß die Afrikaner den Strapazen auf den Plantagen eher gewachsen wären. Daß daraufhin in Afrika Menschen gefangen und in die Neue Welt verschleppt wurden, reute er nach eigenen Worten bitter: »Das Recht der Schwarzen ist dem Recht der Indianer gleich.«

Las Casas-Denkmal,
Guatemala-Stadt

1539, 2 Jahre nachdem er sein Missionsreservat, das Land des wahren Friedens (Verapaz), in Guatemala eingerichtet hatte, überredete Las Casas in Nicaragua Soldaten, ihre Waffen niederzulegen, und verhinderte damit die erfolgreiche Unterwerfung der dortigen Indianer. Sogleich mußte er nach Madrid reisen, um sich zu rechtfertigen, und schrieb nun den ›Kurzgefaßten Bericht‹. Als geweihter Bischof erwirkte er 1542 die Verabschiedung der ›Neuen Gesetze der westindischen Länder‹ (Las Nuevas Leyes de las Indias), die der Willkür von Gouverneuren, Offizieren und Soldaten im Umgang mit den Indianern enge Grenzen setzten und vor allen Dingen das System der *encomienda* abschafften. Doch unter dem Druck der Kolonistenlobby widerrief Karl V. schon bald.

Hochbetagt versuchte Las Casas einen anderen Weg. Als Bischof von Chiapas (Vizekönigreich Guatemala) erließ er die Anweisung, die Absolution nur denjenigen zu erteilen, die sich in juristisch bindender Form für eine Wiedergutmachung an den Indianern verpflichteten. Erneut mußte er nach Madrid, wo dieser Erlaß als Hochverrat aufgefaßt wurde. Nachdem das Verfahren eingestellt worden war, glänzte er in einem letzten großen Streitgespräch mit seinem Widersacher Juan Ginés de Sepúlveda in Valladolid.

Las Casas starb im Sommer 1566, ohne seinem Ziel, Gerechtigkeit für die Indianer, näher gekommen zu sein.

als Friedhof dient. Zum anderen ist auf dem Kirchvorplatz ein Kreuz zu sehen, das die Einheimischen heute noch für synkretistische Opferrituale nutzen, was man an den Rußspuren der Opferfeuer erkennen kann. Von der Terrasse läßt sich außerdem sehr schön Cobán überblicken.

Über saubere Seitenstraßen und eine der Brücken, die den Fluß Cahabón überspannen, gelangt man zur Gärtnerei und Pflanzenausstellung Vivero Verapaz der deutschstämmigen Familie Mittelstedt. Auf den Terrassen und in den Gärten rund um das Privathaus gedeihen etwa 5000 Pflanzen, überwiegend Orchideen, darunter auch Guatemalas Nationalblume, die *Monja Blanca*. Die Blumen werden von der Familie ausschließlich für guatemaltekische Abnehmer gezüchtet, da die Ausfuhr von Orchideen verboten ist. (Entrada a Cobán, Apartado Postal 10, tgl. geöffnet, So nur vormittags, Eintritt 10 Q)

Häufig trifft man in dieser Region auf deutsche Nachnamen, denn die deutschen Immigranten, die hier in der Zeit um 1900 mit dem Anbau von Kaffee und Kardamom begannen, heirateten vorzugsweise indianische Frauen. »Vielleicht, weil *indígenas* und Deutsche von Natur aus sehr arbeitsam sind«, kommentiert das eine deutschstämmige Frau aus Cobán. Allerdings wurden die meisten eingewanderten nichtjüdischen Deutschen unter Präsident Ubico während des Zweiten Weltkriegs

auf Druck der USA des Landes verwiesen, da sich viele offen zu Hitler bekannten.

An der Ortsausfahrt in nordöstlicher Richtung passiert man ein leerstehendes Haus mit typisch deutschem Giebel und gelangt dann nach etwa 6 km zum Marktflecken **San Pedro Carchá.** Hinter der von einem großzügigen Park gerahmten Kolonialkirche versteckt sich das Museo Regional Verapaz. Es birgt eine kleine Ausstellung von archäologischen Funden der Umgebung, darunter Kekchí-Tonarbeiten und anderes regionaltypisches Kunsthandwerk. (Öffnungszeiten Sa, So 9–12 Uhr und

Im Café Tirol

Brücke in Cahabón

14–17 Uhr, aber man kann auch wochentags sein Glück versuchen, nur Di ist wirklich Ruhetag.)

Kurz hinter San Pedro Carchá verschwindet der Asphaltbelag der Straße, und es geht auf einer Sandpiste weiter, vorbei an winzigen Dörfern, in denen z. T. politische Flüchtlinge im Rahmen ihrer Rückführung aus dem mexikanischen Exil angesiedelt wurden. Immer wieder begleiten kaffeesträucherbedeckte Hänge, dann wieder Maisfelder oder langnadelige Kiefern den Pistenrand. Die 61 km von Cobán nach **Lanquín** werden dann auf dem weiteren Weg begleitet von phantastischen Panorama-

blicken auf tiefe Täler und eine Landschaft der Karstkegel am Horizont. Die großartigen Eindrücke entschädigen allemal für die – trotz erneuerter Schotterstraße – immer noch anstrengende Fahrt.

In Lanquín scheint dann das Ende der Welt erreicht, für Naturfreunde jedoch beginnt sie hier erst richtig. Denn von Lanquín aus bieten sich verschiedene Touren an, so zu den Grutas de Lanquín, einem großen Höhlensystem, dessen Grundwasserströme als Río Lanquín in der Nähe des Orts ins Freie treten. Die Höhlengänge verzweigen sich über 100 km Länge (Eintritt 10 Q). Als Naturwunder gilt die natürliche, 300 m lange Limestone-Kalksteinbrücke bei **Semuc-Champey,** 10 km südlich von Lanquín, mit ihren klaren Wasser-

Semuc-Champey

becken, die vom Río Cahabón gespeist werden (Eintritt 10 Q). Im nächsten Ort, **Cahabón,** besteigen die Teilnehmer der River-Rafting-

Agentur Maya-Expeditions ihre Schlauchboote und rauschen unter erfahrener Leitung mit den Fluten talwärts bis zum Lago Izabal.

! **Notruf:** *Cobán:* Polizei, ✆ 9 52 12 25; Bomberos (Feuerwehr), ✆ 9 52 12 12

✚ Ärztliche Versorgung: *Cobán:* Cruz Roja, ✆ 9 52 14 59; Hospital de IGSS, ✆ 9 52 15 53

🚌 Busse: *Cobán:* Busterminal am Markt; ab Transportes Escobar Monja Blanca, 2a Calle 3–77, Zona 4, 2.30–16 Uhr stündliche Abfahrten nach *Guatemala-Stadt,* ✆ 9 52 15 36
Nach *San Pedro Carchá* starten Busse hinter dem Rathaus von Cobán.
Dreimal tgl., um 6, 13 und 15 Uhr, befahren Busse die Strecke von San Pedro Carchá über Lanquín nach *Cahabón.* Rückfahrt ab Lanquín morgens um 5 und 7 Uhr und nachmittags etwa um 15 Uhr

🚕 Taxis: *Cobán:* Taxis Cobán, Parque Central, ✆ 9 52 14 90
Taxis Imperial, Parque Central, ✆ 9 52 18 97

🛏 Unterkunft: *Cobán:* Hotel de Doña Victoria, 3a Avda. 2–38/ Zona 3, ✆/Fax 9 52 22 13; La Posada, restaurierte Finca im Zentrum, gutes Restaurant, 1a Calle 4–12, Zona 2, ✆ 9 52 14 95, Fax 9 51 06 46; Mansión Armenia, Neubau im Kolonialstil, Avda. del Calvario 2–18, Zona 1, ✆/Fax 9 52 22 84; Perla Maria, familiär, 4a Avda. 1–25, Zona 3, ✆ 9 52 19 88; Posada Don Francisco, im Fincastil, Ruta a San Pedro Carchá, Km. 2,5, ✆ 9 52 14 87, Fax 9 52 14 87
Außerhalb von Cobán (Chajaneb): Don Jerónimo's Cottage Sanctuary, 4 Zimmer, vegetarische Küche, kein Telefon; man nehme am Markt von Cobán den Bus nach Chamelco (15 Min. Fahrt), dort den Bus nach Chamil (10 Min.). Dann frage man nach Don Jerónimo's in Aldea Chajaneb. Gegenüber der Kirche Nazarena Roimar führt ein Fußpfad zu der bei Trampern sehr beliebten Ferienhütte; Auskunft auch im Café Tirol.

Lanquín: El Recreo, ein Blockhaus mit lichten und geräumigen Mehrbettzimmern mit Bad, Restaurant, 10a Avda. 5–01, Zona 3, ✆ 9 51 21 60, Fax 9 51 14 92 (Büro in Cobán)

✗ Restaurants und Cafés: *Cobán:* Café El Tirol, vorzügliches Frühstück, 22 verschiedene Sorten Kaffee von frischgemahlenem American bis zum Espresso und Irish Coffee, geführt von deutschstämmiger Familie, 3 Calle 3–13, Zona 1 (Nordseite der Plaza), Mo geschl.; Hacienda Imperial, erstklassiges Steakrestaurant im Hinterhof, gegenüber von La Posada und neben dem Café Tirol, 1a Calle 4–11, Zona 1, tgl. ab 12 Uhr; Kam Mun, bester Chinese im Ort, 1a Calle/Ecke 9a Avda., Zona 2; Pollo Champero, Schnellimbiß für Hähnchenfans, 2 Calle/2a Avda., Zona 3

✿ Souvenirs: *Cobán:* Tienda Típica Tactiqueña, Souvenirladen im Edificio Cabrera gegenüber von La Posada, Diagonal 4, Nr. 2–43, Zona 2; Edificio Elisabeth, Eckgebäude mit Boutiquen, Kino del Norte und Schallplattengeschäft, 1Calle/Ecke 2a Avda., Zona 3; La Platería, Silberschmuck; Pastelería y Panadería El Condor, Kuchen, Plätzchen, frisches Brot, 2 Calle, Zona 3

Y Unterhaltung: *Cobán:* Le Bon, einzige Disko im Ort, neben der Pastelería El Condor, 3. Stock, 2 Calle, Zona 3, Fr und Sa ab 20 Uhr

🏃 Aktivitäten: *Cahabón:* Expediciones Maya, River-Rafting, Büro in Guatemala-Stadt, 15 Calle 1–91, Zona 10, Lokal Nr. 104, ✆ 3 37 46 66, Fax 3 34 36 93, mayaexp@guate.net

🎭 Festival: *Cobán:* 1. Augustwoche: Folklorefestival

Der Süd-osten und die Karibik-küste

Der Wallfahrtsort Esquipulas

Mundo Maya: Copán (Honduras) und Quiriguá

Ferienparadiese am Lago Izabal

Puerto Barrios

Lívingston

Copán (Honduras)

Der Südosten und die Karibikküste

Steil fällt das zentrale Hochland zur trockenheißen Senke des Río Motagua ab, das Bananenland Guatemalas, das bis zur Karibikküste mit dem Exporthafen Puerto Barrios und der afro-karibischen Enklave Lívingston reicht. Kulturinteressierte lockt jenseits der honduranischen Grenze die unvergleichliche Maya-Stadt Copán, Sonnenhungrige das tropische Feriengebiet am Ufer des Lago Izabal.

Von Guatemala-Stadt nach Esquipulas

Die gut ausgebaute Carretera al Atlántico führt in atemberaubend steilen und engen Serpentinen, die stets von kriechenden Containerlastwagen verstopft sind, aus dem Hochland hinunter zum Verkehrsknotenpunkt El Rancho (Abzweig nach Verapaz) und ca. 50 km weiter zur Kreuzung in Río Hondo. Vom 1.–15. Januar und am 8./9. März lohnt es, sich in die Busschlangen einzureihen, die von Río Hondo über Zacapa und Chiquimula den Wallfahrtsort **Esquipulas** in der Tiefe der Sierra del Merendón ansteuern, um Pilger aus ganz Zentralamerika zum *Christo negro* in der dortigen Basilika zu bringen. An beiden Daten ist das Kircheninnere von unzähligen brennenden Kerzen erhellt, zwischen denen zahllose Gläubige mit glitzernd

bunt geschmückten Pilgerhüten kniend oder stehend beten. Einige nähern sich der Kirche sogar auf den Knien rutschend.

Vermutlich stand an der Stelle des heutigen Esquipulas schon in vorspanischer Zeit ein bedeutendes indianisches Heiligtum, das möglicherweise mit dem mächtigen nahen Copán (Honduras) zusammenhing. Als die Spanier im 16. Jh. hier die erste christliche Kirche errichteten, gaben sie dem großen guatemaltekischen Bildhauer der Kolonialzeit Quirio Cataño den Auftrag, aus dunklem Mahagoniholz eine Christusfigur zu schnitzen. Dunkel sollte sie angeblich sein, damit sie von den Indianern leichter akzeptiert würde. Das Original des *Christo negro* wurde 1595 in der kleinen Kapelle neben der heutigen Iglesia San José aufgestellt. Schon damals sprach man ihm wundersame Kräfte zu, doch die Pilgerschar schwoll erst richtig

Die Wallfahrtskirche in Esquipulas

an, als Don Luis Pardo de Figueroa, der Bischof von Guatemala, hier im Jahr 1737 von seiner chronischen Krankheit geheilt wurde. Zum Dank stiftete er das Gotteshaus (1759 fertiggestellt). In den Stand einer Basilika erhob es 1961 allerdings erst Papst Johannes XXIII. Die Christusfigur wurde inzwischen erneuert.

Esquipulas feiert mehrere Feste im Jahr, das größte findet am 15. Januar, dem Día del Señor de Esquipulas, statt. Am 9. März wird der Tag, an dem die Christusfigur Cataños aufgestellt wurde, am 27. Juli, eingedenk des ursprünglichen Namens der Stadt ›Santiago de los Caballeros de Esquipulas‹, der Tag des heiligen Santiago begangen. Der Name Esquipulas stammt aus der Sprache der Chortí und bedeutet »blühendes Land«.

Busse: Von Guatemala-Stadt, 19 Calle 8–18, Zona 1, starten die Komfortbusse der Rutas Orientales etwa halbstündlich 2–20 Uhr über *Río Hondo* und *Chiquimula* nach *Esquipulas*

Unterkunft: Die besten Hotels sind die Posada del Christo (km 224, Ruta Interamericana, Barrio Las Crucitas, ☎ 9 43 14 82, Fax 9 43 18 32) und das Montecristo (3a Avda. 9–12, Zona 1, ☎ 9 43 14 53, Fax 9 43 10 42); an der Plaza liegt das Hotel Internacional, 10a Calle 0–85, Zona 1, ☎/Fax 9 43 17 11; Hotel El Peregrino, 2a Avda. 11–94, Zona 1, ☎ 9 43 10 54, Fax 9 43 14 74

Mundo Maya: Ausflug nach Copán

Anfang der 1990er Jahre gaben die Länder Mexiko, Guatemala, Belize, El Salvador und Honduras den Startschuß für ein touristisches Projekt unter dem Namen Mundo Maya, das den grenzüberschreitenden Besuch der in diesen Ländern liegenden historischen Maya-Stätten erleichtern sollte. Dafür mußten alte Grenzstreitigkeiten beigelegt werden, wie sie z. B. zwischen Guatemala und Belize jahrhundertelang gärten, zumal Guatemala das Territorium Belizes für sich beanspruchte.

Inzwischen ist das Projekt längst Realität. Besucher können problemlos die Grenzen überqueren, sei es, um vom Petén in Guatemala nach Belize zu den dortigen Maya-Stätten Xunanunich oder Caracol oder über das Departamento Chiquimula zur berühmten Maya-Stadt Copán in Honduras zu gelangen. Die Anreise nach Copán ist inzwischen nicht mehr so beschwerlich (Reisepaß nicht vergessen!). Hinter Chiquimula, auf halbem Weg zwischen Río Hondo und Esquipulas, beginnt die eigentliche Anfahrt. Entgegen des Mundo-Maya-Abkommens war sie jahrelang nicht asphaltiert. Das hat sich aber inzwischen geändert. Anfang 2001 fehlten nur noch 20 Kilometer Asphaltdecke bis zum Grenzübergang El Florido. Statt wie früher fünf Stunden benötigt

man nun für die lediglich 60 km lange und landschaftlich sehr attraktive Strecke nur noch zwei bis drei Stunden mit dem Bus oder dem Mietwagen. Ein gutes Stück begleitet die Gebirgsfahrt das tiefe und breite Tal des in weiten Schwüngen mäandernden Río Jocotón und bietet schöne Fotomotive.

Die kleinen Zollhäuser beiderseits der Grenze gleichen vergessenen Wachposten aus der Kolonialzeit. Die Beamten dösen auf den Veranden in Hängematten oder sitzen hinter den alten Abfertigungsluken zwischen Papierstapeln, Stempeln und Bücherbergen. Man zahlt auf beiden Seiten eine Visagebühr und sollte sicherheitshalber eine großzügig bemessene Aufenthaltsdauer in Honduras angeben, da eine verspätete Rückkehr Anlaß für unangenehme Nachfragen und Nachzahlungen sein kann.

Mietwagen müssen auf der guatemaltekischen Seite stehen bleiben, es sei denn, man besitzt einen Überführungsschein, wie ihn z. B. die Ausflugsunternehmer mit sich führen. Auf der honduranischen Seite warten klapprige Pritschenwagen auf Fahrgäste. Die Fahrer wechseln auch Quetzales in Lempiras (Landeswährung von Honduras; zuvor offiziellen aktuellen Tauschkurs einholen!) Wer nicht auf eigene Faust mit einem Leihwagen die Strecke fahren will, kann auch einen der Busse nehmen, die zwischen Chiquimula und Grenze

Altar G auf der Großen Plaza

pendeln. Da sie jedoch oft halten, verlängert diese Reiseart das Unternehmen ziemlich. Wer nicht früh genug losfährt, muß eine Übernachtung in Copán einkalkulieren. Der Ruinenpark schließt um 16 Uhr.

Wer sich auch nur annähernd für die Maya-Kultur interessiert, wird die Strapazen der Anreise nicht reuen. Mit seinen reich verzierten Monumenten stellt Copán selbst Tikal in den Schatten, wenn auch das Gelände wesentlich kleiner und nicht von urwüchsigem Regenwald umgeben ist.

Über die Geschichte Copáns wurde lange gerätselt. Erst seitdem große Teile der Maya-Glyphen-schrift entziffert sind, weiß man, daß sie etwa um 1000 v. Chr mit einer ersten Besiedlung begann. Um das Jahr 500 n. Chr. muß Copán bereits so mächtig gewesen sein, daß es das nordöstlich, in der nahen Karibiksenke gelegene Quiriguá beherrschte (s. S. 174ff.).

An Hand von Steleninschriften aus Quiriguá und der Daten, die in der Hieroglyphentreppe Copáns enthalten sind, kennt man heute die Reihe von 17 Herrschern. 731 beschreibt sich Quiriguá auf einer Stele als frei, was möglicherweise mit einer Schwächung des Herrscherhauses von Copán zusammenhing. Als König Butz Yip den Thron am 14. Februar 749 bestieg und die Hieroglyphentreppe erbauen ließ, muß die Macht Copáns jedoch wieder konsolidiert gewesen sein. Unter seinem Sohn und

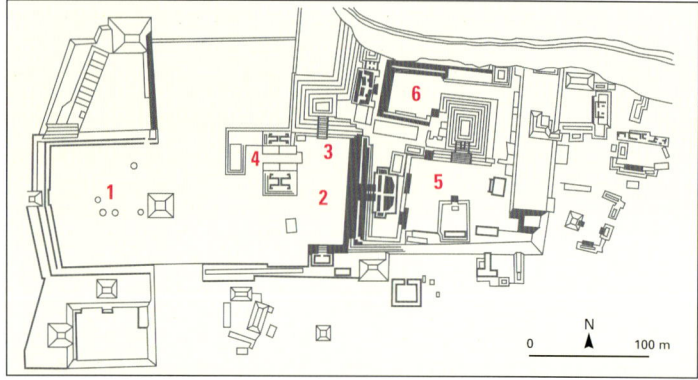

Copán **1** Große Plaza mit Stelen und Altären **2** Tempel der Inschriften **3** Hieroglyphentreppe **4** Ballspielplatz **5** Westplaza der Zentralakropolis **6** Ostplaza der Zentralakropolis

Nachfolger Yax Pak (763–820) brach das allgemeine Ende der Maya-Kultur auch über Copán herein – vielleicht aus Gründen der Überbevölkerung, denn Skelettfunde aus dieser Zeit weisen Zeichen von Unterernährung auf.

Die Ruinen der verlassenen Stadt entdeckte als erster Spanier Don Diego de Palacios im Jahr 1576. Über 200 Jahre mußten vergehen, bis sich das Interesse an ihnen erneut regte. Den ersten Bericht über Copán veröffentlichte der berühmte Archäologe und Wiederentdecker der Maya-Kultur John Lloyd Stephens in den 1940er Jahren. Ursprünglich faßte Stephens den Plan, die gesamte Stadt, nachdem er sie vom Eigentümer des Grundstücks für 50 US-$ erworben hatte,

abzutragen und nach New York zu verschiffen. Ein ehrgeiziges Unternehmen, das zum Glück nie verwirklicht wurde.

Der Zugang zu den Ruinen (Eintritt 50 Lempiras, die Karte berechtigt auch zum Eintritt in das Museum im Ort Copán) beginnt beim modernen Besucherzentrum, in dem man sich an einem Modell der Maya-Stadt einen Überblick verschaffen kann. (Öffnungszeiten des archäologischen Parks tgl. 8–16 Uhr)

Der Weg führt vom Eingang nach rund 100 m direkt auf den großen zentralen Zeremonialkomplex Copáns zu: an einer weiten gepflegten Rasenfläche (Große Plaza) mit vereinzelt stehenden Stelen und Altären erhebt sich im Süden der gewaltige **Tempel der Inschriften (2)** mit teilweise eingestürzter Treppe, ihm zur Seite befindet sich die Hieroglyphentreppe. Beide Gebäude gehen in die zentrale Akropolis, eine architektonisch zusammenhängende Einheit aus Innenhöfen, Tempeln und Aufsatzpyramiden, über. Zu Füßen des Tempels der Inschriften steht die **Stele N,** ein Meisterwerk der Maya-Steinmetzkunst. Sie trägt das Datum 760 n. Chr. und wurde unter König Rauch-Muschel, dem 15. König der Herrscherdynastie Copáns, errichtet.

Die heute überdachte **Hieroglyphentreppe (3)** zur Linken stellt den längsten, bekannten Hieroglyphentext dar. Auch sie beginnt mit einer Stele (Stele M), die das Datum 757 trägt. Vermutlich wurde sie als letzter, den Bau abschließender Stein gesetzt. Die Treppe

steigt mit insgesamt 63 rund 10 m breiten Stufen, die nicht weniger als insgesamt 2500 Hieroglyphenzeichen (die immer noch nicht gänzlich entziffert sind) schmükken, in die Höhe. Versehen mit Datierungen, die vom Jahr 545 bis 745 n. Chr. reichen, erzählen sie die Geschichte der königlichen Dynastie aus der Blütezeit Copáns. Aus den ersten Stufen am Fuß der Treppe erhebt sich ein reliefverzierter, aufgemauerter Block, der als Altar gedeutet wird. Darüber sind im Abstand von jeweils 10 Stufen rund 2 m hohe, mit Schlangen- und Vogelmotiven verzierte Figuren in der Treppenmitte eingelassen.

Neben der Hieroglyphentreppe öffnet sich der **Ballspielplatz (4),** der sich von den Plätzen anderer Maya-Städte in Details unterscheidet. An die Stelle der sonst üblichen steinernen Zielringe z. B. sind hier rundplastisch ausgearbeitete Skulpturen getreten: 6 Köpfe von Guacamaya-Vögeln, die sich paarweise gegenüberstehen und die Mitte wie die beiden Enden des Spielfelds markieren.

Rechts am Tempel der Inschriften vorbei, kommt man zur **Westplaza (5)** in der Zentralakropolis. Vor der Pyramide 16 findet man den **Altar Q** mit seinem berühmten vierseitigen Steinrelief, das den Herrscher Yax Pak zusammen mit seinen 15 Vorgängern zeigt, die jeweils mit gekreuzten Beinen auf ihren Namenshieroglyphen sitzen. Den Stein ließ der Herrscher anläßlich seiner Thronbesteigung im Jahr

Der ›Alte Mann‹ von Copán

763 errichten. In der Pyramide fanden Archäologen ein Grab mit geopferten Raubkatzen. An der Nordseite des Westplatzes ist eine breite Schmuckplatte zu sehen.

Über Treppen geht es zur **Ostplaza (6)** mit dem **Tempel 22** an der Nordseite, der als der wichtigste Copáns gilt. Erbaut wurde er unter König Waxaklahun Ubah.

Etwa 3 km östlich vom zentralen Zeremonialkomplex liegt die kleinere Ausgrabungsstätte **Las Sepulturas** mit dem Wohnbezirk der antiken Stadt. Sehenswerter für die meisten Besucher wird das kleine Museum an der Plaza des Orts Copán sein: Es zeigt unter anderem eine Übersicht über die Kulturen Mittelamerikas und deren einzelne Zeitepochen, Embleme der Königshäuser von Tikal, Ceibal und Copán, eine Reproduktion des Altar-Q-Reliefs und die Rekonstruktion eines Grabes mit Skelett. Außerdem werden Kulthandlungen, Architektur und Handelswesen der Maya-Zeit anschaulich erläutert. (Öffnungszeiten täglich 8–13 Uhr und 14–16 Uhr; die Eintrittskarte für die Ruinenstadt gilt auch hier.)

Unterkunft: *Chiquimula:* Colonial de Oriente, 7a Avda. 1–41, Zona, ☎ 9 42 23 67, Fax 9 42 02 14. Posada Perla de Oriente, gehobene Klasse, 12 Avda. 2–30, Zona 1, ☎ 9 42 01 52 *Copán:* Hotel Marina Copán, im Kolonialstil, das beste im Ort, ☎ 0 05 04/6 54 40 70-72, Fax 6 51 44 77 (Agentur in Tegucigalpa); Maya Copán, nicht alle Zimmer mit Dusche, direkt an der Plaza

Quiriguá

Nach dem Verkehrsknotenpunkt Río Hondo an der Carretera al Atlántico beginnt sich das fruchtbare Tal des Río Motagua immer weiter zu öffnen, bis es schließlich in eine breite Senke übergeht. Nur ein kleines Schild auf der rechten Straßenseite kurz hinter dem Ort Los Amates markiert den Ortseingang von Quiriguá. Das alte Bahnhofsgebäude gehört zur Eisenbahnstrecke von Puerto Barrios nach Guatemala-Stadt, die Justo Rufino Barrios 1883 anlegen ließ (s. auch S. 47) und die lange Zeit von der United Fruit Company zum Abtransport der Bananenernten Richtung USA genutzt wurde. Daß die trockenheiße Motagua-Ebene nach wie vor Bananenland ist, davon kann man sich wenige 100 m nach dem Ort an der Abfahrt zur Ruinenstätte Quiriguá überzeugen. Die Zufahrtsstraße führt mitten durch Bananenplantagen und unterläuft ein Stauden-Transportband.

Der Eingang zum Ausgrabungsgelände von Quiriguá ist schlicht: Es gibt nur einen kleinen Kiosk für Erfrischungen und ein paar Sitze, dafür einen großen Parkplatz für die Besucher aus aller Welt. Die zentrale Plaza erreicht man nach einem kurzen Waldspaziergang. Auf der von Baumriesen umstandenen gepflegten Rasenlichtung stehen gigantische Stelen, unter Strohdächern vor Regen geschützt. Am fernen Ende der Plaza liegt die

Der Südosten und die Karibikküste

Akropolis, die weit weniger ein-drucksvoll ist als die von Copán. So sind es auch nicht die Bauwerke, die Quiriguá berühmt gemacht ha-ben, sondern seine reichverzierten Stelen, die bedeutendsten der Maya-Zivilisation. Die größte mit 10,60 m Höhe ist die **Stele E,** sie trägt das Datum 24. Januar 731. Die **Stele C** berichtet von der Erschaffung des Universums, die übertragen auf unsere Zeitrechnung für die alten Maya im Jahre 3114 v. Chr stattfand (s. S. 36). Die **Stele F** zeigt König Butz' Tiliw als Weltenbaum (Datum auf der Stele: 25. Juli 785). Auf **Stele K** mit der Jahreszahl 805 ist ein junger Herrscher von einem stilisierten Himmelsband umgeben.

Der jüngste und zugleich erste Fürst Quiriguás, Zweibeiniger Himmel, stammte aus dem Herrschergeschlecht Copáns und soll den Thron Quiriguás im Alter von 15 Jahren bestiegen haben. Aus dieser Gründungszeit der Stadt ist eine Stele in dem erst 1922 entdeckten kleinen Gebäudekomplex A hinter der Akropolis gefunden worden. Sie trägt das Datum 692.

Die Maya-Stätte der Späten Klassik (600–900 n. Chr.) besuchten erstmals Archäologen im Jahr 1840: John Lloyd Stephens und sein Freund der Zeichner Frederick Catherwood. Die ersten Ausgrabungen fanden 1881–1894 unter Alfred P. Maudslay statt und wurden 1915–1934 unter Sylvanus G. Morley, zuletzt in den 70er Jahren unter William R. Coe fortgesetzt. (Öffnungszeiten des Geländes tgl. 7–17 Uhr, Eintritt 10 Q)

Busse: In Los Amates halten Busse, die die Strecke von Puerto Barrios nach Guatemala-Stadt befahren.

Río Dulce am Lago Izabal

Für die Strecke von Quiriguá nach Río Dulce benötigt man etwa 1 1/2 Stunden mit dem Auto. Wer lieber in Puerto Barrios übernachten will, muß mit etwa 2 Stunden Fahrt rechnen. Die Wegstrecke zuerst auf der Carretera al Atlántico und ab La Ruidosa auf der CA 13 Richtung Norden begleiten zur Linken die sanften Erhöhungen der Sierra de las Minas und der Montañas del

Bootsfahrt auf dem Río Dulce

Mico, hinter denen sich der 1000 km² große Lago Izabal ausbreitet. Ziel am Río Dulce, wie der insgesamt 30 km lange Abfluß des Lago Izabal in die Karibische See an dieser Stelle heißt, sind die Orte Fronteras und El Relleno, die allgemein nur unter dem Namen **Río Dulce** bekannt sind. Beide Orte verbindet eine Brücke miteinander, die zugleich das östliche Ende des Lago Izabal und den Beginn des Río Dulce markiert, der sich gleich hinter der Brücke Richtung Osten zum langen El Golfete weitet.

In Río Dulce liegt das Zentrum des Lago-Izabal-Urlaubsgebiets mit seinen Ferienhotels, Sommerhäusern und Yachten an tropischgrünen Ufern. Vom Kai an der Brücke starten Boote zu nahezu allen Plätzen des Sees: zur Badestelle Playa Dorada bei Punta Mariscos am Südufer und zum Ort El Estor am Nordufer. Flußabwärts am El Golfete steuern die Boote das Naturschutzgebiet Biotopo Chacón Machacas an und fahren sogar bis hinunter an die Karibikküste nach Lívingston und zu den Wasserfäl-

Manatís

Sie sehen aus wie fettleibige, riesige Robben und wirken mit ihren dicken Flossen und der wulstigen Oberlippe am kleinen Kopf ziemlich plump und ungelenk, auf jeden Fall ungefährlich. Bis zu 5 m lang und 650 kg schwer können die urzeitlich anmutenden Seekühe (Trichechus Manatus) werden, die einzigen Vegetarier unter den im Wasser lebenden Säugern. Um zu überleben, benötigen sie täglich rund 60 kg Wasserpflanzen, die sie wie Kühe vom Meeresboden oder der Wasseroberfläche mit ihrer dicken Oberlippe abgrasen. Dabei wandern sie höchstens 3 km pro Stunde, vorzugsweise im Mündungsbereich von Flüssen zum Meer. In ihrem Verbreitungsgebiet, das sich von Florida bis hinunter nach Venezuela erstreckt, bietet ihnen das Wasser eine Temperatur von mindestens 20 °C. Alles was darunterliegt, bringt sie in Kältestreß, es sei denn, es handelt sich um die einzige in arktischen Gewässern lebende Seekuh, die nach dem Forscher Georg Wilhelm Steller bis heute Stellersche Seekuh genannt wird. Steller machte die *manatís* nach seiner Polarexpedition im Jahr 1741 erst richtig bekannt, nachdem er sich mit seinen Gefolgsleuten einen Winter lang von ihrem Fleisch ernährt, aus ihrem Fett Öl hergestellt und ihre Milch getrunken hatte. Danach begannen Jagdzüge im großen Stil auf dieses leicht zu erlegende Tier, das neben dem Menschen keine natürlichen Feinde kennt. Heute sind es vor allem die Schrauben von Motorbooten, die den Tieren tödliche Verletzungen zufügen.

Manatís sind Säugetiere, die sich nur sehr langsam vermehren. Die Weibchen werden erst im Alter von 5 Jahren und die Männchen gar erst mit 9 Jahren geschlechtsreif, und dann kommt auch nur alle 2–5 Jahre ein einziges Kalb zur Welt, weil der Nachwuchs von der Mutter rund 2 Jahre lang gesäugt wird. Ihr Bestand ist mittlerweile so dramatisch gesunken, daß sie inzwischen unter Artenschutz stehen. Ein Reservat wurde für sie im Biotopo Chacón Machacas am Nordufer des El Golfete eingerichtet. Seekühe zeigen keine Angst vor Tauchern und können aus nächster Nähe betrachtet werden.

len Siete Altares. Von dort kann man wiederum mit dem Boot weiter nach Puerto Barrios fahren. Neben seiner landschaftlichen Idylle bietet Río Dulce auch eine historische Sehenswürdigkeit: das einzige Fort Guatemalas, das von den Spaniern zur Verteidigung gegen die englischen und holländischen Piraten angelegt wurde. Nach der Zerstörung des ersten Wehrturms baute Capitán Don Pedro de Bustamante 1604 die Festung wieder auf. Mitte des 17. Jh. verunsicherten so illustre Herren wie der englische Freibeuter adliger Herkunft Sir Anthony Shirley und der Pirat William Parker, der Santo Domingo (heute: Dominikanische Republik) und Puerto Bello (heute: Panama) plünderte, die Gewässer um das Fort. Schließlich baute der Spanier Lara y Mogrovejo die Anlage 1651 zum zweitenmal wieder auf und nannte sie dem König und sich zu Ehren Castillo San Felipe de Lara. 1655 diente sie als Gefängnis, bis sie Ende des 17. Jh. englischen und danach holländischen Freibeutern in die Hände fiel. Kurz darauf erhielten die Spanier das Fort zurück

und erweiterten es. Danach kehrte Ruhe in die Burg ein. In den 1950er Jahren wurde sie vom Staat Guatemala rekonstruiert (Eintritt 5 Q).

Für Naturfreunde eine Attraktion ist das **Biotopo Chacón Machacas,** ein Naturreservat am Nordufer des El Golfete mit Wanderpfaden und Campingplätzen. In diesem Seeabschnitt tummeln sich noch die vom Aussterben bedrohten Seekühe (*manatís*).

Busse: Die Brücke von Río Dulce ist Haltestelle für die Busse von Gesellschaften wie Fuente del Norte, die die Strecke von Guatemala-Stadt nach Flores im Petén befahren.

Boote: Jede Menge *lanchas* am Anleger hinter der Brücke bringen nach El Estor, zur Playa Dorada bei Mariscos oder durch den El Golfete nach Livingston und zu den Wasserfällen Los Siete Altares an der Bahía de

Castillo San Felipe de Lara

Amatique. Der Fahrpreis hängt von der Anzahl der Passagiere ab, Einzelreisende müssen gut feilschen können. Feste Tarife verlangt Marval-Rent a Boat (auch Tauchtrips zu den Cayos von Belize), Carretera al Petén, Km. 275, ✆ 9 47 83 61.

🛏 **Unterkunft:** *Izabal:* Amatique Bay Resort, Luxus-Ferienhotel, ✆ 9 48 18 00, Fax 9 48 18 23, amatique @infovia.com.gt
Aldea Río Dulce: Catamaran, tropische Ferienoase mit allem Komfort, ✆ 9 47 83 61, Fax 2 03 88 60; *Aldea Fort San Felipe:* Viñas del Lago, einfaches Haus, Restaurant, Bar, ✆ 9 02 75 05, Fax 4 76 0 2
Carretera al Petén, Km. 275: Turicentro Marimonte, Komfortzimmer in Ferienhäusern auf einem weitläufigen Ufergelände, Kinder-Pool, Bootssteg und großes Ausflugsangebot, auch Ökotrips, ✆ 9 47 85 85

🍴 **Restaurant:** *Río Dulce:* Holly Mar, Open-Air-Restaurant in der Nähe der Brücke, es gibt frisch gebackenes Brot, Crèpes, Omeletts und Meeresfrüchte.

Puerto Barrios und Puerto Santo Tomás de Castilla

Ähnlich wie bei Puerto San José und Puerto Quetzal an der Pazifikküste handelt es sich bei Puerto Barrios und Puerto Santo Tomás de Castilla um einen alten und einen neuen Hafen. An der Karibikküste sind allerdings beide Häfen noch in Betrieb, der erste als traditioneller Bananen-Export-Hafen und der zweite als Umschlagplatz für alle anderen Güter. Die beiden Orte liegen so dicht beieinander, daß sie heute ineinander übergehen. Am Kreisverkehr am Ende der Carretera al Atlántico führt die Abfahrt nach Puerto Barrios Richtung Nordosten, die nach Santo Tomás de Castilla Richtung Südwesten.

Puerto Santo Tomás de Castilla ist der ältere der beiden Orte an der Bahía de Gálvez, obwohl man ihm das mit seiner neuen Hafenanlage (Besichtigung nur mit Genehmigung der Hafenbehörde) kaum noch ansieht. Er wurde schon 1604 von den Spaniern gegründet.

Nur wenige Meter nach dem Kreisverkehr zweigt links eine z. T. sehr schlechte Sandstraße (immer dem Schild Hotel Cayos del Diablo folgen) in den Westbezirk der Bucht ab, zum öffentlichen Bad an der winzigen Playa Real und zu den schönen Wasserfällen Escobas, in denen die Einheimischen am Wochenende zahlreich baden, obwohl das offiziell eigentlich verboten ist, denn von ihnen speist sich die Wasserversorgung der Küstenregion. Dahinter liegt, traumhaft abgeschieden und ruhig, in der hier zerklüfteten und in tropische Vegetation eingebetteten Bucht bei den Cayos del Diablo das gleichnamige Hotel.

Puerto Barrios ist mit seinen rund 42 000 Einwohnern das urbane Zentrum der Küste. Nach dem Stadtgründer Justo Rufino Barrios

Escobas-Wasserfälle

(1873–85) benannt, war es lange Zeit der einzige Hafen Guatemalas. Die Zollgebühren, die der guatemaltekische Staat hier einnimmt, gehören seit jeher zu den wichtigsten des Landes, eine Einnahmequelle, die zeitweise durch die US-freundliche Politik des Präsidenten Estreda Cabrera (1898–1921) versiegt war, der das Motagua-Tal ab 1900 mitsamt der Eisenbahnlinie zwischen Guatemala-Stadt und dem Hafen Puerto Barrios der amerikanischen United Fruit Company zur steuerfreien Verfügung überließ. Neue Verträge und die Gründung der guatemaltekischen Vertriebsgesellschaft BANDEGUA, die eng mit dem heutigen US-Bananen-Exporteur DelMonte verbunden sein soll, brachten das United-Fruit-Imperium 1954 zu Fall.

Auf der Fahrt von der Carretera al Atlántico stadteinwärts passiert man zunächst den Friedhof mit seinem Mini-Taj-Mahal-Grabdenkmal der aus Indien stammenden Kino-Familie, so nur werden in Puerto Barrios die Erben des legendären ersten Kinos im Ort genannt. Der dreistöckige Palacio del Cine mit seinen zierlichen Holzsägearbeiten an den Arkaden und Geländern der Veranden ist heute das älteste Haus der Stadt.

Die Einfallstraße Calzada Justo Rufino Barrios endet am Denkmal für den Plantagenarbeiter, einer Figur eines Schwarzen, der eine Bananenstaude auf den Schultern trägt. Der Ort Puerto Barrios erstreckt sich von hier mit großzügig und geradlinig angelegten Avenidas und Calles, die zu Hotels, Restaurants und Rotlichtbars führen, bis zum Fährhafen und dem alten Hafenzentrum mit seinen Bananen-Container-Lagern. An die Ursprünge der Stadt erinnert hier neben dem schon erwähnten Palacio del Cine noch der hübsche karibische Holzbau des alten Hotel del Norte. An der 6a Avenida findet man gegenüber dem Telgua-Büro schließlich das in jüngerer Zeit angelegte Gemeindezentrum, eine Plaza mit Kirche und Spielplatz.

Notruf: *Puerto Barrios:* Polizei, ☎ 9 48 03 85; Feuerwehr, ☎ 9 48 01 22

Ärztliche Versorgung: *Puerto Barrios:* Hospital Infantil (Kinderkhs.), ☎ 9 48 02 71; Hospital Nacional, ☎ 9 48 30 71; IGSS Hospital, ☎ 9 48 03 15; Klinik Díaz Carranza Jorge Bolívar, ☎ 9 48 03 38; außerdem gibt es ein 24 Stunden geöffnetes Centro Médico

Busse: *Puerto Barrios:* Die bequemen Busse der Gesellschaft Litegua starten in Guatemala-Stadt stündlich 5.30–17 Uhr ab 9 Avda./18 Calle nach *Puerto Barrios*.
In Puerto Barrios fahren sie ab der 6 Avda. zwischen Calle 9 und 10 wieder zurück. Die Fahrt dauert kaum länger als mit dem Auto: rund 6 Std.

Taxis: *Puerto Barrios:* Taxis del Atlántico, 6 Avda./8 Calle, Local Nr. 20, ☎ 9 48 10 16; Taxis Izabal, 6 Avda./8 Calle, ☎ 9 48 05 94; Taxis Tivoli, 7 Calle/1 Avda., Parque Tecún Umán, ☎ 9 48 03 71; Taxis Unidas, 6 Avda./8 Calle; Costado Merc la Revolución, ☎ 9 48 08 64

Boote: *Puerto Barrios:* morgens um 8 und 10 Uhr vom Muelle Principal nach *Livingston* und Di und Fr um 7 Uhr nach *Punta Gorda* (Belize); von Lívingston erreicht man per Boot die Wasserfälle *Los Siete Altares,* außerdem durch die von Felsen gerahmte Enge des Río Dulce stromaufwärts den El Golfete und den Lago Izabal. Die *ayudantes* (Helfer) der Bootskapitäne haben einen sicheren Blick für Touristen und knöpfen ihnen gern vergleichsweise astronomische Summen für den Transport ab. ›Normal‹ war zuletzt ein Preis von 60–70 Q pro Person bei vollbesetztem Boot (8 Pers.) für eine Fahrt nach Lívingston.

Unterkunft: *Aldea las Pavas:* Cayos del Diablo, Ferienressort der Best-Western-Kette an der Bahía del Diablo mit Naturpfad, Carretera a Lívingston, Km. 8, ☎ 9 48 23 61, Fax 9 48 23 62
Puerto Barrios: El Reformador, Zimmer mit TV, Restaurant, Bar und Parkplatz, 16 Calle/7 Avda. 159, ☎ 9 48 54 90, Fax 9 48 15 31; Hotel del Norte, wunderschöner, nostalgischer, karibischer Hotelbau (1902), direkt am Hafen, Restaurant, kleiner Pool, 1 Avda. zwischen 6 und 7 Avda., ☎/Fax 9 48 21 16, 9 48 00 87
Außerhalb von Puerto Barrios: Hotel Puerto Libre, Pool, Restaurant, Cruce a Santo Tomás de Castilla, Km. 292, ☎ 9 48 30 65, Fax 9 48 35 13

Restaurants: *Puerto Barrios:* Costa del Jade, nahe dem Hotel del Norte; El Canal Inglés, hübsches karibisches Haus, gute (Meeresfrüchte)-Küche, 12 Calle zwischen 5 und 6 Avda., ☎ 9 48 05 25

Souvenirs: *Puerto Barrios:* Boutique Exclusivas Vilma, 11 Calle / 30 Avda., Nr. 113

 Unterhaltung: *Puerto Barrios:* Night Club Oasis, 7 Avda. zwischen 6 und 7 Calle, ℰ 9 48 05 93

Lívingston

Europäer lieben diese kleine Oase karibischer Lebensart, wo sich afrikanische Rhythmen mit Marimbamusik und dem sanften Wellenrauschen der Karibischen See vermischen. Wer das Boot verlassen hat, kann sich gleich *trenzas* mit bunten Glasperlen ins Haar flechten lassen, für manche Urlauberin kann der guatemaltekische Karibikurlaub gar nicht besser beginnen.

Lívingston ist die Heimat der afro-karibischen Garifuna oder Garinagu, und es ist vor allem ihr afrikanisches Erbe, das den Reiz Lívingstons ausmacht, und es in die Nähe anderer von Reggae-Rhythmen wiederhallender, karibischer Urlaubsparadiese rückt, obgleich es, was die Strände angeht, nicht mit diesen konkurrieren kann. Die einzigen nennenswerten Strände wie die Playa Blanca oder der Strand bei den 3–6 m hohen Wasserfällen von Siete Altares in der nördlichen Bahía de Amatique sind nur mit dem Boot zu erreichen.

Gesprochen wird hier spanisch wie englisch, und die Älteren unter den Einheimischen beherrschen noch die alte afro-karibische Sprache. Aus ihr stammt das Wort Buga, die Bezeichnung der Einheimischen für Lívingston. Seinen englischen Namen erhielt der Ort 1832 nach dem amerikanischen Juristen Edward Lívingston, der damals für die Kulturenklave einen besonderen Gesetzentwurf entwickelte.

Lívingston zieht sich über einen kleinen Hügelrücken, den im Süden der Bootsanleger und kleinere Hotels säumen. Die Calle Principal scheitelt den Hügel in der Mitte und endet schon nach 10 Spazierminuten am Nordufer, wo Fischer ihre bunten Boote vor ihre einfachen Pfahlhütten ziehen.

Im Garifuna-Museum kann man u. a. die regionaltypischen Musikinstrumente und Kochgeräte der Einheimischen betrachten: z. B. Trommeln, wie sie die Garifuna bei ihren sehr afrikanisch anmutenden, traditionellen Tänzen benutzen, oder Siebe, die sie für die Herstellung des ursprünglich indianischen Cassabe-Brots gebrauchen. Zur Küche der Garifuna gehören viele Gewürze und vor allem Kokosnußfleisch in allen möglichen Varianten: in der Fischsuppe wie unter den Reis gemischt.

Hauptattraktion des Ortes ist neben seiner heiteren, karibischen Atmosphäre zweifellos die Begegnung mit einer britisch geprägten, afro-karibischen Kultur innerhalb

Lívingston ▷

Die Garifuna

Sie kamen von der Karibikinsel St. Vincent

Sie nennen sich Garifuna oder Garinagu in einer afro-karibischen Sprache, die ihre Vorfahren von der kleinen Antilleninsel St. Vincent mitbrachten, und sie sind stolz auf ihre ethnische Herkunft, denn in ihren Adern fließt das Blut der Menschen, die sich am heftigsten und lange Zeit erfolgreich gegen jede Unterdrückung wehrten: das von entlaufenen afrikanischen Sklaven der ersten Zuckerrohrplantagen auf Hispaniola (heute: Haiti und Dominikanische Republik) vermischt mit dem von kannibalischen Karib-Indianern, die auf den kleinen Antillen vor der Ankunft der Spanier beheimatet waren. Die Engländer nannten sie Black-Caribs.

Die Geschichte der Garinagu, die heute in Guatemala vor allem Lívingston bevölkern, ist letztlich dennoch die einer tragischen Niederlage und Odyssee: Nachdem sie jahrelang die Insel St. Vincent, die im Vertrag von Paris den Engländern zugesprochen worden war, gegen alle Eroberungsversuche der Briten verteidigt hatten, kam es 1796 zur unvermeidlichen Katastrophe. Nicht zufällig zum Zeitpunkt der Sklavenrevolte auf dem französischen Teil Hispaniolas, die immerhin zur Gründung Haitis, der ersten freien (Schwarzen-)Republik in Amerika führte, starteten die Engländer einen Großangriff auf St. Vincent und schlugen die Black-Caribs unter ihrem heute von ihnen als Held gefeierten Führer Joseph Chatoyer vernichtend. Nach der Niederlage sollen viele Garifuna freiwillig über eine Klippe in den Tod gesprungen sein, um nicht in die Hände des Feindes zu fallen. Den kläglichen Rest, ein den Überlieferungen nach auf 4195 Menschen geschrumpftes Volk, deportierten die Engländer dann, offenbar, um sie ein für allemal loszuwerden, ins Land der Spanier: nach Roatan, einer Insel im Golf von Honduras. Während der Überfahrt sollen Krankheit und Hunger erneut die Hälfte der Menschen dahingerafft haben. Von dort siedelten sich viele an der nahen Küste an, so im Mündungsgebiet des Río Motagua und Río Dulce bis hinauf nach Belize. In Punta Gorda, vor allem aber in Dangriga in Belize stellen sie heute die größte Bevölkerungsgruppe. Intensiver als anderswo widmen sie sich hier der Erforschung ihrer Geschichte und der Pflege ihrer Kultur. 1993 errichteten sie dort sogar ein Denkmal, das *Chuluhadiwa*-Garinagu-Monument, was übersetzt bedeutet »Wir sind angekommen«.

Guatemalas. Sie setzt sich im Norden in Belize fort, das seit 1981 ein unabhängiger Staat im Britischen Commonwealth ist, der einzige englischsprachige Zentralamerikas, der naturgemäß engere wirtschaftliche, politische, soziale und kulturelle Beziehungen zu den Ländern der CARICOM, der Wirtschaftsunion der englischsprachigen karibischen Inseln, pflegt als zu den spanischsprachigen Nachbarn. Fähren verbinden Lívingston mit Punta Gorda, dem südlichsten Ort Belizes.

 Boote: Boote fahren nach *Puerto Barrios, Río Dulce* oder zu den Wasserfällen *Siete Altares* an der Bahía de Amatique. *Ausflüge:* Exotic Travel (Büro im Restaurant Bahía Azul) bietet Öko-Trips u. a. zur *Playa Blanca,* zum Castillo in *Río Dulce,* nach *Punta Gorda/ Belize* oder *Omoa* und *Puerto Cortéz* in Honduras an.

 Unterkunft: Henry Berrisford, Puerto de Lívingston, ℰ/Fax 9 48 14 68; Tucán Dugú, bestes Hotel am Platz, Ferienressort mit Terrassen-Pool, Restaurant und Bar, Barrio San José, ℰ 9 48 15 72, Fax 9 47 00 72

 Restaurants: Bahía Azul, gutes Frühstück, etwa Mitte der Calle Principal; El Malecón, Calle Principal (schräg gegenüber vom Tucán Dugú); Restaurant Jaguar, hervorragende Fischsuppe, schräg gegenüber vom Bahía Azul in der Calle Principal

 Unterhaltung: Barriques, Disko, am Ende der Calle Principal

Karibikküste bei Lívingston

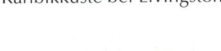

El Petén

Tikal

El Petén

Der Petén, das feuchtheiße Tiefland Guatemalas, gehört mit seinen meterhohen Baumriesen und den mit Tausenden von Tieren belebten Flüssen, Seen und Sümpfen zum größten geschlossenen Regenwaldgebiet Zentralamerikas. Mitten aus dem Urwalddach ragen die Tempelspitzen der gewaltigen Ruinenstädte Tikal, Uaxactún, El Mirador oder Río Azul und zeugen vom Glanz der längst versunkenen Kultur der alten Maya.

Ankunft mit dem Flugzeug beim Lago Petén Itzá mitten im Herzen des guatemaltekischen Tieflandes: Dem Besucher schlägt schwülwarme Luft entgegen; es ist das Klima der *tierra caliente* (heißes Land). Mehr noch als anderswo in Guatemala ist es dieses Mal eine Ankunft im geheimnisumwobenen *mayab,* dem Land der alten Maya. Über 200 Maya-Städte, die einst Handel miteinander trieben und Kriege gegeneinander führten, verstecken sich hier im Urwald, nur wenige sind so gut freigelegt wie Tikal oder Uaxactún. Die meisten sind Teil eines Naturschutzgebiets, so gehört Tikal zum Parque Nacional de Tikal oder El Mirador und Río Azul weiter nördlich zum 1990 gegründeten Maya Biosphären Reservat, das zusammen mit den angrenzenden Urwaldgebieten in Mexiko und Belize das größte zusammenhängende Regenwaldgebiet Zentralamerikas bildet. Die Reservate sind relativ junge Schutzzonen des Rückzugs vor einer ständig sich ausbreitenden Zivilisation, besonders, seitdem die guatemaltekische Regierung eine aggressive Besiedlungspolitik betreibt. 1958 lebten im Petén, der ein Drittel der gesamten Fläche Guatemalas ausmacht, nur 15 000 Menschen. Heute sind es über 300 000, darunter viele, die sich vor allem im Süden als Viehzüchter niederließen, um Urwald für Weideland zu roden.

Eine neue Bedrohung stellt heute der anwachsende Tourismus dar, obgleich er andererseits auch die Institution ›Naturschutzgebiet‹ als eine der wichtigsten touristischen Attraktionen fördert. Doch für einen wirksamen Naturschutz müßten die Touristenströme innerhalb der Naturschutzgebiete kontrolliert und auf bestimmte Zonen konzentriert werden, was bislang nicht der

Blick auf Flores am Lago Petén Itzá

Fall ist. In den geschützten Regionen leben bis heute die Tiere, die die Mythen der alten Maya belebten, so wie hier auch noch der mythologische Weltenbaum, die Ceiba, und der Zapote (s. S. 207) wachsen. Es ist eine Dschungelwelt, die auf einer riesigen, von unterirdischen Wasserströmen durchzogenen Kalksteinplatte ruht und deren Einstürze und Höhlengänge nach dem Glauben der alten Maya Pforten zur Unterwelt waren. Dort, wo Mergelschichten das Versickern des Wassers im Kalk verhindern, durchströmen Flüsse wie der Usumacinta, La Pasión, San Juan oder Azul den Urwald oder

haben sich Seen gebildet wie der Lago Petén Itzá oder der Lago Petexbatún.

Flores und der Lago Petén Itzá

Der See Petén Itzá ist mit seinen erstklassigen Hotels entlang seines Ufers das touristische Zentrum des Petén. Auf einer Insel im See liegt **Flores,** die Hauptstadt des Departamentos Petén, die durch einen künstlichen Damm mit den Orten Santa Elena und San Benito am Seeufer verbunden ist (Gesamtbevölkerung etwa 50 000).

Auf den ersten Blick wirkt Flores wie die kolonial-spanische Ausga-

be einer mittelalterlichen Insel-
stadt, so dicht scharen sich die
Häuser um den von einer Kirche
bekrönten Inselhügel. Das Inselufer
säumen kleine gute Hotels mit
schönen Seeblickterrassen und An-
legern für Ausflugs- oder Fischer-
boote. Dahinter winden sich enge
Gassen mit gemütlichen Restaurants und Kneipen bis hinauf zur

Kirche. Wie die Umgebung des Sees, so war auch die Insel schon in vorspanischer Zeit besiedelt, den Funden nach zwischen 600 v. Chr. und 900 n. Chr. und dann erneut 1441, als die Itzá nach ihrer Vertreibung aus Chichen Itzá in Yukatan hier ihre Hauptstadt Ta Itzá (Tayasal) errichteten.

Der erste Spanier, der durch dieses Gebiet zog, soll kein Geringerer als Hernán Cortés selbst gewesen sein. Er kam, den Überlieferungen zufolge, hier 1525 auf seinem Weg nach Honduras vorbei und ließ ein Pferd zurück. 93 Jahre später erschienen die ersten Missionare vom Franziskanerorden, und sie trauten ihren Augen nicht, als sie sahen, wie die Indianer eine pferdeähnliche Statue anbeteten, die sie Tzimin Cac nannten, das »Donnerpferd«. Als die Indianer nicht von diesem ›falschen‹ Gott abließen, zerstörten die Franziskaner die Figur kurzerhand und versenkten sie im See. Ein Akt, mit dem sich die frommen Patres bei den Itzá äußerst unbeliebt machten. Ihr Missionsversuch schlug ebenso fehl, wie der eines 3 Jahre später nachfolgenden Missionars, den die Itzá mitsamt seinem Gefolge töteten. 1697 erst gelang es dem spanischen Eroberer Martín de Ursúa y Arizmendi mit seinen 235 Soldaten, den Widerstand der Itzá zu brechen und ihre Stadt Ta Itzá zu zerstören – damit fiel das letzte Maya-Reich. An seiner Stelle gründeten die Spanier eine Strafkolonie. Der im 18. Jh. aus ihr entstan-

dene Ort erhielt seinen heutigen Namen 1824 zu Ehren des damaligen Vizepräsidenten Cirilio Flores.

Flores ist heute der beliebteste Standort für Ausflüge in die nähere und weitere Umgebung und in die entlegeneren Gebiete des Petén. Zu den Sehenswürdigkeiten in Ortsnähe gehört der Zoológico, ein kleiner Zoo mit Tieren des Urwalds (Jaguare, Pumas, Krokodile, Affen und Tukane) auf der **Insel Petencita.** Der Ausflug mit dem Boot dauert rund 3 Stunden.

Einen Einblick in das durchlöcherte Innere des Petén-Karstschildes gewähren die **Grutas de Actun Can,** die etwa 3 km südlich von Santa Elena liegen. Die Tropfsteinhöhle ist auch unter dem Namen La Cueva de la Serpiente (Die Schlangenhöhle) bekannt.

Interessant für Naturfreunde ist das **Biotopo Cerro Cahui** in der östlichen Seeufernische bei El Remate. Es bietet zwar im Gegensatz zu Tikal keinen spektakulären Dschungel, doch wer Muße mitbringt (oder sich gleich dort in der Herberge Gringo Perdido einquartiert), kann aus nächster Nähe die Flora und Fauna einer tropischen Seeuferzone studieren. Vor allem aber lebt hier die geschützte einheimische Truthahnart Pavo del Petén. (Öffnungszeiten des Biotops tgl. 7–17 Uhr)

Touristeninformation: *Santa Elena:* INGUAT, Jorge Lucas Cuxil, Flughafen-Ankunftshalle, ☎ 9 26 05 33; aktuelle Petén-Tips kann man auch dem

Holzhaus in Flores

kostenlosen Petén-Magazin entnehmen, das monatlich im Verlag des Centro de Desarrollo Profesional erscheint. Verantwortlicher Redakteur ist einer der besten Fremdenführer von Flores, Juan Carlos Bonilla.

Notruf: *Santa Elena/Flores:* Polizei, ☏ 9 26 13 65

Ärztliche Versorgung: *Santa Elena/Flores:* IGSS Delegación, ☏ 9 26 06 19

Flüge: Aerovias und Tikal Jets fliegen um 7 oder 8 Uhr in Guatemala-Stadt ab (beide bieten auch Belize-Flüge an) und fliegen gegen 16 Uhr wieder zurück. Die einzige Fluggesellschaft, die von Flores morgens in die Hauptstadt zurückkehrt (Hinflug nach Tikal schon um 6.30 Uhr), ist die etwas

teurere Aviateca (Flughafen Santa Elena: ☏ 9 26 12 38). Zwischen Guatemala-Stadt, Flores und Belize-City verkehren außerdem die Tropic Air und Aero-Caribe. Beim Verlassen des Landes wird eine Ausreisesteuer von 10 US-$ fällig (beim Verlassen Belizes ebenfalls).

Busse: *Santa Elena:* Vom Marktplatz fahren Busse ab, z. B. Fuente del Norte (☏ 9 26 05 17) mehrmals täglich zur etwa 12stündigen Fahrt in die Hauptstadt. Pinita, ☏ 9 26 05 62, fährt mit einfachen Bussen um 6 Uhr nach Tikal und weiter nach Uaxactún (Gesamtstrecke 3 Std.), außerdem nach Sayaxché (rund 2 Std.) und nach Melchor de Mencos an der Grenze zu Belize (rund 3 Std., Transfermöglichkeit nach Xunantunich und San Ignacio) und zur mexikanischen Grenze nach Bethel (etwa 4 Std.).

Taxi: *Santa Elena/Flores:* Taxis El Texano, ☏ 9 26 00 34; die meisten Taxis sind Minibusse, die auch Passagiere für kürzere Fahrten mitnehmen. Die von INGUAT festgesetzten aktuellen Tarife für die verschiedenen Entfernungen erfährt man beim Flughafen am INGUAT-Informationsschalter.

Mietwagen: *Santa Elena:* Buchungsmöglichkeiten an Schaltern in der Ankunftshalle des Flughafens, z. B. bei KOKA-Rent Auto (✆/Fax 9 26 12 33) oder NESA Rent a Car (✆ 9 26 00 82); vermietet werden fast ausschließlich teure Jeeps mit Allradantrieb. Der billigste (Suzuki Samurai) kostet 51 US-$ pro Tag.

Unterkunft: *Santa Elena:* Del Patio-Tikal, vor dem Damm nach Flores am Seeufer, ✆/Fax9 26 12 29; Del Tropico, komfortables Stadthotel nahe dem Busterminal, Pool, Restaurant, Calle Principal (kein Telefon); Maya International, ✆ 9 26 00 32
Flores: La Casona de la Isla, mit Seeblick, ✆/Fax 9 26 05 9393, lacasona @guate.net; Mundo Perdido, einfache Herberge mit vegetarischem Restaurant, ✆ 9 26 07 73; Petén, familiäres Hotel mit Seeblick, ✆ 9 26 06 92, Fax 9 26 08 66; Sabana, Blick auf Tayasal, Bar, Zimmer mit Bad, AC, TV, ✆/Fax 9 26 12 48
Lago Petén Itzá: Westin Camino Real Tikal, luxuriös, am Ufer von San José, Lote Nr. 77, Parcelamiento Tayasal, ✆ 9 26 02 04, Fax 9 26 02 22; El Gringo Perdido, angenehme Travellerherberge, ✆ (Guatemala-Stadt) 3 34 76 83; Villa Maya, Ferienressort mit wohnlichen Villen, Laguna Peténchel, ✆/Fax 9 26 00 86
Tip: Wer die lange Anfahrt mit dem Bus oder mit dem Auto auf sich nimmt, kann in *Poptún,* rund 100 km vor Flores, in der beliebten Tramperherberge Finca Ixobel (12 Zimmer, ✆ 9 27 73 63) Zwischenstation machen.

Restaurants: *Flores:* El Jacal, Calle Centroamérica; El K'oben, regionale Speisen, Sa/So Life-Musik; La Jungla, zum Restaurant gehört auch ein Hotel (Zi alle mit Bad), Calle Centroamérica; La Mesa de Los Mayas, Insiderschlupfwinkel mit Regionalküche, es werden auch Zimmer vermietet, Callejón San Pedrito; Mesón Don Quijote, Villa mit Blick auf Santa Elena, Calle Centroamérica); Mundo Perdido, winziges vegetarisches Restaurant mit Seeblick, Calle 15 de Setiembre;
Santa Elena: Aminta's Pie, frische Pastas, Lasagne und leckere Kuchen, zwischen Calle Principal und Uferstraße; El Rodeo, 2 Calle/5 Avenida, Zona 1

Souvenirs: Gewebtes, Hängematten oder T-Shirts bieten in reicher Auswahl die diversen Läden in den Hauptstraßen von Flores, der Calle Centroamérica und der Avenida La Reforma. Bücher und Landkarten in der Librería y Papelería Cultura, Avenida La Reforma in Flores und in Santa Elena an der Calle Principal
Lago Petén Itzá: Bei Remate kann man am Ufer oft Künstler von Artesanías peteneras bei der Schnitzarbeit mit Tropenhölzern beobachten und die hübschen, dekorativen Stücke direkt beim Künstler kaufen. Die Cooperativa ist Teil des Entwicklungshilfeprogramms *Proyecto Propetén.*

Aktivitäten: *Santa Elena/Flores:* Ausflüge organisieren die professionellen Reiseführer (Archäologie, Naturgeschichte und Vogelbeobachtung) Juan Carlos Bonilla, ✆ 9 26 05 66, und Foster Ortiz, ✆ 9 26 00 65. San Juan Explore ist die größte lokale Reiseagentur (Büro im Hotel San Juan, ✆ 9 26 07 26). Sie sammelt Teilnehmer von den Hotels auf, mit denen sie kooperiert. Der Petén-Spezialist Expedición Panamundo (Agentur unter deutscher Leitung) besitzt ein Büro in Santa Elena, Informationen über die Zentrale in Guatemala-Stadt, ☏ 3 31 75 88, Fax 3 31 75 65. Erfahren in Ausflügen zu den entfernteren Maya-Stätten wie Río Azul oder El Mirador ist Avinsa in der 4a Calle 8–15, Santa Elena.

Preisgünstigen Allround-Service von interessanten Ausflügen bis hin zu Hotel- und Ticketreservierungen und Fahrradverleih bietet International Services, Calle 30 de Junio 25, Flores, ☏/Fax 9 26 04 94.

Ⓨ **Unterhaltung:** *Flores:* Café del Lago, kleine Bar beim Hotel Sabana; *Santa Elena:* Flash Dance, Disko der Einheimischen

Tikal

Wo Menschen in Massen auftreten, ist es eine Kunst, dem Mysterium einer so großartigen Ruinenstadt wie Tikal nahe zu kommen. Selbst bei Regen und in der Nachsaison strömen heute Urlauber aus aller Welt in diese ehemalige Maya-Stadt, durchstreifen sie in Gruppen unter der Führung von Reiseleitern und nehmen jede Gelegenheit wahr, der Flut von Informationen und Erläuterungen auf die nächste Tempelspitze zu entfliehen. Oben angekommen, besinnen sich die meisten. Wenn sie die Höhe der Tempel aus der Perspektive des Fußvolkes noch nicht beeindruckte, dann fesselt sie jetzt der herrschaftliche Blick über das Urwald-

dach, aus dem die anderen Tempelspitzen herausragen.

Der Weg von Flores nach Tikal (rund 60 km) wurde den Besuchermassen von der guatemaltekischen Regierung mit der einzig asphaltierten Straße im gesamten Petén geebnet. Eine Schranke sorgt dafür, daß alle ihr Eintrittsgeld in den Nationalpark (50 Q) bezahlen, auch diejenigen, die sich dem Sog der Massen entziehen wollen und in einem der wenigen Hotels in Tikal übernachten. Wenn dann die letzten Minibusse Tikal gegen 16 Uhr verlassen haben, kehrt in den Urwald Normalität ein, und man kann sich von seinen Stimmen verzaubern lassen: dem heiseren Röhren der Brüllaffen, dem Ruf des Tukans oder dem Geschrei der Papageien. Und man ahnt die Herkunft des Namens Tikal, der übersetzt heißt: »Ort, an dem Geisterstimmen ertönen«.

Die Ruinenstadt ist eingebettet in den 1955 gegründeten und 576 km² großen, gleichnamigen Nationalpark, der von der UNESCO 1979 zum Kultur- und Naturdenkmal erklärt wurde.

Die Entdeckung

Immer noch gibt es im Park Komplexe, die eine gute Vorstellung von dem geben, wie Tikal nach Jahrhunderten des Verfalls ausgesehen hat: überwuchert von Moos und Farnen, umschlungen von Wurzeln und Bäumen, eine grüne

Landschaft erhabener Hügel, so beschreibt sie 1696 der spanische Pater Andreas Avendano, der sich in dieser Gegend verirrt hatte.

Die Spanier nahmen lange Zeit keine Notiz von dem Ruinenkomplex, der den Bewohnern der Umgebung natürlich bekannt war. Erst 1848 brach eine offizielle Delegation der Petén-Departamento-Verwaltung unter Modesto Méndez und Ambrosio Tut zu einer ersten offiziellen Expedition auf, begleitet vom Zeichner Eusebio Lara. Ihr Bericht 1853 weckte das Interesse an Tikal. 1877 suchte es der Schweizer Gustavo Bernoulli auf und ließ die hölzernen Türschilde, die den Tempel I und IV ursprünglich schmückten, ins Völkerkundemuseum von Basel bringen.

Die erste systematische Erfassung Tikals unternahm 1882 der englische Archäologe Alfred Percival Maudslay, gefolgt von Teobert Maler vom Harvard-Universitäts-Museum Peabody in den Jahren 1895 und 1904. Als letzterer sich nach seiner Rückkehr weigerte, seine Notizen dem Museum zu überlassen – aus Angst, es würde sich an seiner Arbeit bereichern –, sah dieses sich gezwungen, eine neue Expedition unter Alfred Marston Tozzer auszustatten. Tozzers Bericht wurde 1911 veröffentlicht und motivierte Sylvanus G. Morley vom Archäologischen Institut Carnegie in Washington, Tikal und Umgebung während mehrerer Reisen gründlichst zu erforschen. Dabei entdeckte er auch das 5 Stunden Fußmarsch von Tikal entfernte Uaxactún.

1956 schließlich unterzeichnete das Museum der Universität von Pennsylvania einen Vertrag über eine 11jährige Restaurierung Tikals mit der damaligen guatemaltekischen Regierung. Die letzte Restaurierungsphase endete 1969 unter William R. Coe. Er verfaßte ein kleines Buch (inzwischen ein dutzendmal wieder aufgelegt), das neben einem Lageplan Tikals vor allem Abbildungen von großem Wert für den Genuß und das Verständnis der Stadtanlage enthält: Fotos aus der Ausgrabungszeit, zeichnerische Rekonstruktionen verschiedener Gebäudekomplexe und Stelen.

Tikal, nördliche Akropolis

Es wird in den diversen Buchläden wie auch im Café-Restaurant Tikal oder dem Museum (inzwischen auch auf deutsch) angeboten.

Rundgang

Das Gelände ist groß genug, um einen ganzen Tag in ihm zu verbringen, und zu sehen gibt es so viel, daß man gut 2–3 Tage bleiben könnte. Erschlossen wird Tikal von neuen Spazierwegen und alten Calzadas, die von den Maya früher vermutlich als Prozessionsstraßen benutzt wurden, heute sind sie nach den bedeutendsten Archäologen Tikals benannt.

Die Calzada Méndez (etwa 1 km lang) führt von der Ostplaza (Plaza Este) bis zum Tempel V, die Calzada Maler (350 m lang) von der Ostplaza (Plaza Este) zur Zona Norte, die Calzada Maudslay (100 m lang) und die Calzada Tozzer (250 m lang) verbinden jeweils den Tempel IV mit der Zona Norte und der Westplaza (Plaza Oeste). Ein Plan ist hilfreich, doch sind die Wege und Monumente größtenteils beschildert (allerdings ohne weitere Erklärungen).

Für die Erkundung gibt es 2 Möglichkeiten: Entweder man spaziert den Rundweg ab, oder man begibt sich direkt ins Zentrum und streift dann von dort aus außen herum. Der ausgeschilderte Rundweg führt zuerst zu den nördlichen Außenbezirken Tikals mit kaum freigelegten Gebäudekomplexen aus der Zeit des Herrschers Chitam (790) mit der Stele 91 und dem Altar 6 beim Komplex R und der Stele 22 und dem Altar 10 beim Komplex Q. Etwas jünger ist der dahinter liegende Komplex O mit seinem eigenartiger Weise völlig unbeschrifteten Stele-Altar-Paar aus dem Jahr 731. Der Rundweg leitet weiter hinaus in die Zona Norte mit dem Komplex P aus der Zeit von Yaxkin Caan Chac mit 2 kleineren Zwillingstempeln an der Plaza. In den älteren Bauschichten fanden die Archäologen ein Thermalbad.

Über den Rundweg kommt man allerdings erst nach rund 2 Stunden in das bald sehnlichst erwartete, großartige Zentrum Tikals. Ungeduldige Besucher ziehen deshalb meist den kurzen direkten Weg dorthin vor.

Die **Große Plaza (2,** Gran Plaza), der Mittelpunkt Tikals, liegt etwa 20 Spazierminuten vom Parkplatz entfernt. Auf dem früher asphaltierten, wichtigsten Zeremonialplatz Tikals stehen sich die Tempel I (52 m hoch) und II (38 m hoch) ge-

Tikal **1** Eingang **2** Große Plaza **3** Tempel I **4** Tempel II **5** Nördliche Akropolis **6** Zentralakropolis **7** Ostplaza **8** Westplaza **9** Tempel III **10** Komplex N **11** Tempel IV **12** Mundo Perdido **13** Plaza der sieben Tempel **14** Südliche Akropolis **15** Tempel V **16** Tempel VI **17** Komplex Q **18** Komplex R **19** Gruppe H **20** Komplex P und M

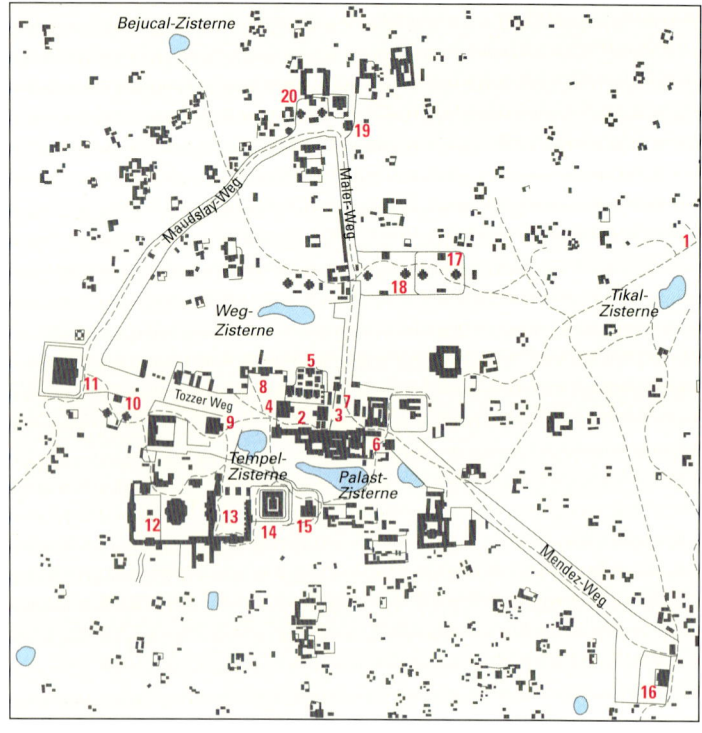

genüber, flankiert von der Nördlichen Akropolis (13 m hoch) mit den heute überdachten Stelen und der etwas zurückgesetzten Zentralen Akropolis.

Tempel I (3), auch Großer Jaguar genannt, und **Tempel II (4),** der wegen des ursprünglichen Stuckschmucks auch Tempel der Masken genannt wird, ließ um das Jahr 700 der damalige Tikal-Herrscher Ah Cacao errichten. Auf sein Grab (Nachbildung im Museum) stießen die Archäologen 1958 unter Tempel I. Vermutlich symbolisieren beide Tempel in ihrer Gegenüberstellung und unterschiedlichen Mächtigkeit Sonne und Mond. Sie sind im Architekturstil der Maya-Klassik erbaut, zu dem die für Kulthandlungen wichtige, hochstufige Treppe gehört, die bis hinauf zur Priesterplattform führt. Oben ist das für die Maya-Klassik typische ›falsche‹ Gewölbe zu sehen: eine Deckenkonstruktion aus Stück für Stück zusammenstrebenden, flachen Steinen. Das Zierschild auf der Pyramidenspitze war vermutlich ursprünglich farbig bemalt. Im Innern des Tempels wurden Gänge und Gräber gefunden, einige ganz offensichtlich durch spätere Kultzeremonien beschädigt, die die Indianer hier etwa bis ins 17. Jh. zelebrierten.

Die Stelen und Altäre vor der **Nördlichen Akropolis (5,** Acrópolis del Norte) wirken bei etwas Phantasie wie ein zu Steinsäulen erstarrter Wald. Sie sind das Geschichtsbuch Tikals, angeordnet in Reihen auf den Ebenen des terrassenartig dahinter aufsteigenden Gruftgebäudekomplexes. Obgleich viele Stelen beschädigt sind und deshalb nicht vollständig entziffert werden konnten, geben sie doch meist wenigstens über das Jahr ihrer Errichtung Auskunft. So stammen sie alle etwa aus dem Zeitraum zwischen 386 (Stele 4) und 869 (Stele und Altar 11).

Gegenüber erhebt sich die massive **Zentralakropolis (6,** Acrópolis Central), die für einen gänzlich profanen Zweck erbaut wurde: Hier wohnten Menschen, vermutlich die wichtigsten Priester, Würdenträger und Gelehrten.

2 kleine **Ballspielplätze** finden sich in der Nähe von Tempel I: ein schmaler im Süden und ein anderer in seinem Rücken an der **Ostplaza (7,** Plaza Este), wo die Spazierwege Calzadas Méndez und Maler zusammentreffen. Die **Westplaza (8,** Plaza Oeste) liegt genau auf der anderen Seite der Zentralakropolis und zeigt keine restaurierten Gebäude.

Der Spaziergang über die Große Plaza (Gran Plaza), vorbei an Tempel I und II, führt auf den etwas versetzt zu seinen Vorgängern erbauten **Tempel III (9,** 55 m hoch) zu. Er entstand 810 als eines der letzten Gebäude der Stadt. Oben ist noch ein fast vollständiges Originalholzfries zu sehen, dessen zentrale Figur einen vornehm in ein Jaguarfell gekleideten Maya darstellt.

Links weist ein Schild zum Mundo Perdido, doch lohnt zuvor noch

Könige auf Kriegspfad

Tikal entwickelte sich seit seiner ersten Besiedlung um das Jahr 600 v. Chr. dank seiner günstigen Lage an Wasserwegen zum bedeutenden Handelszentrum im historischen Maya-Tiefland zwischen dem Golf von Mexiko und dem Golf von Honduras. Seine heutige mehrfach überbaute Gebäudepracht wurde während seiner Blütezeit errichtet, die etwa um 250 n. Chr. begann und einen ersten Höhepunkt erlebte, als König Große Jaguartatze im Jahr 378 zusammen mit seinem Bruder Rauch-Frosch das nahe ältere Uaxactún eroberte.

Der Eroberung müssen starke Spannungen zwischen Uaxactún und Tikal vorangegangen sein, denn ältere Stelen in beiden Städten zeigen häufig Herrscher, die mit drohender Gebärde über Gefangenen stehen. Auch vermuten die Archäologen, daß die gefundenen ausgedehnten Gräben und Wälle aus der Frühklassik an der Nordseite Tikals schon der Abwehr der Feinde aus Uaxactún dienten.

Große Jaguartatze und Rauch-Frosch begannen den Krieg nach gründlicher Vorbereitung. Vor allem versicherten sie sich der militärischen Unterstützung ihres mächtigen Handelspartners Teotihuacán in Mexiko. Mit ihm als Verbündeten und im Namen der in Uaxactún unbekannten Teotihuacán-Gottheit 18-Kaninchen-Schlange zogen sie dann erfolgreich gegen das mächtige Uaxactún in den Krieg.

Nach der Eroberung bestieg Rauch-Frosch den Thron Uaxactúns, ließ es überbauen und errichtete eine Siegesstele. In Tikal stand Große Jaguartatze auf dem Höhepunkt seiner Macht als Fürst eines Volkes, das die Wissenschaftler auf 400 000 Menschen schätzen.

der kurze Weg über die **Calzada Tozzer.** Links von ihr breitet sich bald der **Komplex N (10)** mit seinen Zwillingstempeln aus. An der nördlichen Seite ist auf der **Stele 16** Herrscher Ah Cacao zu sehen. Text und Darstellung auf dem Altar daneben beziehen sich wahrscheinlich auf seine Gemahlin.

Weiter geradeaus führt die Calzada Tozzer nach wenigen Schrit-ten zum höchsten Tempel Tikals, dem **Tempel IV (11,** 65 m hoch) oder Tempel der doppelköpfigen Schlange. Er wurde erst 1937 entdeckt und schließt in ziemlich gerader Linie die Reihe der Tempel I–III im Nordwesten ab. Man weiß heute, daß dieses gewaltige Bauwerk bereits 470, in der Zeit der Späten Frühklassik, unter dem damaligen Herrscher Yaxkin Caan

Anderthalb Jahrhunderte dauerte es, bis sich die Feinde Tikals erneut formierten. Die Initiative übernahm ein mächtiger Stadtstaat, der sich östlich von Tikal entwickelt hatte: Caracol (der Name wurde der Ruinenstätte von den Archäologen gegeben), das im Hinterland des heutigen Belize liegt. Dort berichtet der Markierstein eines Ballspielplatzes, den die Archäologen erst Anfang der 1990er Jahre entdeckten, von einem Angriff auf Tikal am 11. April 556 unter König Yahaw Te. Am 1. Mai 562 wurde Tikal von Caracol besiegt.

Danach blieb es lange ruhig um Tikal. Versuche der Fürsten aus dem Tikal-Geschlecht, ihre Stadt zurückzuerobern, scheiterten immer wieder an der starken Kontrolle Caracols. Schließlich verbanden sie sich mit dem Fürstengeschlecht im südlichen Dos Pilas und konnten dort 645 unter Tok'Chan K'awil ein neues Machtzentrum errichten.

Um 734 endlich hatte sich Tikal aus den Fängen Caracols befreit; es begann eine Renaissancezeit. Stelen erzählen jetzt wieder von einem mächtigen Herrscher mit dem Namen Ah Cacao. Von diesem letzten großen Herrscher Tikals ist unter anderem seine Körpergröße überliefert, die mit 167 cm die Durchschnittsgröße der Maya um rund 10 cm überragte. Vielfach wird er als ›groß‹ im doppelten Sinne beschrieben. Dennoch konnte er das Ende Tikals nicht aufhalten. Im Jahr 889 wird zwar noch unter seinem Nachfolger an einem neuen Gebäude gebaut, doch Bauten jüngeren Datums konnten die Archäologen nicht finden. Wie in anderen Maya-Städten erlischt aller Glanz um das Jahr 900, die Gebäude verfallen. Warum, das wird ein ewiges Rätsel bleiben. Sicher wissen die Wissenschaftler heute nur eines: Die alten Maya waren keine »edlen Wilden«, sondern ein kriegerisches Volk – nicht anders als die meisten Völker dieser Erde.

Chac erbaut wurde. Beim **Mundo Perdido (12,** zurück zum Tempel III und dem Schild nachgehen) verzaubert schon der Name: Übersetzt heißt er »Verlorene Welt« und regt so die Phantasie zweifellos stärker an als die ansonsten bei den Archäologen üblichen Bezeichnungen Struktur, Komplex oder Gruppe mitsamt der Numerierungen. So scheint er einer der geheimnisvollsten Plätze ganz Tikals, obgleich auch anderswo Moose und Farne die alten Steine mit lebendiger Patina überziehen und wunderbar verwunschen wirken lassen. Der schöne Name bezieht sich vor allem auf das Alter des Komplexes, denn die hier gelegene 35 m hohe **Große Pyramide** (Gran Pirámide) ist als Bauwerk der Späten Frühklassik (um 400) die älteste

Tikals und mit ihrem breiten Grundriß eine der kolossalsten in Mittelamerika.

Gleich dahinter öffnet sich eine Lichtung mit der **Plaza der Sieben Tempel (13,** Plaza de los Siete Templos) und seinem markanten, überwachsenen, fünftürigen Palast (Palacio) aus der Frühklassik. An der Nordseite des Platzes entdecken die Archäologen ein dreifaches Ballspielfeld. Noch ein Stück weiter schließt sich die erst wenig erforschte **Südliche Akropolis (14)** an und dann der Tikal im Osten begrenzende **Tempel V (15,** 57 m hoch) aus dem Jahr 750. Vor ihm breitet sich der Graben des Wasserreservoirs der alten Tempelstadt aus, das zwischen Tempel V und der gegenüberliegenden Zentralakropolis lag.

Über die Calzada Méndez erreicht man nach einem Spaziergang von rund 20 Minuten den **Tempel VI (16,** der auch Tempel der Inschriften genannt wird. Ähnlich wie in der Maya-Stätte Xunantunich (Belize) ziert die Spitze des Tempels ein Hieroglyphenband, das hier auch das Baudatum, 766, enthält. Errichten ließ den Tempel vermutlich (wie auch Tempel IV an Tikals Nordwestspitze) der Herrscher Yaxkin Caan Chac, doch mit der Inschrift schmückte ihn der spätere Herrscher Chitam.

Viele Funde aus den verschiedenen Phasen der Ausgrabungsarbeiten sind im **Sylvanus G. Morley Museum,** das in der Nähe des Parkplatzes liegt, ausgestellt. Zu seinen großen Attraktionen gehören neben seinen zahlreichen Keramiken oder Jadeschmuckstücken aus Gräbern auch die Nachbildung von Ah Cacaos Grab (Grab 116) im Tempel des Großen Jaguars. Daneben sind besondere Stelen zu sehen, vor allem die Stele 31, die in der Nördlichen Akropolis gefunden wurde. Sie ließ 435 der Herrscher Stürmischer Himmel errichten, der auf der Vorderseite abgebildet ist. Auf ihrer Rückseite findet sich die längste erhaltene Inschrift der Frühen Klassik, eng aneinandergereihte Schriftzeichen, die den Krieg Tikals gegen Uaxactún im Jahr 378 beschreiben, den König Große Jaguartatze gemeinsam mit seinem Bruder Rauch-Frosch anführte. Die berühmte Mosaikmaske aus Tikal ist in der Sala de Jade des Archäologischen Museums von Guatemala-Stadt zu sehen. (Öffnungszeiten des Morley-Museums Di–So 9–17 Uhr)

Busse: Zweimal täglich, um 6 und um 13 Uhr, befahren Busse der Gesellschaft Pinita die Strecke von Flores nach *Tikal.*

Minibusse/Taxis: Für einen günstigen Pauschalpreis (30 Q) fahren die Minibusse von San Juan Travel (im Hotel San Juan von Santa Elena) täglich mehrmals nach *Tikal* und zurück (14, 15 und 16 Uhr); Anmeldung ist meist über die Rezeption der verschiedenen Hotels möglich. Die Busse sammeln dann die Gäste auf. Mit Taxis (oft auch Minibusse) kostet allein eine Strecke das Fünffache.

Unterkunft: Jungle Lodge, Komfortzimmer in Bungalows, Pool unter Urwaldriesen, Restaurant, am Parkeingang, ✆ 9 26 05 19, Fax 4 76 87 75; Tikal Inn, neben Jungle Lodge, ✆ 9 26 00 65, Reserv. ✆ 5 99 62 12; Jaguar Inn, etwas versteckter, ruhiger und preiswerter, Restaurant, ✆ 9 26 00 02. (Achtung: Die Zimmer sind in der Hochsaison schnell ausgebucht!)

Restaurants: Café-Restaurant Parque Tikal, überteuerte Auffangstation für fußmüde und hungrige Tikal-Spazierer, tgl. 7–20.30 Uhr; gut essen kann man auch im Jaguar Inn.

Aktivitäten: *Rundwanderweg:* Nordöstlich des Museums beim Rastplatz beginnt ein etwa 2,5 Std. langer Natur-Rundwanderweg. Zu sehen gibt es hier einen gigantischen, hundertjährigen Mahagoni-Baum.

Die Maya-Städte im Nordosten

Die Maya-Städte im Nordosten des Petén liegen immer noch so versteckt im Urwald, daß ein Besuch auf eigene Faust nur denen zu raten ist, die extreme Trips gewohnt sind. Die einzige Übernachtungsmöglichkeit ist oft das Zelt (Moskitonetz nicht vergessen!) oder ein privates Quartier, das Erfahrene schnell aushandeln können. Sie wissen aber auch, worauf sie sich einlassen: ein Schlafplatz zwischen der Familie auf dem Fußboden. Als Fahrzeug kann man in Santa Elena

natürlich einen Jeep mieten, Voraussetzung ist, daß man mit diesem vierradgetriebenen Gefährt umgehen kann (vorher einweisen lassen!). Für den Fall einer Panne sollte man möglichst nicht allein reisen und am besten einen vertrauenswürdigen, pauschal bezahlten, ortskundigen Führer mitnehmen (Preis vorher aushandeln!). Die Pisten sind z. T. so schlecht, daß die Warnung »Nur in der Trockenzeit befahrbar« im eigenen Interesse ernst zu nehmen ist. Nicht so Abenteuerlustige sollten besser an organisierten Ausflügen teilnehmen, die in Flores zahlreich angeboten werden.

Topoxte, Yaxhá, Nakún und El Naranjo

Um Besucher wirbt Guatemala zur Zeit für die östlich gelegenen, nur fragmentarisch oder noch gar nicht freigelegten Fundstätten Topoxte, Yaxhá, Nakún und El Naranjo. Zu sehen sind fast nur überwachsene Hügel, die jedoch zum Schutz vor Kunsträubern teilweise bewacht werden. Sie liegen nahe einem nur in der Trockenzeit befahrbaren Seitenweg der Sandstraße von El Remate am Lago Petén Itzá nach Melchor de Mencos an der Grenze zu Belize. **Topoxte** (Späte Klassik, 600–900 n. Chr.) findet man auf einer Insel in der Laguna de Yaxhá nahe der Piste. Das dahinterliegende **Yaxhá** erreicht man über die

Seitenstraße, die zwischen der Laguna de Yaxhá und der Laguna Sacnab hindurchführt (rund 20 km), ebenso **Nakún** (rund 30 km weiter nördlich). Das bewachte **El Naranjo** schließlich breitet sich kurz vor der Grenze zu Belize nördlich der Piste aus (Entfernung von Flores rund 70 km, Fahrzeit rund 6 Std. in der Trockenzeit).

Uaxactún

Am leichtesten erreicht man das alte Uaxactún. Die Ruinenstätte, die in der Späten Präklassik zwischen 400 v. Chr. und 250 n. Chr. ihre Blütezeit erlebte, liegt rund 24 km nördlich von Tikal. Pinita-Busse (☎ 9 50 05 62) fahren um 6 Uhr von Flores nach Tikal und weiter nach Uaxactún (Gesamtstrecke 4 Stunden) und kehren dort nach etwa 1 Stunde wieder zurück. Die Zeit reicht leider nur für eine kurze Stippvisite.

Entdeckt und benannt wurde der von Tikal besiegte Maya-Stadtstaat Uaxactún (Acht Steine) 1916 von dem Archäologen Sylvanus G. Morley. Zu seinen aufregendsten Forschungsergebnissen gehört die Entdeckung, daß die Tempel der heutigen Gruppe E von den Maya zur Beobachtung der Sterne genutzt wurden. Sie waren beim Bau so ausgerichtet worden, daß der Sonnenaufgang am 21. Juni/1. Dezember bzw. 21. März/23. September (Sonnwende/Tagundnachtgleiche) genau auf ihrer Gebäudeach-se erfolgte. Morley nannte sie deshalb das älteste Observatorium Amerikas.

Uaxactún zeigt, wie das hoch im Norden liegende El Mirador auch, den für die monumentale Architektur der Späten Präklassik typischen Akropoliskomplex mit ursprünglich 3 Gebäuden auf einer Plattform. Berühmt ist die auf allen 4 Seiten mit Stuckmasken geschmückte Pyramide VII der Gruppe E. Eine Stele gegenüber weist auf das Jahr 228 n. Chr. hin. An der Fassadenmaske der Pyramide Sub 3 der Gruppe H kann man noch die 3 Ebenen erkennen, in die sie aufgegliedert war. Jede Ebene symbolisierte eine der 3 Schichten des Universums. Gegliedert ist der Ausgrabungskomplex in 8 Gruppen, die untereinander mit Straßen verbunden sind. Im Archäologischen Museum von Guatemala-Stadt ist die Stuckmaske von Tempel E-VII-Sub ausgestellt.

El Mirador

Für die Expedition zur rund 105 km nördlich von Tikal gelegenen gigantischen, rund 2000 Jahre alten Ruinenstadt El Mirador muß man 5 Tage berechnen. Wer die Strecke auf eigene Faust zurücklegen will, setze in Flores zunächst nach San Andrés über. Ab San Andrés fährt ein Bus nach Carmelita weiter. Im Ort besorge man sich mit Hilfe der für den Tourismus zuständigen Gemeindevertreter Luis Morales oder

Guauhitemala – Ort des Waldes

Den Forschungen der Guatemalteken J. L. Arriola und D. A. Recinos zufolge, leitet sich die Landesbezeichnung Guatemala ursprünglich vom *nahuatl*-Wort *Guauhitemala* ab, das übersetzt »Ort des Waldes« heißt. Der bedeutendste Baum dieses *Guauhitemala* ist am Eingang des Nationalparks Tikal zu sehen: die von den alten Maya *yaxché* ge-

nannte und als Weltenbaum *Wakah Chan* verehrte Ceiba. Ihr kerzengerader Stamm kann bis zu 5 m Umfang und eine Höhe von über 30 m erreichen. Ceibas schmücken heute noch die meisten Plazas guatemaltekischer Dörfer und Städte. Ein anderer bedeutender Baum *Guauhitemalas* ist der Zapote, der von den Einheimischen meist *sapodilla* genannt wird. Der Milchsaft des Zapote lieferte den alten Maya einst den Rohstoff für die schweren Kautschukkugeln, die sie bei ihrem rituellen Ballspiel verwandten. Sehr viel später erst durchstreiften Hunderte von *chicle*-Sammlern den Regenwald auf der Suche nach Zapote-Bäumen, denen sie den Milchsaft als Rohstoff für die Kaugummiindustrie abzapften. Viel Raubbau wurde an dem wegen seines harten Edelholzes bei den Maya wie später bei den Europäern sehr begehrten Mahagoni-Baum betrieben, der von den Maya meist erst gefällt wurde, wenn er ein Alter von 400 bis 500 Jahren erreicht hatte, was Baumringzählungen an verwendeten Tragbalken ergaben. Viele Urwaldbäume liefern außerdem auch nahrhafte Früchte, wie der wilde Kakaooder der Papaya-Baum, der Brotnußbaum oder die Corozo-Palme. Vom Räucherharz- oder Kopalbaum wird bis heute von den Maya das Harz gewonnen, das sie bei kultischen Zeremonien verbrennen.

Mariano Catalán einen geeigneten Führer, der für den Trip einen Muli und eine einfache Campingausrüstung bereitstellt. Man sollte sich seelisch auf 2 Tage harten Fußmarsch und feuchte Zeltnächte mitten im Dschungel einstellen.

El Mirador wurde 1926 entdeckt, doch erst jetzt finden intensivere Ausgrabungsarbeiten statt, so daß man bisher wenig über die Geschichte dieser gigantischen Stadt weiß. Immerhin so viel: Ihre Blütezeit lag zwischen 150 v. Chr. und 150 n. Chr. in der Späten Präklassik. Die Archäologen vermuten, daß El Mirador die erste große Maya-Siedlung war. 16 km² groß, bewohnten sie vermutlich rund 10 000 Menschen.

Typisch für El Mirador ist eine dreikantige, den Pyramiden Ägyptens ähnliche Architektur. Im Westen des Geländes liegt der massive Tigre-Komplex mit dem von 2 kleineren Pyramiden flankierten, 43 m hohen Tempel El Tigre, dessen Sockel eine Fläche von der Größe dreier Fußballfelder bedeckt. Gegenüber liegt die Zentralakropolis mit ihren Gräbern, in denen Wandgemälde mit Darstellungen von Blutopferritualen wie dem Einritzen von Zunge oder Penis gefunden wurden. Im Süden findet sich der Monos-Komplex (Affen-Komplex) und im Norden ragt aus dem Danta-Komplex der in 3 Stufen erbaute, mit 70 m höchste bekannte Maya-Tempel in den Himmel.

El Mirador ist von bisher unerforschten, kleineren Maya-Stätten

umgeben. 1992 fand man rund 10 km südlich in der Nakbé genannten Ruinenstätte eine 5 x 8 m große Maya-Maske.

Da zur Zeit in El Mirador archäologische Ausgrabungen stattfinden, benötigt man offiziell für den Besuch eine Erlaubnis, die jedoch die Ausflugsunternehmen bereits eingeholt haben.

Río Azul

Das erst im Jahr 1962 entdeckte Río Azul liegt eine 3-Tagereise mit dem Jeep, 177 km von Flores entfernt, im äußersten Nordosten des Petén, im Grenzwinkel zu Belize und Mexiko und kann ebenfalls nur während der Trockenzeit besucht werden. Mit der den Urwald überragenden Spitze von Tempel A III (47 m hoch) wirkt es auf den ersten Blick wie eine kleine Ausgabe Tikals. Die Bauwerke stammen aus der Späten Präklassik (250. v. Chr.– 250 n. Chr.), bewohnt war es aber vermutlich bis zum allgemeinen Zusammenbruch der Maya-Kultur im 9. Jh. Berühmt wurde Río Azul vor allem durch die dort gefundenen Gräber, die hier in leuchtendem Rot bemalte Schriftzeichen zierten. Vieles weist darauf hin, daß in Grab 19 Stürmischer Himmel bestattet war, der Nachfolger von Große Jaguartatze in Tikal. Vermutlich diente Río Azul als eine Art Verwaltungszentrum der Umgebung. Das Gelände umfaßt über 500 Gebäude.

Der Süden des Petén

Mit dem stark angewachsenen Touristenstrom nach Flores und Tikal mehren sich die Bemühungen der guatemaltekischen Regierung, auch den Süden des Petén touristisch besser zu erschließen, der immerhin die stattliche Anzahl von 32 Maya-Stätten birgt. Mittelpunkt der Region ist der von Flores rund 2 Busstunden südlich gelegene, kleine Ort **Sayaxché.** Sein Einzugsgebiet umfaßt rund 4000 km^2, eine urwüchsige, von den Flüssen Pasión, Salinas und Usumacinta (Grenzfluß zu Mexiko), deren Seitenarmen und von insgesamt 14 Lagunen durchzogene Dschungellandschaft, die mit ihrer reichen Pflanzen- und Tierwelt auch der weltweit steigenden Nachfrage nach Natururlaub entgegenkommt.

Das winzige Sayaxché (übersetzt: Astgabel) liegt am Südufer des Río Pasión. Neben seinem kleinen Markt unterhalb der palmwedelgeschmückten kleinen Kirche endet die aus Alta Verapaz herkommende, unasphaltierte Fernstraße. Sayaxché ist damit zwar der wichtigste Verkehrsknotenpunkt im südlichen Petén, dennoch bietet es neben den zahlreichen Fährbooten, die die Besucher über die Flußwege zu den Maya-Stätten der Umgebung bringen, nur ein einziges annehmbares Hotel. Genußvoller ist zweifellos die rechtzeitige Buchung eines Quartiers in einer der neuen Ferienlodges am nahen

Laguna Petexbatún (2 Std. mit dem Boot ab Sayaxché), von denen man aus bei allem Komfort die Urwüchsigkeit der Umgebung genießen und Bootsausflüge mit gut vorbereiteten Führern unternehmen kann. Sayaxché am nächsten (45 Bootsminuten bis zur Lodge Caribe und dann 12 km zu Fuß) liegt die unrestaurierte Maya-Stätte **Dos Pilas,** die ihre Blütezeit zwischen 600 und 760 n. Chr. erlebte.

Viel Aufschluß über die intensiven kriegerischen Auseinandersetzungen in diesem zur Zeit der Späten Klassik so dicht besiedelten Petén-Gebiet geben die Stelen im nahen **Aguateca,** das direkt mit dem Boot über den Lago Petexbatún erreichbar ist. Außer diesen Stelen und einer in der Maya-Architektur seltenen, kleinen Brücke bietet es jedoch wenig Sehenswertes. Aguateca wurde schon früh vom nahen Dos Pilas beherrscht. Stele 2 mit dem Datum 741 erzählt von einem gemeinschaftlichen Angriff der Städte Ceibal und Dos Pilas auf Tikal, und Stele 1 berichtet von der Gefangennahme des Herrschers von Piedras Negras im gleichen Jahr.

Ceibal, die berühmteste Maya-Stadt der Region, findet man etwa nach 2 Bootsstunden und 45 Fußminuten (auch mit Bussen, die von Flores in den Süden fahren, erreichbar), 17 km östlich von Sayaxché in einer Schleife des Río Pasión auf einem 100 m hohen Kalkkliff, einer strategisch und wirtschaftlich bedeutenden Lage, die den Fürsten

Stele in Ceibal

---

von Ceibal die Kontrolle über wichtige Handelsknotenpunkte ermöglichte. Während seiner Blütezeit (830–930) wuchs es so rasant, daß es heute als größte Maya-Stadt der Späten Klassik gilt.

Entdeckt wurde Ceibal im Jahr 1892 von dem Guatemalteken Federico Artes, der es nach dem einheimischen weißen Reiher in der Maya-Sprache Saxtanquiquí benannte. Wenig später erschienen Alfred Maudslay und Teobert Maler auf ihrer Suche nach Schriftzeichen vor Ort. 1931 erhob die guatemaltekische Regierung Ceibal zum Nationalmonument und 1985 erklärte sie das Gebiet um Ceibal

(17 612 km²) zum Nationalpark. Von den 4 Gebäudegruppen A-D, die alte Calzadas verbinden, sind nur wenige Teile ausgegraben und restauriert, der Rest verbirgt sich weiterhin unter dichter, tropischer Vegetation (darunter auch einige stattliche Exemplare des Ceiba-Baums). Attraktionen sind vor allem der Gebäudekomplex A mit seiner fein ausgearbeiteten Stele, die einen fast lebensgroßen und mit stattlichem Kopfputz geschmückten Adligen zeigt, und die Stele mit dem Spinnenaffen, der nach dem Glauben der Maya direkt vom Bruder des Sonnengottes abstammte.

Busse: Haltestelle der Busse nach *Santa Elena/Flores* (Pinita oder Fuente del Norte) ist das gegenüberliegende Ufer von Sayaxché; Fahrzeit: 2 Stunden

Boote: Bootsfähren pendeln in Sayaxché zwischen beiden Ufern ab 5 Uhr morgens bis zum Einbruch der Dunkelheit. Fahrten mit den schnellen Motorboot-Taxis zu den Sehenswürdigkeiten der Umgebung wie dem *Lago Petexbatún* oder *Aguateca* (Dauer mindestens 3 Std.) kosten mindestens 50 US-$ pro Boot.

Unterkunft: *Sayaxché:* Guayacán, einfaches gutes Hotel, direkt am Bootsanleger (19 Zimmer mit Bad), ✆ 9 28 61 11
Lago Petexbatún: Hotel Petexbatún, gepflegte Lodge mit Seeblick, Zimmer mit Bad, Aussichtsrestaurant und Ausflugsangebot, Anmeldung über Expedición Panamundo in Guatemala-Stadt, ✆

3 31 75 88, Fax 3 31 75 32; Posada Caribe, einfacher, 4 Bungalows mit Bad, Ausflüge, Anmeldung in Sayaxché über ☎/Fax 9 28 61 14

✗ **Restaurants:** *Sayaxché:* La Montaña, üppige Portionen von Grillfisch oder Grillhuhn mit Reis und Bratbananen, Calle Principial/2 Avenida; Yaxkim, gemütliches Speiselokal mit guter Fischküche, auf dem Weg zum Markt in der 1 Avenida

Maya-Stätten am Río Usumacinta

3 Bootsstunden von Sayaxché Richtung Westen beim Zusammenfluß des Río Pasión mit dem Grenzstrom zu Mexiko, dem Río Usumacinta, liegt das kleine, unrestaurierte **Altar de los Sacrificios,** das als eine der ältesten Maya-Stätten gilt. Zu sehen gibt es von der 1895 von Teobert Maler entdeckten Stadt heute allerdings nur noch eine einzige Stele.

Den Río Usumacinta weiter flußabwärts liegt die schwer erreichbare Ruinenstätte **Piedras Negras** (Schwarze Steine). Am schönsten ist es, sie im Rahmen einer Mehr-Tagetour mit dem Boot ab Sayaxché über den Río Pasión zu besuchen, während der auch gleich **Yaxchilán,** die größte Maya-Stätte am (mexikanischen) Ufer des Río Usumacinta, die mit Piedras Negras eng verbunden war, besichtigt werden kann.

In Piedras Negras machte die russisch-amerikanische Kunsthistorikerin Tatiana Proskouriakoff Ende der 1950er Jahre eine für die Entschlüsselung der Maya-Schriftzeichen aufsehenerregende Entdeckung: Sie erkannte, daß sich auf den Stelen bestimmte Hieroglyphen im Abstand von einer Generation wiederholten. Sie fand eine Stele mit der Hieroglyphe für Geburt, eine andere mit dem Zeichen Thronbesteigung und schließlich eine Stele mit der Hieroglyphe Tod. Unter diesen Hieroglyphen befanden sich gleiche Zeichen, die sie als Namens-Hieroglyphen historischer Personen deutete. Mit dieser Entschlüsselung wurde der Fachwelt plötzlich klar, daß es sich bei den Texten auf den Maya-Stelen nicht, wie bisher angenommen, um esoterische Hymnen handelte, sondern um historische Daten: Die Geschichtsschreibung der Maya war entdeckt.

Von den vielen kostbaren Funden blieb in Piedras Negras, das an Größe fast Tikal gleichkommt, wenig. Im Archäologischen Museum von Guatemala-Stadt kann man verschiedene Stelen, Altäre und einen Thron mit dem Datum 6. November 785 aus Piedras Negras bewundern.

⚓ **Boote:** Spannende Bootstouren von Sayaxché nach *Piedras Negras* bietet an: Expediciones Maya, 15 Calle 1–91, Lokal Nr. 104, Zona 10, Guatemala-Stadt, ☎ 3 37 46 66, Fax 3 34 36 93, mayaexp@guate.net

Literaturtips

Miguel Angel Asturias, Die Maismenschen; Der grüne Papst, beide Lamuv Verlag, Göttingen 1992; Der Herr Präsident, Rotpunkt-Verlag, Zürich 1993; Legenden aus Guatemala, Suhrkamp Verlag, Frankfurt 1973

Reinhard Behrend/Werner Paczian, Raubmord am Regenwald, Vom Kampf gegen das Sterben der Erde, rororo Aktuell, Reinbek bei Hamburg 1990

Fridolin Birk, Guatemala – Aufbruch ohne Ende, Ende ohne Aufbruch, Vervuert Verlag, Frankfurt 1996

Leonardo Boff, Die Neuentdeckung der Kirche – Basisgemeinden in Lateinamerika, Matthias Grünewald-Verlag, Mainz

C.W. Ceram, Götter, Gräber und Gelehrte, Rowohlt Verlag, Hamburg

Eduardo Galeano, Die offenen Adern Lateinamerikas, Die Geschichte eines Kontinents von der Entdeckung bis zur Gegenwart, Peter Hammer Verlag GmbH, Wuppertal 1980

Geo-Special, Die Welt der Maya, Heft Nr. 5/1993

Geo, Die zweite Entdeckung der Maya, Heft Nr. 5/1996

Karl Ludolf Hübener (Hrsg.), Weißbuch Lateinamerika, Eigenes und Fremdes, Peter Hammer Verlag, Wuppertal 1991

Günter Kahle (u. a.), Lateinamerika, Geschichte der lateinamerikanischen Länder zum Nachschlagen, Ploetz Verlag, Freiburg-Würzburg 1993

Richard Konetzke (Hrsg.), Süd- und Mittelamerika I, Die Indianerkulturen Altamerikas und die spanisch-portugiesische Kolonialherrschaft, Fischer Taschenbuch, Bd. 22, Frankfurt 1991; Süd- und Mittelamerika II, Von der Unabhängigkeit bis zur Krise der Gegenwart, Fischer Taschenbuch, Bd. 23, Frankfurt 1991

Kunsthistorisches Museum Wien, Die Welt der Maya, Verlag Phillip von Zabern, Mainz und Roemer- und Pelizaeus-Museum, Hildesheim 1993

Bartolomé de Las Casas, Kurzgefaßter Bericht von der Verwüstung der Westindischen Länder, Hans Magnus Enzensberger (Hrsg.), Insel Verlag, Frankfurt am Main 1981

Rigoberta Menchú, Leben in Guatemala, aufgezeichnet von Elisabeth Burgos, Lamuv Taschenbuch 33, Göttingen 1993

Popul Vuh, Das Buch des Rates, Mythos und Geschichte der Maya, aus dem Quiché übertragen von W. Cordan, Eugen Diederichs Verlag, Köln 1962

◁ Dschungel am El Golfete

REISEVORBEREITUNG

Diplomatische Vertretungen Guatemalas

... in der BRD
Botschaft:
Joachim Karnat-Allee 45–47
10557 Berlin
✆ 0 30/2 06 43 63, Fax 20 64 36 59
Generalkonsulate:
Fruchtallee 17, 20259 Hamburg
✆ 0 40/4 30 60 51, Fax 4 30 42 74
Grafinger Str. 2, 81671 München
✆ 0 89/40 62 14, Fax 4 13 23 38
(nur Di, Mi, Fr 9.30–12.30 Uhr)
... in Österreich
Botschaft:
Salesianer Gasse 25, 1030 Wien
✆ 01/7 14 35 70, Fax 7 14 35 70 15
embaguate.viena@netway.at
... in der Schweiz
Honorarkonsulate:
10 bis Rue du Vieux Collège
1204 Genf, ✆ 0 22/3 11 99 45
14 Rue du Midi, 1003 Lausanne
✆ 0 21/3 23 42 23
Tödistr. 17, 8002 Zürich
✆ 01/2 02 58 15

Informationsstellen

Z. Zt. gibt es nur in Deutschland ein Informationsbüro von INGUAT: Honorarkonsulat von Guatemala, INGUAT, Grafingerstr. 2, 81671 München, ✆ 0 89/45 08 27 01, Fax 45 08 27 02. In Österreich kann man bei der Botschaft schriftlich (frankierter Rückumschlag) Infomaterial bestellen.
Im Internet (englisch und spanisch): guatemala.travel.com.gt

Einreise- und Zollbestimmungen

Einreisebestimmungen
Besucher aus der BRD, Österreich und der Schweiz müssen bei der Ankunft in Guatemala einen Paß vorlegen können, der mindestens noch ein halbes Jahr lang gültig ist, und erhalten derzeit dann eine Aufenthaltsgenehmigung von 30 Tagen. Wer länger bleiben möchte (z. B. für einen Sprachkurs), muß eine längere Aufenthaltserlaubnis unmittelbar bei der Einreise beantragen. Wer diesen Wunsch begründen kann, erhält normalerweise ohne Probleme eine Aufenthaltsgenehmigung von 90 Tagen.
Die **Ausreisegebühr** aus Guatemala beträgt 30 US-$.
Zollbestimmungen
Bei der **Einreise** wird das Gepäck vor allem nach Drogen durchsucht. Wer eine ungewöhnlich umfangreiche Fotoausrüstung oder einen Laptop mit sich führt, kann die Nummern beim Zoll registrieren lassen.
Bei der **Ausreise** über Land muß man ebenfalls den Zoll passieren, hier wird das Gepäck mitunter auch nach archäologischen Stücken durchsucht, deren Ausfuhr verboten ist. Bei der Einreise in die Länder der EU sind Souvenirs im Wert von etwa 180 € zollfrei, außerdem: 200 Zigaretten oder 100 Zigarillos, 50 Zigarren oder 50 g Rauchtabak, 1 l eines Spirituosengetränks mit mehr als 22% Alkoholgehalt oder 2 l mit 22% oder weniger, 500 g Kaffee und 50 g Parfüm oder 0,25 l Eau de Toilette.

Gesundheitsvorsorge

Bei Einreise aus Gelbfieber-Infektionsgebieten ist ein gültiges Gelbfieber-Impfzertifikates erforderlich. Impfungen gegen Diphtherie, Hepatis A und B, Tetanus, Tollwut und Typhus werden empfohlen. Malariarisiko besteht in allen Gebieten unter 1500 m; ein hohes in Alta Verapaz, Escuintla, Huehuetenango, Petén und Quiché und ein mittleres in Baja Verapaz, Izabal, Jutiapa, Retalhuleu, San Marcos, Suchitepequez und Zacapa. Die Gefahr, sich mit Cholera zu infizieren, gilt als gering, obwohl einige Infektionsgebiet gemeldet sind (Verapaz, Chiquimula, Chimaltenango, El Progreso, Escuintla, Guatemala, Huehuetenango, Izabal, Jalapa, Jutiapa, Petén, Quetzaltenango, Quiche, Retalhuleu, Sacatepéquez, San Marcos, Santa Rosa, Sololá, Suchitepéquez, Totonicapán, Zapaca). Landesweit, besonders im Hinterland besteht z. Zt. erhöhte Gefahr für Magen-/Darminfektionen beim Lebensmittelverzehr aus billigen Straßenrestaurants und von Märkten. Eine sorgfältige Trinkwasser- und Nahrungsmittelhygiene ist stets empfohlen.
Aktuelle Informationen im Internet: fit-for-travel.de

In die Reiseapotheke gehören vor allem Kohletabletten gegen Durchfall, Verbandszeug, Jod und Tabletten zur Wasserdesinfektion. Ratsam ist in jedem Fall der Abschluß einer Auslandsreise-Krankenversicherung.

Reisezeit

Die beste Reisezeit ist die Trockenzeit. Sie beginnt etwa Mitte November und dauert etwa bis April. Ziemlich regenfrei sind auch die Zeit von Mitte Juli bis Mitte August. Im Petén allerdings muß man selbst in dieser Zeit mit kleinen kurzen, aber z. T. heftigen Regenschauern rechnen.

Auch ein Vorteil der Trockenzeit: Die zahlreichen unasphaltierten Straßen und Pisten sind passierbar.

Reisekasse

Die Währung Guatemalas ist der Quetzal (Q). Der Wert des Quetzals berechnet sich nach seiner US-$-Parität, was zur Folge hat, daß Europäer beim Umtausch in Europa einen geringeren Gegenwert ihrer Währung erhalten (und umgekehrt). Anfang 2001 entsprach 1 US-$ 7,7608 Q. In Guatemala werden Euroschecks und Euroscheckkarte nicht akzeptiert.

Als Reisegeld empfiehlt sich der US-$ in bar oder als Travellerscheck. Günstig ist es auch, Kreditkarten (z. B. VISA, American Express, Diners und Master Club) zu besitzen, zumal sie es ermöglichen, mit geringen Bargeldsummen zu reisen. Außerdem sind die Umrechnungskurse der Kreditkartenunternehmen oft günstiger als die der Banken.

Reisekleidung

Kleidung in den verschiedenen Klimazonen Guatemalas: **Im tropischen Tiefland** reicht leichte Kleidung aus, wobei es besonders in den Feuchtgebieten von Vorteil ist, wenn sie möglichst viel vom Körper bedeckt (z. B. leichter Baumwoll-Overall), um Moskitostichen vorzubeugen.

Für das **Hochland,** wo die Temperaturen nachts auf 8 °C absinken können, gehören leichte warme Pullover oder eine Strickjacke ins Gepäck.

Bei Wanderungen generell, besonders in Dschungelgebieten wie dem Petén ist festes Schuhwerk mit rutschfester Sohle unerläßlich (mit Socken wegen reinkrabbelnder Ameisen).

Überall muß die starke **Einstrahlung der Sonne** berücksichtigt werden. Besonders intensiv brennt sie mittags im Hochland. Bei Wanderungen den Sonnenhut nicht vergessen!

ANREISE

… aus Europa

Der internationale Flughafen La Aurora in Guatemala-Stadt wird von der Iberia (über Madrid und Miami), Lufthansa (via Mexico City), American Airlines (Zubringer British Airways), Delta Air Lines (via New York, Atlanta und Cincinnati) und Continental Airlines (via Newark und Houston) angeflogen. Anfang 2001 kostete das preisgünstigste Ticket für eine maximale Aufenthaltsdauer von 180 Tagen 912,70 € (Continental Airlines). Günstigere Tarife (meist für eine maximale Aufenthaltsdauer von nur 30 Tagen) finden sich in ›Billigflugbüros‹ wie der »Flugbörse« oder im Internet bei Last-Minute-Anbietern wie z. B. »Travel Overland« (travel-overland.de).

Tip: Mit dem All America Pass, an dem sich rund 30 Fluggesellschaften beteiligen, läßt sich Guatemala kostengünstig mit anderen Zielen in Mittelamerika und der Karibik kombinieren. Außerdem bietet die Taca Sondertarife zu anderen mittelamerikanischen Zielen an, z. B. Guatemala City – San Salvador für 99 US-$.

… aus den Nachbarländern

Von Belize: Flug mit Aero-Caribe ab Belize City nach Tikal oder Guatemala-Stadt. Busfahrt von Belize City nach Benque Viejo mit Batty Brothers und hinter der Grenze weiter mit dem Bus ab Melchor de Mencos nach Flores im Petén. Bootsfahrt von Punta Gorda nach Puerto Barrios.

Von Mexiko: Flüge mit Grupo Taca (Taca und Aviateca) oder Mexicana; Grenzübergang mit dem Bus (Hochland): Fahrt bis Grenzübergang Ciudad Cuauhtemoc/La Mesilla, ab da mit dem Bus nach Huehuetenango.

Von San Salvador: Flüge mit Grupo Taca (Taca und Lacsa) oder mit dem Bus: Entweder mit dem Tica-Bus aus Costa Rica oder mit Melva Internacional. Beide fahren über Valle Nuevo (San Salvador) nach Jalpatagua (Guatemala) bis zur Hauptstadt.

Von Honduras: Flüge mit Grupo Taca oder mit dem Bus nach Copán und dort in die Busse nach El Florido (Guatemala) umsteigen.

Busverkehr **Mexiko–Panama:** Tica Bus, 11 Calle 2–74 Zona 9, Edificio Alcázar, ✆ 3 31 42 79, 3 61 17 73.

UNTERWEGS IN GUATEMALA

... mit dem Flugzeug

Inlandsflüge werden nur zwischen Guatemala-Stadt und Flores angeboten, obwohl es außerdem noch (militärisch genutzte) Flughäfen in Puerto Barrios, Cobán, Retalhuleu, Puerto Quetzal und bei El Florido gibt.

Von Guatemala-Stadt nach Flores fliegen täglich die nationalen Fluggesellschaften Tikal Jets (✆ 3 34 68 55), Aviateca (✆ 3 31 75 94), oder man kann die private Aerovias chartern (✆ 3 34 53 41).

... mit dem Bus

Mit dem Bus erreicht man praktisch jeden Ort im Land. Für die längeren Überlandstrecken setzen die Busgesellschaften heute moderne bequeme Reisebusse ein. In der Überzahl sind jedoch die klapprigen, oft überladenen, einfachen Busse, die auch für den Transport von Marktwaren genutzt werden. Auskünfte für folgende Strecken erteilen:

Guatemala-Stadt–Cobán:
Transportes Escobar (Monja Blanca),
✆ 2 51 18 78, 2 38 14 09,
2 53 48 69
Guatemala-Stadt–Esquipulas:
Rutas Orientales, ✆ 2 53 72 82,
2 51 21 60
**Guatemala-Stadt–Escuintla–
La Antigua:** Transportes Esmeralda,
✆ 4 71 03 27
Guatemala-Stadt–Flores:
Fuentes del Norte, ✆ 2 51 38 17

Guatemala-Stadt–La Antigua:
Autobuses a Antigua, ✆ 2 32 49 49
Guatemala-Stadt–Puerto Barrios:
Transporte Litegua, ✆ 2 53 81 69
Guatemala-Stadt–Quetzaltenango:
Transportes Galgos, ✆ 2 32 36 61
Guatemala-Stadt–Retalhuleu:
Autobuses Rápidos del Sur,
✆ 2 51 66 78
Pazifikküste:
Autobuses Rápidos del Pacífico,
✆ 2 51 42 50

... mit dem Boot

Fährverkehr wird angeboten von Puerto Barrios nach Lívingston, Río Dulce und Punta Gorda (Belize) sowie zwischen den Ortschaften des Lago Izabal, auf dem Canal de Chiquimulilla (zwischen Iztapa und Monterrico) und auf dem Río Pasión zwischen Sayaxché und der Fernstraße in den Petén.

Ausflugsfahrten kann man außerdem auf den Seen Amatitlán, Atitlán und Petén Itzá unternehmen.

... mit dem Taxi

Für Fahrten innerhalb von Guatemala-Stadt hat das Fremdenverkehrsamt INGUAT autorisierte Tarife herausgegeben (Auskunft: ✆ 3 31 13 33). Anfang 2001 betrug der Tarif pro km 3,75 Q und 0,75 Q pro Minute Wartezeit. Außerhalb der Stadt und bei längeren Fahrten muß man Spezialtarife aushandeln.

… mit dem Leihwagen

Die Büros internationaler Autoverleihfirmen wie Avis, Hertz oder Budget befinden sich alle in Guatemala-Stadt (direkt am Flughafen). Daneben gibt es nur noch Büros in La Antigua und Flores und einzelne in Cobán und Quetzaltenango. Leider vermieten die Firmen, außer in Flores, trotz der schlechten Straßenverhältnisse im Land fast nur Pkws und keine vierradgetriebenen Jeeps. Für einen Pkw muß man rund 50 US-$ pro Tag rechnen, ein Jeep kostet etwa das Doppelte. Bei längeren Touren ins Hinterland sind die meist neueren und besser gewarteten Wagen der internationalen Verleihfirmen den oft älteren und anfälligeren Modellen der nationalen vorzuziehen, zumal es keinen Pannenhilfsdienst in Guatemala gibt. **Entfernungen und Straßen:** In letzter Zeit wurde viel in die Verbesserung des Straßennetzes investiert. Auch bislang vernachlässige Straßen wie von Cobán nach Lanquín oder von Quiché nach Nebaj wurden zumindest neu gewalzt – wenn auch noch nicht asphaltiert. Mit einer Asphaltdecke wurde die Straße zur Grenze nach Honduras versehen (Route nach Copán). Sehr gut sind inzwischen die Strecken von Guatemala-Stadt nach La Antigua, Panajachel und Chichicastenango oder von Flores nach Tikal sowie von Guatemala-Stadt nach Puerto Barrios, bzw. nach Puerto Quetzal oder von Quetzaltenango nach Champerico. Gut ausgebaut ist auch die Strecke nach Cobán. Für die inzwischen vollkommen asphaltierten 488 km zwischen Guatemala-Stadt und Flores benötigt man rund 8 Std., für die 295 km nach Puerto Barrios 4–5 Std. Entfernungsangaben sind wegen der Unterschiede im Straßenzustand aber noch mit Vorsicht zu genießen.

Parken: Wer sein Auto in Guatemala-Stadt nicht auf einem privaten Parkplatz parken kann (z. B. eines Hotels), sollte in einen *parqueadero* (bewacht) fahren. Wer das versäumt, darf sich vor allem im *centro* hernach nicht wundern, wenn am Wagen selbst nach kurzer Parkzeit Spiegel, Autoradio oder Wagenheber fehlen. Man kann sich gegen Diebstahl auch ganz gut versichern, wenn man einen nach Jobsuche aussehenden Guatemalteken, der gerade in der Nähe steht, höflich anspricht, ob er auf den Wagen aufpassen kann. Versteht sich von selbst, daß es dann dafür eine Belohnung geben muß, die man auch gleich aushandeln kann.

Ausflugsagenturen

So manches Wunschziel läßt sich in Guatemala oft einfacher und effektiver mit Hilfe einer erfahrenen Ausflugsagentur erreichen. Oft kann man sich Gruppenausflügen mit bequemen Bussen, z. B. zu versteckt liegenden oder nur nach stundenlanger Anfahrt erreichbaren Maya-Ruinenstätten, anschließen. Ausflüge mit deutschsprachiger Reiseleitung bieten an (alle mit Sitz in Guatemala-Stadt):
Clark Tours, ☎ 3 39 28 77/82, Fax 3 39 29 09, clarktours.com.gt; Expedición Panamundo, ☎ 3 31 75 88, Fax 3 31 75 65, panamundo@guate. net; Reforma Tours, ☎ 3 39 37 60, Fax 3 34 40 46, reformatrs@pronet. net.gt

UNTERKUNFT & VERPFLEGUNG

Unterkunft

Unterkünfte verschiedener Qualitätskategorien findet man in Guatemala nur in der Hauptstadt, in La Antigua, Panajachel, Chichicastenango, Flores und im Departamento Izabal (Lívingston, Puerto Barrios, Lago Izabal). Stark eingeschränkt ist schon die Auswahl in Quetzaltenango und Puerto San José. In den meisten anderen Orten muß man mit einfachen, oft abgewetzten Stadt- oder Ferienhotels oder mit oft schmuddeligen Pensionen vorliebnehmen, wenn es überhaupt Übernachtungsmöglichkeiten gibt.

Ein neuer Trend sind Ferienlodges in der Wildnis, die nach dem Muster ähnlicher Lodges in Belize oder Venezuela Komfort mit Naturerlebnis verbinden. Beispiele sind das Camino Real am Lago Petén Itzá oder die Petexbatún Lodge am Lago Petexbatún bei Sayaxché (Einzelheiten s. S. 195 und 210).

Die in diesem Reiseführer angeführten Unterkunftskategorien (Übernachtung pro Person ohne Frühstück) kosten:
Luxushotel 150–200 US-$
mittlere Hotels 100–150 US-$
bzw. 60–100 US-$
einfache Hotels und Pensionen 25–60 US-$, z. T. unter 25 US-$

Wichtig: Auf den Zimmerpreis wird ein Aufschlag von 20% (10% Mehrwertsteuer, 10% Touristensteuer) berechnet.

Die Küche in Guatemala

Feinschmecker müssen für die Dauer ihres Guatemalaurlaubs auf den Genuß wahrhaft lukullischer Speisen verzichten. Die besten Köche Guatemalas findet man natürlich in der Hauptstadt, und oft streicheln sie mit ihren vage an Nouvelle Cuisine orientierten Künsten wohl den wenig verwöhnten amerikanischen, aber nicht den verwöhnten europäischen Gaumen. Auch die Italiener enttäuschen, zumal man es in Guatemala liebt, die Nudeln schön klebrig zu kochen. Ratsam ist es deshalb, sich selbst in Guatemala-Stadt gleich den Spezialitätenrestaurants zuzuwenden, beispielsweise denen mit typischer guatemaltekischer Küche, den Steakhäusern oder Meeresfrüchte-Restaurants. In den Spitzenlokalen kostet ein dreigängiges Menü für eine Person (ohne Getränke) zwischen 10 und 20 US-$.

Restaurant nennt sich beinahe jedes Speiselokal, auch auf dem Land. Meist beschränkt sich die Auswahl dort auf Tagessuppe, Huhn oder Fleisch mit Reis. *Comedores* sind so etwas ähnliches wie öffentliche Eßzimmer. Diese kleinen einfachen Nischen mit ein paar Bänken vor der Kochstelle der Wirtin findet man vor allem an den Marktplätzen.

In den *comedores* werden gehaltvolle *sancochos* (Suppe mit Huhn, Rind oder Fisch) oder *mondongos* (mit Kutteln) und andere Speisen serviert. Früchte des einheimischen Bodens, die man in fast allen Gerichten wiederfindet, sind unter anderem verschiedene Kartoffelsorten, Wurzeln wie die Oca oder Yuka, die Tomate, die Erdnuß und die Avocado.

Doch das wichtigste Nahrungsmittel in Guatemala ist der Mais. Die häufigste Zubereitungsart sind flache runde Fladen – die Tortillas, die die Frauen mit flinker Hand aus Maismehl, Wasser und wenigen Gewürzen formen. Gegrillt oder gebacken dienen sie als Unterlage für den verschiedensten Belag. An Imbißständen in den Städten kann man Tortillas mit Avocadocreme bestrichen und geschnittenen *salchichas* (süßscharfe, rote Schweinswürstchen) oder mit Zwiebeln und geschnetzeltem Grillfleisch bekommen. In guten Restaurants werden sie noch heiß unter einem frischen Tuch im Bastkörbchen als Beilage serviert. Als Vorspeise kann man dort auch häufig fein geschnittene, frittierte Kartoffelscheiben (Chips) zu einer scharfen Sauce aus *aji* (Chili), kleinsten Zwiebel- und To-matenwürfeln und *cilantro* (herbschmeckendes Kraut) oder zu *guacamole* (mit Zwiebeln, *aji* und Kräutern gewürzte Avocadocreme) bestellen.

Bei den Hauptspeisen geht heute fast nichtsmehr ohne Reis. Viele Füllungen für die *tamales* aus Maisblättern bestehen aus fein gewürzten Reis-Fleisch-Kräutermischungen. Bei den Tagesgerichten in den kleinen Lokalen bekommt man zum durchgebratenen, dünnen Rinderfilet, dem frittierten Hühnerbein oder dem frischen See-, Fluß- oder Meeresfisch meist Reis, dem schwarze Bohnen (*frijoles*) beigemischt sind, wenn sie nicht gesondert in einer Schale und in ihrem Wasser schwimmend serviert werden. Auch frittierte Kochbananen (*platanos*) gehören in den besseren Restaurants zur Beilage. Püriert mit Sahne werden die schwarzen Bohnen zum typischen guatemaltekischen Frühstück, *chapín,* serviert, dazu gibt es eine gebratene Süßbanane und Spiegeleier.

URLAUBSAKTIVITÄTEN

Baden

Pazifikküste: Hier gibt es die besten Strände, allerdings läßt die touristische Infrastruktur vor allem für Verwöhnte noch viele Wünsche offen. Der schönste (Strand liegt im ruhigen Monterrico, phantastisch breit und feinkörnig ist der schwarze Vulkanstrand im etwas verwahrlosten Puerto San José. Vorsicht beim Baden im Pazifik! Die Unterströmungen sind sehr stark!

Karibikküste: Die guatemaltekische Karibikküste ist arm an Stränden, der beste liegt einen Bootsausflug von Puerto Barrios entfernt an der Punta Manabique. Kleine schmale, grausandige oder Kieselstrände liegen im Norden der Hafenstadt auf dem Weg nach Lívingston. Die Fahrt zu den kleinen Stränden Los Altares de Cocolí und Playa Blanca ab Puerto Barrios dauert ungefähr 20 Min. bzw. 1 Std. mit dem Boot.

Lago de Atitlán: Sandstrand Las Cristalinas und Kiesstrand San Seapaj, 10 km von San Pedro de la Laguna entfernt.

Lago Izabal: Playa Dorada an der Punta Mariscos am Südufer des Lago Izabal; goldfarbener schmaler Strandstreifen.

Bootfahren

In *San Pedro de la Laguna* am Atitlán-See werden neben den üblichen Ausflugsbootsfahrten auch Touren mit dem Kanu angeboten.

Bootsfahrten über die Flüsse und Lagunen des *Petén* (Río Pasión, Río Usumacinta) organisiert man am besten in Sayaxché oder bucht sie im Zusammenhang mit einer Gruppenreise, wie sie z. B. von Expediciones Maya (s. S. 165, 211; Adresse s. u. ›River-Rafting‹) oder Expedicíon Panamundo (✆ 3 31 75 88, s. S. 196, 210; Adresse s. S. 223 ›Ausflugsagenturen‹) angeboten werden.

Mehrtägige Segeltörns mit einem polynesischen Katamaran zwischen Rio Dulce und Lívingston bietet Aventuras Vacacionales, Marina El Tortugal, Frontera Rio Dulce, ✆/Fax 8 32 33 52.

Reiten

Pferde für Ausflüge werden am Lago Atitlán in San Pedro de Laguna (auf der Panajachel gegenüberliegenden Seeseite) vermietet von der Agencia »Big Foot« und auch im Hotel San Francisco.

River-Rafting

Ein-Tages-River-Rafting-Touren und Wochenendtrips auf dem Río Cahabón, Motagua und Naranjo bietet: Expediciones Maya, 15 Calle 1–91, Zona 10, Guatemala-Stadt, Local 104, ✆ 3 63 49 55, 3 34 36 93, mayaexp@guate.net

Spanisch oder Maya Lernen

In den letzten Jahren hat sich Guatemala zu einem beliebten Ziel für Sprachstudenten entwickelt. Den Anfang hatten Schulen in La Antigua gemacht. Heute sind auch gute Sprachinstitute in Guatemala-Stadt, Cobán, Huehuetenango und Quetzaltenango vertreten. Daneben bieten immer mehr Schulen auch Unterricht in Maya-Sprachen an. Häufig werden zu den Kursen preiswerte Unterkünfte bei Gastfamilien angeboten.

Eine Auswahl von Sprachinstituten in:

Cobán (Verapaz): *INCO Internacional* (Spanisch), 2a Calle 1–23, Zona 1, Verapaz, ✆/Fax 7 64 14 78

Guatemala-Stadt: Instituto Guatemalteco Americano IGA, Ruta 1, 4–05, Zona 4, ✆ 3 34 43 93, 3 34 72 18, Fax 3 34 43 92

Huehuetenango: *Xinabajul,* 6a Avda., 0–69, Zona 1, ✆/Fax 7 64 15 18
Fundación 23, 6a Avda. 6–126, ✆/Fax 7 64 14 78

La Antigua: *Academia de Español Guatemala* (Spanisch, Aerobic-Klassen, Wochenendtrips), 7 Calle Oriente Nr.15, argnow@guate.net

Amerispan – Cervantes Spanish Academy (Spanisch), 5a Calle Poniente 42, ✆/Fax 8 32 06 35

CLM Centro Linguistico Maya (Spanisch), 5a Calle Poniente 20, ✆ 8 32 06 56

Instituto Antigueño de Español (Spanisch-Diplom des Erziehungsministeriums), 1a Calle Poniente 33, ✆/Fax 8 32 26 82, Fax 2 51 41 97

Nahual-Spanish-Academy
(Spanisch), 6a Avenida Norte 9, ✆/Fax 6 32 25 48

Proyecto Linguístico Francisco Marroquín (Non-Profit-Organisation, Maya-Sprachen und Spanisch), 7a Calle Poniente 31, ✆/Fax 8 32 28 86, plfm@infovía.com.gt

Quetzaltenango: *Escuela de Español Juan Sisay,* 15 Avda. 8–38, Zona 1, ✆ 7 65 13 18 (Sa/So ✆ 7 61 15 86), Fax 7 63 21 04, jsisayxela@c.net.gt

Xelajú, 1a Calle 2-40, Zona 1, ✆ 7 61 26 31

I.C.A Instituto Central América, 19 Avda. 1–47, Zona 1, ✆/Fax 7 63 18 77

Proyecto Linguístico Quetzalteco de Español (Spanisch, Non-Profit-Organisation), 5 Calle 2–40, Zona 1, ✆ 7 61 26 20

Spanish School Latin Arts (Spanisch, Kunstthemen) 3a Calle 14a–81, Zona 1, ✆/Fax 7 6104 24, quetzal.net/latin

Vulkanbesteigungen

Grundsätzlich sollte man sich bei Vulkanbesteigungen erfahrenen Führern anschließen und sich im Voraus

so gründlich wie möglich über die Sicherheit der Route erkundigen, da es in der Vergangenheit zu Überfällen auf wandernde Touristen gekommen ist (s. S. 235 ›Sicherheit‹). Es gibt jedoch Veranstalter, die eine Art Stillhalteabkommen mit denBanden getroffen haben, vermutlich durch Schutzgeldzahlungen.

Agua (3766 m) und **Pacaya** (2550 m, aktiv): Sichere Besteigungen bieten La Promotora Turística del Pacaya, ✆ 4 40 63 48, und Führer in Antigua wie Chejos oder Gran Jaguar.

Atitlán (3537 m), **San Pedro** (3020 m) und **Tolimán** (3158 m) am Atitlán-See: Führer für die Besteigung des San Pedro findet man in San Pedro de La Laguna (nach José Maria Gonzalez fragen). In ruhigem Schrittempo benötigt man für den Aufstieg etwa 4 Std. und 2 1/2 Std. für den Abstieg. Bei Herrn Gonzalez kann man auch Pferde für die Erkundung der näheren Umgebung mieten. Besteigungen des Atitlán oder Tolimán sollten ebenfalls nur mit einheimischem Führer unternommen werden; hier hier gab es schon Überfälle.

Santa María (3772 m) und **Santiaguito** (aktiv): Anfahrt über die Straße nach Llanos del Pinal (mit Bus oder Auto), von hier zweigt der Fußweg zu beiden Vulkanen ab. Bis zum Krater des Santiaguito benötigt man etwa 3 Std. zu Fuß (aus Sicherheitsgründen nur mit vertrauenswürdigem einheimischem Führer!).

Tajamulco (4220m): Aufstieg von Tuichán bei San Marcos aus; man braucht etwa 5 Std. für einen der beiden Gipfel.

KLEINER SPRACHFÜHRER

Die Aussprache des Spanischen, wichtigste Verkehrssprache in Guatemala, erfordert keine neuen Sprechübungen; weder muß man die Zunge wie beim englischen ›th‹ zwischen die Zähne pressen, noch wie im Französischen durch die Nase sprechen. Selbst das im europäischen Spanisch vorn gerollte ›r‹ kann man normal aussprechen und wird in Guatemala verstanden.

Allerdings haben einige Buchstaben eine andere Klangbedeutung als bei uns:

Ein ›c‹ oder ein ›z‹ vor einem i oder einem e werden wie ein ›s‹ gesprochen (*gracias* sprich ›grasias‹ oder *zero* sprich ›sero‹).

›Ch‹ wie in *noche* (Nacht) spricht man ›tsch‹, also ›notsche‹.

Schließlich muß man wissen, daß ein ›h‹ am Wortanfang nicht mitgesprochen wird.

Das ›j‹ wie z. B. in *mujer* (Frau) wird wie das deutsche ›ch‹ ausgesprochen.

Das doppelte ›ll‹ wird wie ›j‹ gesprochen, z. B. *me llamo* (ich heiße) sprich ›jamo‹.

Der bei uns unbekannte Buchstabe ›ñ‹ wie in *español* muß wie ›nj‹ klingen, also ›espanjol‹.

Die Akzente wie bei Cobán stehen für die Betonung des Worts auf der Silbe mit dem Akzent. Normalerweise werden akzentuierte Worte auf der vorletzten Silbe betont.

Wichtige Redewendungen und Begriffe

Guten Tag	buenos días (bis 12 Uhr), buenas tardes (ab 12 Uhr)
Guten Abend	buenas noches
bitte	por favor
nichts zu Danken	de nada
Entschuldigung	perdón
Entschuldigen Sie bitte.	(Usted) me perdone por favor.
Sprechen Sie Englisch/Spanisch?	¿Usted habla inglés/español?
Ich verstehe (nicht)	(No) comprendo, (no) entiendo
Wie heißen Sie?	¿Como se llama Usted?
Mein Name ist …/ich heiße …	Mi nombre es …/me llamo …
Woher kommen Sie?	¿De dónde es Usted?
Ich bin aus Deutschland.	Soy de Alemania.
Österreich/Schweiz	Austria/Suiza
Wohin gehen Sie?	¿A dónde va Usted?
Darf man rauchen/fotografieren?	¿Se puede fumar/tomar fotos?
Bitte helfen Sie mir!	¡Ayúdeme, por favor!
Achtung! Vorsicht!	¡Attención! ¡Cuidado!

Zeitangaben

Minute/Stunde	minuto/hora
Tag/Woche	día/semana
heute/gestern	hoy/ayer
morgen/übermorgen	mañana/pasado mañana
in 5 Tagen	en cinco dias
Wieviel Uhr ist es?	¿Qué hora es?
Wann?	¿Cuándo?
jetzt/bald/gleich	ahora, ahorita
noch nicht/schon/später	todavía no/ya/más tarde

Reise und Verkehr

Wo/wohin/woher?	¿dónde/a dónde/de dónde?
links/nach links	a la izquierda
rechts/nach rechts	a la derecha
geradeaus	recto
nah/fern	cercal/lejos
Bus/Nachtbus	bus/bus de noche
Busbahnhof	terminal/estación de autobuses
Schiff/Hafen	barco/puerto
Auto/Motorrad/Fahrrad	auto, carro/motocicleta/bicicleta
Fahrkarte/Fahrkartenschalter	billete/taquilla
Sitzplatz/Fensterplatz	asiento/asiento de ventana
Wie komme ich nach ... ?	¿Cómo se va a ... ?
Wie viele km/Stunden sind es nach?	¿Cuántos kilómetros/horas son hasta?
Wie weit ist es nach ... ?	¿A qué distancia está ... ?
Wo ist der Busbahnhof?	¿Dónde está el terminal?
Welcher Bus fährt nach ... ?	¿Qué autobús va a/para ... ?
Wann fährt der Bus nach ... ab?	¿Cuándo sale el autobús a ... ?
Wo muß ich aussteigen?	¿Dónde tengo que bajar?
Ich möchte hier aussteigen	¡Quiero bajar aquí!
Halten Sie hier bitte!	¡Pare aquí por favor!
Wann ist geöffnet?	¿Cuándo está abierto?

Unterkunft

Zimmer/Bad mit Dusche	habitación/baño con ducha
Toilette	baño
besetzt/ausgebucht	completo
Wo gibt es ein Hotel?	¿Dónde hay un hotel?
Haben Sie ein freies Zimmer?	¿Tiene una habitación libre?
Kann ich das Zimmer erst ansehen?	¿Puedo ver la habitación primero?
Wie teuer ist dieses Zimmer?	¿Cuánto cuesta esta habitación?
Gibt es ein Moskitonetz?	¿Hay un mosquitero?
Ich reise morgen früh ab.	Saldré mañana por la mañana.

Essen und Trinken

Ich möchte essen/trinken	Quiero comer/beber
Frühstück/Mittagessen/Abendessen	desayuno/almuerzo/cena
Speisekarte/Rechnung	menú/cuenta
Wasser/Trinkwasser	agua/agua potable
abgekochtes Wasser	agua hervida
Kaffee/Tee/Bier	café/té/cerveza
Ich möchte bezahlen.	Quiero pagar.

Einkauf

kaufen/verkaufen	comprar/vender
handeln	discutir el precio
Geld/Münzen	dinero/monedas
normaler/fester Preis	precio normal/fijo
Wieviel kostet das?	¿Cuánto vale eso?
So viel!	¡Tanto!
Haben Sie etwas Billigeres?	¿Tiene algo más barato?
Wo kann ich ... kaufen?	¿Dónde puedo comprar ... ?
Gibt es hier ... ?	¿Hay aquí ... ?
Ich nehme es.	Lo tomo.
Ich möchte nur schauen.	Quiero sólo mirar.

Im Krankheitsfall

Arzt/Krankenhaus	médico/hospital, clínica
Apotheke/Drogerie	farmacía/droguería
Medikament gegen	medicamento/remedio contra
Kopfschmerzen/Zahnschmerzen	dolor de cabeza/dolor de dientes
Durchfall/Fieber	diarrea/fiebre
Ich bin krank	estoy enfermo/a
Wo gibt es ein	¿Dónde hay un
sehr gutes Krankenhaus?	hospital excelente?
Bitte rufen Sie einen Arzt!	¡Por favor, llame a un médico!

REISEINFORMATIONEN VON A BIS Z

Auskunft

Instituto Guatemalteco de Turismo, INGUAT
7a Avenida 1–17, Zona 4
Centro Cívico, Guatemala-Stadt
☎ 3 31 13 33-47, Fax 3 31 88 93 u.
3 31 44 16, guatemala.travel.com.gt

Betteln

In Guatemala-Stadt, vor allem im *centro,* kann man oft schwer behinderte Erwachsene oder Kinder sehen, die von ihren Verwandten zum Betteln an stark frequentierte Plätze gebracht werden. Ein Almosen für diese Menschen ersetzt praktisch die staatliche Fürsorge und wird mit einem dankbaren Gottesgruß erwidert. Ansonsten sind die Menschen in Guatemala, *indígenas* wie *ladinos,* bei aller Armut meist zu stolz, um zu betteln, was nicht heißt, daß sie nicht andere Wege finden, Touristen etwas des dringend benötigten Geldes aus der Tasche zu locken, sei es durch kleine Dienstleistungen, als Fremdenführer oder Souvenirverkäufer. Das kann – vor allem bei Kindern – auf sehr hartnäckige Weise geschehen. Allerdings sollte man dabei nicht wütend werden. Geschieht es dennoch einmal, muß man sich von den Kindern die verstörte Frage anhören: »Was wollen Sie denn hier?« Es lohnt sicherlich, über diese Frage im Vorhinein nachzudenken und ihnen behutsam zu erklären, warum man nichts kaufen möchte.

Diplomatische Vertretungen in Guatemala-Stadt

... der BRD
20 Calle 6–20, Zona 10
Edificio Plaza Marítima
☎ 3 37 00 28, Fax 3 37 01 31 und
3 33 69 06,
embalemana@intelnet.net.gt

... Österreichs
6 Avenida 20–25, Zona 10
Edificio Plaza Marítima, 4. Stock
☎ 3 68 23 24, 3 68 26 24 und
3 37 02 04, Fax 3 33 61 80
autemb@guate.net

... der Schweiz
16 Calle 0-55, Zona 10
Edificio Torre Internacional, 14.Stock
☎ 3 67 55 20, Fax 3 67 58 11
swissemgua@c.net.gt

Drogen

Der Gebrauch von Drogen wie Haschisch, Marihuana oder Kokain ist auch in Guatemala kein Kavaliersdelikt. Nicht zuletzt wegen der Kontakte zu den kolumbianischen Guerillaorganisationen, die dort stark ins Kokain- und Marihuanageschäft der Kartelle involviert sind, ist Guatemala inzwischen ebenfalls ein Land des illegalen Mohn- und Cannabisanbaus wie des Zwischenhandels für Kokain, sind Drogen hier ein Politikum, das keinesfalls unterschätzt werden darf. D. h.: Militär und Polizei kennen bei Ausländern in diesem

Punkt kein Pardon; Drogenbesitz gibt ihnen möglicherweise auch Anlaß, heimlich gehegte Ausländerfeindlichkeit legal auszukosten, während Touristen ansonsten als Devisenbringer eher geschont werden sollen (z. B. bei Verkehrsdelikten). Hilfe kann bei einer Verhaftung wegen noch so harmlosen Drogenbesitzes praktisch von keiner Seite erwarten.

Feiertage

1. Jan.	Neujahr (Año Nuevo)
Ostern	Gründonnerstag, Karfreitag, Ostersonntag (Semana Santa)
1. Mai	Tag der Arbeit (Día del Trabajo)
30. Juni	Tag des Militärs (Día del Ejército)
1. Juli	Día del empleado Bancario
15. Aug.	Mariä Himmelfahrt (Nuestra Señora de la Asunción)
15. Sept.	Tag der Unabhängigkeit (Día de la Independencia)
20. Okt.	Tag der Revolution von 1944 (Día de la Revolución)
1. Nov.	Allerheiligen (Día de Todos los Santos)
24. Dez.	Heiligabend (Nochebuena)
25. Dez.	Weihnachten (Navidad)
31. Dez.	Silvester (Año Viejo)

Feste

Fastenzeit: Offizieller Beginn am Aschermittwoch, Dauer 40 Tage bis zum ersten Vollmond im Frühling (Beginn der Karwoche). Die Fastenzeit wird bis einschließlich Karfreitag mit *velaciones* in den Kirchen und Prozessionen begangen.

Karwoche/Ostern (Semana Santa): Die vielen vorösterlichen Prozessionen finden in der Karwoche ihren Höhepunkt. Berühmt sind die Osterprozessionen in *La Antigua,* die mit geschmückten Heiligenfiguren über farbenprächtige, kunstvolle Ornamentteppiche aus Piniennadeln, Blumen, Sand und Sägemehl durch die Straßen der Stadt zu den jeweiligen Kirchen führen. Der Brauch geht auf die ersten christlichen Prozessionen im 16. Jh. zurück.

Santiago Atitlán steht am Karfreitag ganz im Zeichen seiner berühmten Maximón- Prozessionen.

In *Salcajá* (Quetzaltengo) wird am Karfreitag die Kreuzigung dargestellt.

In *Totonicapán* wird zu Ostern die *Danza de Los Xacalcojes,* die die Wiederauferstehung Christi zum Thema hat, gezeigt.

In *Zunil* wird die Maximón- oder San-Simón-Figur bei den Prozessionen während der Osterwochen durch die Gassen getragen. (Ostermontag gibt es in Lateinamerika nicht.)

Juli/August: In *Cobán* beginnt meist Ende Juli das seit über 20 Jahren stattfindende ›Festival Folclórico‹. Als wichtigster Tag gilt jener, an dem die *indígena*-Schönheits-Königin gewählt wird. Das Festival dauert bis 4. August.

Am 1. August findet auch in *Momostenango* ein Folklorefest statt.

1. November (Allerheiligen): Patronatsfest von *Todos Santos Cuchumatán* mit seinem berühmten Pferderennen. In *Santiago de Sacatepéquez* lassen die Einheimischen an diesem

Tag zu Ehren ihrer Vorfahren einen großen runden Papierdrachen aufsteigen, den sie zuvor in Gemeinschaftsarbeit hergestellt haben.

21. Dezember: Patronatsfest in *Chichicastenango,* bei dem stets auch ein *Palo Volador,* ein unserem Maibaum ähnlicher Mast aufgestellt wird, an dem sich 4 Männer an Seilen 13mal herumschwingen. Sie verkörpern die toten Krieger, die als Vögel wiedergeboren wurden.

Patronatstage: Jede Gemeinde feiert an bestimmten Tagen im Jahr ihren speziellen Schutzheiligen, der meist identisch ist mit dem Schutzpatron der Dorfkirche und seine Entsprechung in Heiligen aus dem alten Maya-Kalender findet. Eine Broschüre mit den Festdaten der verschiedenen Gemeinden ist über das INGUAT-Büro erhältlich. Sie enthält auch Hinweise auf die jeweils für einen Ort typischen Tänze. Über die Landesgrenzen hinaus berühmt sind die Patronatstage von Esquipulas vom 1.–15. Januar und 9. März.

Frauen allein

Im Großen und Ganzen reist man als Frau in Guatemala ziemlich ungestört, allemal von neugierigen Blicken, aber nicht von Anmache oder Aufdringlichkeiten verfolgt. Als Aufforderung zum Anbändeln kann allerdings schon aufreizende Kleidung verstanden werden, die bei uns eher der Selbstinszenierung als der Aufforderung ans andere Geschlecht dient – in Guatemala verfehlt sie ihre ursprüngliche Wirkung durchaus nicht. Ebenso kann eine längere freundliche Unterhaltung, die mit einer harmlosen Frage nach dem Weg begann, als Kontaktversuch mißverstanden werden. Die westliche emanzipierte Frau sollte sich in diesem Land nicht der Illusion hingeben, sie könnte mit einem Guatemalteken kumpelhafte Freundschaft schließen. Er wird in ihr immer die Frau sehen. Also lieber eine angemessene Distanz halten, ehe man sich genötigt sieht, sich mit umständlichen Erklärungen über die kulturellen Unterschiede aus der Affäre zu ziehen.

Geld

Mit Ausnahme der Rechnungen in großen Hotels bezahlt man in Guatemala stets in der Landeswährung, wodurch man schnell ein realistisches Verhältnis zum insgesamt niedrigen Preisniveau des Landes erhält. Da Touristen oft Opfer organisierter Diebesbanden sind, die im Team arbeiten, sollte man während der Ausflüge stets nur eine kleine Menge Bargeld mit sich führen und diese im Brustbeutel oder einer Gürteltasche verstauen – auch falls man Kleidung in einem Laden anprobiert, nicht abnehmen oder dem Verkäufer geben!

Gesundheit

Keim- oder amöbenverseuchte Lebensmittel sowie verunreinigtes Wasser können sehr schnell zu Durchfall führen. Vorsicht deshalb bei gewaschenem Salat oder Obst, mit Wasser verdünnten, frischen Fruchtsäften oder Eiswürfeln in Getränken. Nur in Flaschen abgefülltes Wasser, das es zu kaufen gibt, ist in Guatemala zuverlässig sauber, und das wird selten für die Herstellung von Speisen oder Getränken benutzt. Vorsicht ist auch bei Schweine- und Rindfleisch geboten, denn selbst wenn es durchgebraten ist, kann es noch dem Menschen gefährliche Krankheitserreger enthalten, unbedenklich ist dagegen meist das importierte Fleisch in den Supermärkten der großen Städte.

Wer viel Wasser verliert, durch starkes Schwitzen bei Wanderungen oder in der schweißtreibenden Hitze der tropischen Tieflandgebiete, sollte seine Speisen stärker als normal salzen, um den Elektrolytverlust im Körper auszugleichen, und selbstverständlich mehr trinken.

In jüngster Zeit waren in den Armutsvierteln ganz Mittelamerikas vermehrt Fälle von Dengue-Fieber zu beklagen, eine noch relativ unbekannte, in ihren Symptomen gelbfieberähnliche Krankheit, die unbehandelt tödlich ausgehen kann und nach Ansicht der zu Rate gezogenen Mediziner der Welt-Gesundheits-Organisation (WHO) von Stechmücken übertragen wird. Wer plötzlich unter unerklärlich starken bis unerträglichen Gliederschmerzen und sehr hohem Fieber leidet, sollte unbedingt einen vom Hotel oder der Deutschen Botschaft empfohlenen Arzt aufsuchen oder sich in der Apotheke speziell für Dengue-Fieber starke Tabletten holen lassen, die normalerweise schnell lindernd wirken.

sie auf ihren Parzellen anbauen oder in Heimarbeit herstellen, daneben auch Hühner und Schweine und alle möglichen Haushalts- und Arbeitsgeräte. Bis heute tragen viele *indígenas* an den Markttagen ihre Ortstracht. Da so mancher Markt an einem Sonntag stattfindet, immer auf dem Platz vor der jeweiligen Ortskirche, erwartet den Besucher oft ein doppelt sehenswertes Schauspiel: Gottesdienst und Markt. Der starke Zulauf an Schaulustigen hat inzwischen fast überall zu einer stattlichen Erweiterung des Warenangebots um touristische Souvenirs geführt. Die größte Auswahl bietet hier Chichicastenango.

Marktkalender

Antigua	täglich
Chichicastenango	Do und So
Cobán	täglich
Guatemala-Stadt	täglich
Huehuetenango	täglich
Momostenango	So
Nebaj	Do und So
Panajachel	täglich
Quetzaltenango	täglich
San Francisco El Alto	Fr
Santiago de Atitlán	täglich
Sololá	Di (nur Gemüse) und Fr
Totonicapán	täglich
Zunil	Mo

Märkte

Märkte in Guatemala sind die Handelsplätze und Treffpunkte der *indígenas*. Auf ihnen verkaufen sie, was

Nationalparks

Biotopo Cerro Cahuí, Schutzgebiet für den Pavo Real (Petén-Truthahn) am Lago Petén Itzá

Biotopo Chacón Machacas am Lago Izabal, Schutzgebiet für Seekühe (*manatís*)

Biotopo Mario Dary Rivera, Schutzgebiet für den Quetzal-Vogel in Verapaz

Maya-Biosphären-Reservat im Norden des Petén

Tikal-Nationalpark rund um die Maya-Stätte Tikal

Notruf

Polizei: ✆ 1 10 und 1 20
Ambulanz: ✆ 1 28
Rotes Kreuz: ✆ 1 25
Feuerwehr: ✆ 1 22

In diesem Führer sind außerdem zu den einzelnen Orten die lokalen Telefonnummern von Polizei und Feuerwehr aufgeführt.

Öffnungszeiten

Geschäfte: Mo–Fr 8–12 und 14–18 Uhr, Sa 8–13 Uhr; in der Hauptstadt sind viele größere Geschäfte allerdings auch über Mittag geöffnet.

Einkaufszentren: Mo–So 9–20 Uhr.

Banken: Mo–Fr 9–18 Uhr. Fast alle wechseln gegen Vorlage des Passes US-$ und Travellerschecks in Quetzales.

Welche Banken gegen Kreditkarte Bargeld auszahlen, erfährt man im Hotel oder bei jeder Bank. Einige Kreditkarteninstitute unterhalten separate Büros für ihren Kundenservice (z. B. Diners Club). Die Filialen von Credibanco (VISA) sind Mo–Fr 9–20 Uhr und Sa 8–14 Uhr geöffnet.

Behörden: Mo–Fr 8–16 Uhr.

Post

Wer im Lande lebt, weiß darüber sein Klagelied anzustimmen: Der Postversand von Guatemala ist leider reine Glückssache, auch Einschreiben mit Nummer erreichen oft nicht den Empfänger. Wertpakete sollten unbedingt per Luftfracht aufgegeben werden.

Sicherheit

Wer die Gefahren kennt, kann ihnen meist ausweichen und reist unbehelligt. Wer sich nach wochenlangem Aufenthalt schon sicher wähnt und deshalb unachtsam wird, kann dies aber in Sekundenschnelle bereuen.

Gefahr Nummer 1 ist Diebstahl im *centro* von Guatemala-Stadt. Überlebenskünstler wie die Straßenkinder und organisierte Banden haben sich zum Leidwesen vieler Guatemalteken das *centro* als Terrain erobert. Letztere sichern sich angeblich durch Zahlung von Schutzgeldern an hohe Polizeimitglieder vor Strafverfolgung ab. Es sind meist Gruppen von 3–5 Erwachsenen, gut gekleidete Frauen und Männer, die vorzugsweise in der Rush-hour durch die Gassen des *centro* streifen und Geschäfte ansteuern, in denen Touristen Schuhe oder Kleider anprobieren und deshalb die Tasche neben sich auf den Sitz stellen. Sie sprechen abwechselnd und unvermittelt den Touristen an, lenken die Verkäufer ab – und wenn sie dann überraschend schnell den Laden verlassen, ist die Tasche weg.

Gefahr Nummer 2 sind Überfälle bei einsamen Wanderungen, z. B. bei den Besteigungen der Vulkangipfel. Bislang sind die Vulkanpfade allerdings auch die einzigen einsamen Wege, wo sich mit schöner Regelmäßigkeit Touristen hinaufwagen, so daß sich dort Wegelagerer formiert haben. Andere Pfade in der weiten schönen Natur des Landes werden so selten benutzt, daß solche Vorkommnisse eher ausgeschlossen sind.

Kommt es dennoch zu einem Überfall, sollte man auf keinen Fall die Herausgabe von Wertsachen verweigern, da die Hemmschwelle beim Gebrauch von Waffen im Land sehr niedrig ist. Das Auswärtige Amt rät deshalb generell bei Reisen zu erhöhter Vorsicht. Alles, was Überfälle provozieren kann, z. B. das offene Tragen von Wertgegenständen, sollte vermieden werden. Auch Fotografieren und Filmen der *indígenas* sollte man unterlassen. Aus religiösen Motiven und auch aus Angst vor Kinderhandel kann es zu sehr aggressiven Reaktionen kommen.

Souvenirs

Das Kunstgewerbe der *indígenas* bietet eine üppige Auswahl an Souvenirs, seien es dekorative Masken oder eine Vielzahl an Kleidungsstücken, Taschen, Tüchern oder Gürteln in traditionellen Mustern und Farben oder deren modischer Abwandlung. Wer auf echte Trachtenmuster Wert legt, sollte sich genau über die Herkunft des Musters informieren oder die im Handel angebotenen Postkarten mit Trachtenbildern genau studieren und beim Kauf vergleichen.

In den Schmuckboutiquen der besten Hauptstadthotels oder in La Antigua kann man edlen wie kostbaren Jade-Silberschmuck nach präkolum-

bischen Motiven erstehen. Ausgefallen und dekorativ sind auch die am Atitlán-See hergestellten *rompecabezas,* kunstvolle Steckfiguren aus Holz (s. S. 115). Mitbringsel von hohem Interesse für Kenner dagegen sind die Tonbandaufnahmen der traditionellen *indígena*-Musik wie sie im Museum für Musik in La Antigua verkauft werden. Natürlich kann man auch versuchen, eine Marimba zu erwerben. Naturfreunde werden die Aufnahmen von Vogelstimmen zu schätzen wissen, die als Kassetten in den Läden von Flores angeboten werden.

Strom

Die Stromspannung beträgt 110 Volt, man benötigt einen Flachstecker wie für die USA. Wer ein nur mit 220 Volt betreibbares Gerät benutzen will, kann im *centro* von Guatemala-Stadt einen der dort zahlreich von den Straßenhändlern angebotenen Adapter kaufen. Zwischenstecker allerdings sind schwer zu bekommen – ihn sollte man mitbringen.

Telefon

0 05 02 heißt die **Vorwahl nach Guatemala** für Gespräche oder Faxe von Deutschland, danach folgt die jeweilige Teilnehmernummer (es gibt keine Städtevorwahlen mehr).

Gespräche von Guatemala nach Deutschland, Österreich und in die Schweiz werden mit der Landesvorwahl angewählt, danach die Nummer der Stadt ohne die 0 und anschließend gleich die Teilnehmernummer.

Vorwahl für
Deutschland: 00 49
Österreich: 00 43
Schweiz: 00 41

Von den öffentlichen Telefonen kann man mit Telefonkarten Orts- oder Inlandsgespräche führen. Für Inlands- oder Auslandsgespräche und Faxservice gibt es außerdem die Telefongesellschaft *Telgua*. Sie betreibt etliche Büros im ganzen Land und verfügt über die besten Leitungen im Land und ins Ausland, außerdem erhält man hier auch die Telefonkarten für die öffentlichen Telefone. Öffnungszeiten: Mo–Fr 8–18 Uhr, Sa 8–13 Uhr. Website: telgua.com.gt

Trinkgeld

In den besseren Restaurants ist es üblich, bei gutem Service den Betrag mit 10 % aufzurunden. Ebenfalls erwartet das Personal in den teuren Touristenhotels für Serviceleistungen einen kleinen *tip* (Kofferträger, Zimmermädchen). In ländlichen Gebieten dagegen, wo auch viele Einheimische verkehren, kann man sich mit einem Trinkgeld unnötig wichtig machen oder die Menschen gar beschämen.

Veranstaltskalender

Über Foto-, Kunsthandwerks- oder Kunstausstellungen, klassische oder folkloristische Konzerte, Gastspiele, Theater- und Sonderfilmvorführungen, Festveranstaltungen verschiedener Clubs und Organisationen sowie Studienexkursionen des Sprachinstituts Amerispan in La Antigua infor-

miert die Tageszeitung *Prensa Libre* täglich auf den Seiten *Cultural*.

Für Touristen gibt es in englischer Sprache *Guatemala Weekly*, das wöchentlich erscheint und meist kostenlos in Hotels und Pensionen ausliegt, in La Antigua das kleine Stadtmagazin *The Classifieds Revue*.

Zeit

Wer aus Europa nach Guatemala anreist, kann seine Uhr in der Winterzeit um 8 Std. zurückstellen (in der Sommerzeit 6 Std.).

Zeitungen

Die Guatemalteken, gleich aus welcher Klasse oder Schicht, sind interessierte Zeitungsleser, die bekanntesten nationalen Blätter sind meist mittags schon ausverkauft. Das Sprachrohr der Intellektuellen ist die *Prensa Libre* (Freie Presse) mit politischen Schlagzeilen und stets ellenlangen und oft eitlen Kommentaren. Sie geben dem Besucher ein gutes Bild von der Desorientierung der guatemaltekischen Elite in dieser Umbruchsphase zu mehr Demokratie und Gerechtigkeit. Für Quetzaltenango gibt es einen speziellen Regionalteil im überregionalen Mantel.

Etwas volksnäher ist der *El Gráfico* (Das Bild) oder der *Siglo Veintiuno* (21. Jahrhundert).

Die stärker im Boulevard-Zeitungsstil gehaltene *La Hora* erscheint nachmittags.

Das einzige Magazin im Land ist *Crónica*, eine Mischung aus Nachrichtenmagazin und Lobbyistenblatt.

REGISTER